世界を変える教室

ティーチ・フォー・アメリカの革命

A CHANCE TO MAKE HISTORY

What Works and What Doesn't in Providing an Excellent Education for All

ウェンディ・コップ
WENDY KOPP
Founder of TEACH FOR AMERICA
松本裕 訳

英治出版

A CHANCE TO MAKE HISTORY

What Works and What Doesn't in Providing an Excellent Education for All

by

Wendy Kopp

First published in the United States by PublicAffairs,
a member of the Perseus Books Group
Japanese translation rights arranged with PublicAffairs,
a member of the Perseus Books Inc., Massachusetts
through Tuttle-Mori Agency, Inc., Tokyo

日本語版序文

特定非営利活動法人ティーチ・フォー・ジャパン代表理事　松田　悠介

教育機会の格差についてあなたはどれくらいご存じだろうか。世界では、生まれによって受けられる教育が事実上決まってしまう例が無数にある。それは日本でも例外ではない。かつて一億総中流社会と言われた日本でも今、貧困に苦しむ子どもたちが厳しい環境を強いられている。努力するためにハードルをたくさん抱えている子どもたちに対する支援をどうしていくのか、これは世界共通の課題である。そんな中、特に顕著な格差が見られる米国でこの問題に取り組み、大きな効果を生み、いまや世界的に広がっている活動がある。この本で詳しく紹介される、ティーチ・フォー・アメリカ（Teach For America：ＴＦＡ）だ。

ＴＦＡとは、一九九〇年、当時プリンストン大学四年生であった本書の著者、ウェンディ・コップにより設立された教育系ＮＰＯ（非営利組織）である。「すべての子どもたちがすばらしい教育を受ける機会を得られるようにすること」を理念として掲げるこの団体は、大学卒業後の若者、それも将来リーダーとなる可能性をもった優秀な若者を、非常に深刻な課題を抱える地域の学校に教師として二年間派遣している。若者たちに、大学卒業後すぐに就職するのではなく、二年間を教育問題の解決に捧げることを提案しているのだ。この提案に応える若者は多く、意欲にあふれる彼らは各地の学校ですばらしい成果を挙げている。

初年度は低所得地域六地域の学校に五〇〇名の教師を派遣した。年々派遣規模を拡大し、二〇一一年度では全米四三地域に九三〇〇名の教師を派遣している。派遣教師となるためには非常に厳しい選抜を通らなければならず、二〇一一年度の合格率はおよそ一一％。また、ＴＦＡの教師として派遣されるというキャリアは、いまや米国の大学生のあいだで絶大な人気を得ており、二〇一〇年の文系学生の就職人気企業ランキングにおいてはグーグルやアップル、マイクロソフトを抜いて第一位になった。二年間の派遣を終えた人材も、多くの企業から引っ張りだこの状態となっている。最貧困地区に二年間身を投じて修羅場を体験し、目の前にいる子どもたちの抱えている課題を解決し、リーダーシップを発揮していくＴＦＡの卒業生はまさに、社会に求められている人材なのである。社会課題の解決とともにリーダー育成を可能にした、革命的なモデルと言えるだろう。

教育問題に対する取り組みは数多くあるが、ＴＦＡが特に優れているのは、目の前の課題を解決することと、社会に長期的な変革をもたらすことの二つを両立させている点にある。

「目の前の課題」とは、最貧困地区で生活をしている子どもたちの劣悪な教育環境の改善である。Ｔ

FAの派遣教師が実施する授業の教育効果はめざましく、学力向上に大きく寄与しているのである。

一方、「社会に長期的な変革をもたらすこと」は、教師経験を通じて教育課題の重要性、緊急性を認識し、実際にその解決に従事した経験を持つリーダーを継続的に輩出することを通して実現される。派遣教師は、社会の多様性ときわめて厳しい現実を体験し、自分の力で子どもたちの可能性を最大化するために何ができるのかを考えることで、課題解決型の人間に成長していく。設立から二二年が経とうとしている今、TFAで教員を経験した者はすでに二万四〇〇〇名にのぼり、中には教育長や政治家、企業の幹部として社会に影響力を持つ人材となっている者も多い。こうした人材がまた、教育格差の是正にさまざまな形で大きく貢献しているのだ。


なぜTFAは、このようなすばらしい成果を挙げ、教育を通じて社会全体を変革するほどのインパクトを生み出すことができているのだろうか。その理由を創業者ウェンディ・コップが語ったのがこの本だ。本書で著者は、TFAの教師が取り組んだ現場のさまざまな事例と二〇年間の活動から得られたデータをもとに、教育格差を解消するために真に必要なものが何なのかを論じている。全体を通して鍵となるのはリーダーシップだ。「ティーチング・アズ・リーダーシップ」（リーダーシップとしての教育）の考え方はとても本質的で普遍的なものだと思われる。米国と同様、日本でも深刻な教育格差がある中、本書の内容は日本の教育界やそれに関心を持つ人々にとって示唆深いものだろう。

TFAの事業モデルと教育に対する考え方が普遍的に有効であることは、団体自らが証明しつつある。

ＴＦＡのモデルを参考にして世界各国で活動する団体が続々と生まれており、それらを束ねるティーチ・フォー・オールという、団体同士の交流と学び合いを促進するための国際組織も活動している。「いつの日か、すべての子どもたちがすばらしい教育を受ける機会を得られるようにする」という理念の下、世界各国で教育格差の是正に向けた取り組みが広がりつつあるのだ。

ティーチ・フォー・オールのネットワークに加盟する団体は、「先進国」「発展途上国」の別を問わず、世界各国において子どもの可能性が最大限活かされていない現状が存在するとの認識を共有しており、教育格差の是正に取り組んでいる。ティーチ・フォー・オールのネットワークに加盟している世界各国の団体同士で、それぞれ開発している教師の育成プログラムから組織運営のノウハウまで、ベストプラクティスを共有し、ネットワークそのものは教育格差の是正に向けた国際的な連携を行うためのプラットフォームとして機能しているのである。

二〇一二年一月の時点では、ティーチ・フォー・オール加盟団体は二三団体にまで拡大している。そして、この二三番目がティーチ・フォー・ジャパンである。

筆者は二〇一二年一月一日に発足したティーチ・フォー・ジャパンの発起人であり、現在同団体の代表理事を務めている。体育教師を経て、日本の教育への問題意識を抱いてボストンに留学した二〇〇八年、ハーバード大学の大講堂でウェンディ・コップの講演を聴いた日から、このモデルを日本にも導入するべくＴＦＡについて研究し、現場に足を運び、ＴＦＡの派遣教師たちの教育に対する情熱や、起こり始めている変革に感銘を受け、日本帰国後も活動してきた。

ＯＥＣＤの調査によると、日本では七人に一人の子どもが相対的貧困下にあり、この数字はＯＥＣ

D加盟国の中でも四番目に高い。この貧困状態が多くの子どもの教育環境に悪影響を及ぼしており、生きる希望や夢を奪うものになっている。「すべての子どもたちがすばらしい教育を受ける機会を得られるようにする」という理念の下、TFAがアメリカにもたらした社会的革新を日本においても実現したい。それが実現可能であることは、本書をお読みになればおわかりいただけると信じている。

本書には、TFAが解決不可能と言われてきた教育課題の解決に果敢に取り組んできた歴史が記されている。クラス単位での変革が学校全体に広がり、学区に広がり、州を巻き込み、全米を動かした、その内実が本書において明らかにされている。日本においても子どもの貧困の問題や教育格差問題は年々深刻化している。もう誰かの責任にするのはやめにしなければならない。この困難な状況をたくましく生き抜こうとしている子どもたちこそが日本の未来であり、この子どもたちを社会全体で支えていかなければならない。教育格差の問題は解決可能であり、解決しなければならない。子どもたちはこれ以上待つことはできないのだから。

世界を変える教室❖目次

＊原注は本文脇に番号を振り、巻末にまとめて記載している。
＊訳注は〔　〕内に割注として記している。
＊内容を理解しやすくするため、一部の章題や見出しを原書から変更し、また原書にない見出しを追加した。

序章　世界は教育から変わる

ティーチ・フォー・アメリカ（ＴＦＡ）の活動を思いついたとき、私は自分と同世代の人々が不当な現実に――機会の平等を特に大切にするこの国でさえ、生まれる地域によって子どもたちの学業成績がおおむね決まってしまい、そのため人生における機会もいまだに限定されてしまっているという現実に――立ち向かうため集まる光景を想像していた。

二〇年目の二〇一〇年には、大学卒業間近の四年生、新卒者、若い社会人など、さまざまな分野の学部や職業にわたる四万六〇〇〇人がＴＦＡへの参加を希望した。この不当な現実に立ち向かおうという機運がかつてないほど高まっていることの表れだ。一三〇を超える公立・私立の教育機関を卒業する学生の五％以上が、アメリカで最も恵まれない地域で教壇に立つべくＴＦＡの採用枠を競い合った。この中にはスペルマン大学の四年生の二〇％、そして一九八九年に大学の卒業論文で私が初めて全国規模の教師部隊《ティーチャーコープ》の設立を提案したプリンストン大学の四年生の一五％も含まれていた。

ＴＦＡが始動してから二〇年、今では八〇〇〇人を超えるメンバーが三九の都市部や地方で教壇に立っている。彼らは活動に身を投じ、生徒たちが得られる機会の幅を広げようと、通常期待される範囲をはるかに超えて奮闘しているのだ。厳密な調査の結果、この国で最も支援を必要とする教室で、彼らが好ましい影響を与えていることがわかっている。(1)

そして、これまで二万人以上が二年間の任務を遂行してきた。今、ＴＦＡ発足当初の提言が再確認されている。その提言とは、ＴＦＡメンバーの若者による学業指導が生徒たちに好ましい影響を与えるだけでなく、若者たち自身の人生における優先順位や長期的判断にも影響を及ぼし、最終的には長期的な変革に向けたリーダーシップを生み出すというものだ。もともと教育に携わりたいと考えていた若者は多くはないが、六〇％以上が今も教育の分野で働き続けており、他にも多くがさまざまな分野で学校や低所得地域を変えようと奮闘している。ＴＦＡ出身者の中には表彰歴のある教師や業績のある都市部や地方の学校長、学区長、社会起業家、教員指導者、政策立案者、教育の改善に尽力する献身的な市民、弁護士、医師、非営利団体幹部らが何百人もいて、低所得地域の状況を改善することで都市部や地方の学校の負担を軽減するべく活動しているのだ。

私はこのメンバーや出身者の並々ならぬ献身ぶりに、刺激を受けると同時に身の引き締まる思いにさせられてきた。何より、彼らから――そして全国の地域に散らばる同僚たちから――学んだことがある。障害は大きくとも、教育格差という問題は実際に解決可能だということだ。低所得地域で育つ子どものうちごく少数が逆境に打ち勝ち、アメリカン・ドリームを実現するための道を見つけることはこれまでも可能だった。だが、この二〇年で私が見てきたのは、住んでいるのがどこであっても、すべての子どもたちに最高の教育を受ける機会を保証してあげられるという確かな証拠だ。

本書はTFAのメンバー、出身者、そして同僚たちが教育格差問題について教えてくれたこと、そしてそれを解決するには何が必要なのかを読者と共有するための本である。

国家規模の不公平

私が夫リチャードと家庭を育んでいるマンハッタンのアッパー・ウエストサイドで、我が家の三人の息子たちは公立学校に通っている。親の私たちがさほど努力をしなくとも、息子たちが並々ならぬやる気と能力を発揮しなくとも、彼らが学年相応に読み書きを覚えて算数ができるようになる可能性は高い。とは言いつつも、不安を覚えずにはいられない。私は神経質な親だし、子どもたちはまだ小さいし、当然のことながら、子どもたちが本当にちゃんとやっていけるのかどうか疑問に思うこともある。だが彼らをほぼ確実に待ち受けているであろう道筋は、平均をよっぽど下回らない限り、三人とも高校と大学を卒業し、幅広い職種の選択肢を手に入れるというものだ。

しかし数ブロック北へ行くと、成功の統計的確率は大きく変わってくる。親や子どもたちが途方もない努力を持続させつつ貧困がもたらす幾多の困難を乗り切り、さらには特別なチャンスや予想外の支援・資源という形の幸運にでも恵まれない限り、統計的に可能性の高い道筋はこうだ。子どもが大学まで進むことはなく、したがって私の子どもたちがおそらく享受できるであろう教育、経済、そして人生における幅広い機会を得られない。これは能力や意欲の差によるものではなく、むしろ生まれたときの運によるものなのだ。

低所得地域の子どもたちの読解力は、四年生までに平均二年から三年遅れていく。(2) 半数が高校を卒業せず、(3) 卒業できた者の読解力と数学力は平均すると高所得地域の八年生〔日本の中学二年生。アメリカでは小学校が五年、中学校が三年、高校が四年という制度が一般的〕程度の水準である。(4) この格差に最も大きな影響を受けるのは、白人よりも貧困問題に直面する可能性が大幅に高いアフリカ系、ラテン系、そしてネイティブアメリカンの生徒たちだ。

このような格差は、アメリカの貧困基準以下で育つ一五〇〇万人を超える子どもたち、その家族、そして私たちの社会にとって壊滅的だ。高校中退者の失業率は、大卒者の三倍にまでのぼる。(5) 高校を中退した若い男性は、大卒者のなんと四七倍も服役率が高い。(6) 資源に乏しい地域の学校における有色人種の子どもの比率は著しく偏っており、人種平等への深刻な障壁となっている。大学や職場、政治経済界の指導者的地位における多様性を損なっているのだ。この問題はアメリカの経済をも弱体化させる。最近の調査によれば、学力格差による経済的影響は毎年数千億ドル規模になるという。「経済にたとえれば不況が恒久的に続くようなもの」(7) だ。そして、歴史的にどこよりも公民権を剥奪されてきた地域の子ども世代すべてが、その持てる力を駆使して正しい判断を下せるような基本的能力と批判的思考力を身につけられなければ、力強い民主主義の潜在能力を存分に発揮することも当然できないのだ。子どもたちに質の高い教育を保証してやれなければ、非常に大きな代償を支払うことになる——道徳的にも、公的にも、経済的にも。

問題は多いが希望はある

アメリカの政策立案者や教育者は、何十年にもわたってこの問題に取り組んできた。一九六〇年代から七〇年代にかけては、全国の生徒が平等に教育を受けられるようにと、学校における人種差別撤廃が誓われた。だが残念ながら、貧しいマイノリティの生徒たちの成績はずっと低いままだった。社会学者ジェームズ・S・コールマンは一九六六年にかの有名な「コールマン・レポート」でこの現実を暴き、当時の学校が持つ影響力の弱さを鑑みて、生徒の学力の九〇%は家庭環境で決まると述べている(8)。

二〇年前、政策立案関係者の間では、社会経済環境が教育の成果を決定づけるという考えがほぼ浸透していた。貧困家庭の子どもたちに貧困の影響を克服できる教育を提供する方法がまったく見つけられなかったため、教育を改善するにはまず貧困を改善しなければならないというのが大半の意見だった。

私が大学四年生だったころ、ヒット映画『落ちこぼれの天使たち』の主人公ジェイミ・エスカランテが全国的な英雄になっていた。エスカランテはイースト・ロサンゼルスの学校の教師で、生徒たちが微積分学の飛び級(AP:Advanced Placement)試験に合格できるよう指導していた。当時、一人の教師の力で極貧地域の子どもたちがその水準の結果を出せるまでになるというのは衝撃的で、衝撃的なあまり教育テストサービス機関がエスカランテの教え子たちの試験結果に疑義を訴える、というドラマチックな展開を見せた実話がハリウッド関係者の注目を集めたのだ。生徒たちとともに奇跡的に逆境に打ち勝つカリスマ的な教師像に、全米の観客が感動した。だが私たちはエスカランテを全国で再現できる模範としてではなく、特殊な人間として見ていた。

その頃、もう一本ヒット映画があった。ニュージャージー州パターソンにあるイーストサイド高校の校長の奮闘を描いた『ワイルド・チェンジ』だ。この校長は生徒のために安全な環境を作ろうと型破りな手段を取るが、生徒たちの成績を根本的に変えることはまったくなかった。イーストサイド高校にとって優秀な成績とはその頃も、そして今も普通ではなく、例外的なものなのだ（二〇〇八年九月、『ニュージャージー・マンスリー』はイーストサイド高校をニュージャージー州内三一六校中の三一一位に位置づけた）[9]。この学校に光を当てること自体、映画が作られた当時に浸透していた観念の顕著なあらわれだろう。

一九九〇年代初頭、実際に貧困家庭で育つ子どもたちの軌道を変えることに成功したごく少数の学校が大きな話題を呼んでいた。中でも有名だったのは、シカゴのウエストサイド予備校だろう。マーヴァ・コリンズという人物が、当初は自分の子どもたちや親しい隣人の子どもたちを教えるため、一九七五年に私立学校として創設した学校だ。この学校が出した結果は驚くべきものだった。生徒たちは――前の学校で学習障害があると言われた子どもたちまでもが――優秀な成績を収め、その多くが全米の一流大学に進学したのだ[10]。だが、ウエストサイド予備校のような数少ない学校が生徒たちの人生に変化をもたらしているとはいえ、当時一般的だった見方は、校長が代われば成功は続かないだろうというものだった。実際、ウエストサイド予備校の場合も、入学者数と資金繰りの問題を理由に、最終的には二〇〇八年六月に閉校してしまったのだ。

私は大学四年のとき、国際社会におけるアメリカの地位を弱体化させるおそれのある教育格差問題をどうにかしなければならないという認識の高まりに気づいた。その年の秋、『フォーチュン』がまさにそれをテーマとする経済界の首脳会議を特集した。[11]「危機を嘆くのはもうやめて、何か手を打とう」と強く訴える重役の発言が引用されている。あれから二〇年、教育者、地域社会のリーダー、企業経営者、政策立案者らがこの危機的状態を是正するために数々のイニシアティブを立案してきた。私たちはありとあらゆる改革を追求してきた。カリキュラムの全面見直し、教員教育の改革、学校支援プログラム、クラス当たりの生徒数削減、ガバナンスの変革、学校の資金調達イニシアティブ等々。これらの改革は私たちを目標にそこそこ近づけてくれた場合もあったし、そうでない場合もあった。だが残念ながら総合的に見ると、人種および社会経済的境界線上で根強く残る成績のギャップに関しては、目立った変化をもたらすことができていないのだ。

しかし、こうした現実の中にも、楽観的でいられる大きな理由がある。二〇年前、低所得地域で子どもたちのキャリアを変えているクラスや学校の例はわずかだった。今では、それが数え切れないほどになっている。ＴＦＡのネットワークだけ見ても、何百人もの教師が、一年目や二年目からすでに、経済的に不利な立場に置かれた子どもたちでも裕福な子どもたちと成績を競えるのだと証明している。今では何十もの地域において、多くの生徒たちをより明るい将来へと毎年送り出す学校が増え続けている。

その伸びは過去一〇年だけでも目覚ましい。二〇〇三年、ＴＦＡはフィラデルフィアにメンバーの派遣を始めた。だがその年の半ばには、大勢のメンバーが苛立ちをつのらせ、自分と生徒たちが直面する壁の高さに圧倒され、手の施しようがないと諦めかけていた。私は現地に行ってメンバーやスタッフらと話し合い、実現可能な活動の実例を教師たちに見せなければならないと気づいた。そこで同じような生徒たちを受け入れて大成功している学校を見学することを提案したが、フィラデルフィアにはそのような学校がなかったのだ。最終的に、メンバーは他の都市の学校をいくつか見学し、成功が達成可能なものなのだとその目で確認できた。それから一〇年と経っていないが、現在のフィラデルフィアには、裕福層の子どもたちと同じ割合で最貧困層の子どもたちを大学卒業への道筋へと導いている、模範的な学校が少なくとも六校ある。フィラデルフィアのすべての子どもたちに優れた教育を与えられるようになるにはまだ程遠いが、教育を通して何ができるかを示している学校の数は一校だけではなく、どんどん増えている。この劇的な変化は、たったの数年で起こったものだ。

事実、全米の何十もの地域で、すべての子どもたちに優れた教育を保証するためには貧困が撲滅されるまで待たなくてもいいということを実証する教室や学校が増えつつある。私たちは再現可能な方法で子どもやその家族たちと手を取り合い、子どもたちが進む可能性の高い進路を変える教育——変革型の教育を提供していけるのだ。

大学進学と人生における成功の道筋へと進む機会をすべての子どもたちに提供する方法について、理解すべきことは当然ながらまだたくさんある。だが、貧困の中で育つ子どもたちの成績を激変させ、それによって人生の選択肢を増やす教育が可能だということは、現時点でもすでにわかっている。そして、そのために何が必要かを説明することもできる。二〇年前とは違い、今日の問題は成功が可能かどうかではなく、成功が「増幅可能《スケーラブル》」かどうかだ。すべての生徒たちに教育の機会を提供できる学校制度を開発することは可能だろうか?

この質問についても、著しい進歩が実現可能だという証拠が相次いで出現している。つい七、八年前、ニューヨーク市、ワシントンDC、そしてニューオーリンズは、子どもたちが必要としており、また受ける権利を持つはずの機会を与えることに失敗した究極の縮図として誰もが名前を挙げる都市だった。現在、これらの都市の学区が進むべき道のりはたしかに長いが、一部の教室や学校で見られる成功が実際に増幅可能であることをどの都市もそれぞれに証明してきている。さらに、成績優秀な学校や学校制度をはるかに運営しやすくするような政策の変化が、今では連邦、州、そして地方レベルでかつてない規模で見られるようになってきた。

過去二〇年間で、総合的な意味では、人種的、経済的境界線上に根強く残る学力格差を埋めることはできていない。それは事実だ。だが今、それは実現可能だとわかっているし、そのために何をすべきかについては、一〇年前よりもはるかに多くのことがわかっている。これはこの国が理想を実現し、すべての子どもたちが人生において平等な機会を得られる教育を保証する上で、目を見張るほどの進歩である。

公教育の新たな任務

成功している教室や学校、そして改善しつつある学区は、私たちが全力を注げば人生を変えられるような教育をすることが可能だと示している。現在、アメリカのほとんどの地域で、生徒たちは入学時と同じ道筋のまま学校を出て行く。落ちこぼれる道筋で入学した生徒が、大学進学への道筋で卒業することはめったにない。今ならこれを変えられることがわかっている。変革的教育という新たな任務を担うことを、国中の公立学校に対して訴える必要がある。経済的に恵まれない地域の学校へ単に学習の機会を与えるだけでなく、子どもたちが人生において幅広い選択肢を手に入れられるように、そして最終的には社会経済的背景にとらわれない進路を可能にする能力や知識や考え方を身につけられるようにするという使命と能力を生み出さなければならないのだ。

低所得地域の子どもの成績が低いのは、生徒や家族が学業に無頓着なためではない。問題の根源は、低所得地域の子どもが、高所得地域の子どもであれば経験しないような困難を強いられている点にある。彼らには、貧困に伴う余分なストレスや重荷がある。学業で成功し、それが人生の成功にもつながるという実例は、身近にない場合が多い。そして彼らは有色人種である場合が多く、したがって人種差別の影響を受けることになる。こうした子どもたちが多くの可能性を秘め、その実現には特別な支援が必要であるにもかかわらず、彼らが通う学校は通常、その特別なニーズに応えるという使命も能力もない。せいぜい中流家庭の子どもにとってかろうじて十分、という程度の教育機会しか与えていないのだ。このような状況にあって、恵まれない地域の教師や学校がただ単に従来の公立学校に与えられた使命を果たしているだけでは、平等な成果を生むことなどできるわけがない。

成果をあげる教師や学校長、関係者の数が増えていることは、貧困に伴う困難に直面する子どもたちを高所得地域の子どもたちと同じ土俵に立たせる教育ができるということだ。解決法は教育を「是正」することではなく、組合をなくすことでもなく、教育予算を倍増させることでもなく、教育の場に先端技術を持ち込むわけでもなければ、その他しばしば提案される解決方法を教育者側だけが実践することでもない。そうではなく、私たちは生徒たちやその家族と協力して教育に関する使命を見直していくべきなのだ。その使命とはすなわち、子どもたちが学業と人生の道筋を変えられるレベルまで学力を高めること。そしてこの使命を果たすため、大望を成し遂げようとする多くの組織と同様、包括的な戦略を追求し、高レベルのエネルギーを投じ、訓練を行わなければならない。この解決法は特段難しいものではないが、かといって容易なものでもない。問題を単純化しすぎると目標を遂げられなくなり、最悪の場合は時間とエネルギーの深刻な浪費にもなりかねないのだ。

学校の負担を軽くするためにできること、やるべきことは多い。地域の経済を立て直し、社会事業や公共医療を改善し、全国的に質の高い早期教育を提供するといったことを、私たちはやっていかなければならない。実際、生徒やその家族と協業してきた経験から貧困が学校に与える影響を熟知しているTFAの出身者の中には、解決策を生み出してくれそうな人材も出てきている。だがそうしたイニシアティブが生み出されるまで待っている時間はない。今目の前にあるイニシアティブでも教育を通じて実現可能だとわかっていればなおさらだ。低所得地域の子どもたちに変革的教育を提供すれば、貧困問題の解決にはそれが欠かせないことがわかるはずだ。

本書について

これまでの二〇年間、私は数多くの教師、学校長、地域のリーダー、そして政策立案者たちから、何が実現可能かを学ばせてもらう機会に恵まれてきた。本書を著したのは、彼らが何を達成しているのかを説明し、彼らの考え方を紹介し、私自身の見解を述べ、問題の深刻さに応じた規模で教育格差問題に取り組むアメリカの努力が意味するところを伝えるためだ。このテーマを大いに深めてくれそうな見識を持ったリーダーや教育者はたくさんいるだろう。しかし本書では、私自身がTFAの活動を通じて学んだこと、そしてTFAメンバーや出身者、私たちが活動する低所得地域のリーダーたちから学んだことに焦点を当てたい。

変革のための努力はどれも同じだと思うが、教育格差を解消する取り組みの中心にあるのはリーダーシップだ。教室レベルであれ、学校レベルであれ、組織レベルであれ、子どものための変革が生じている場所なら、そこには必ず変革的なリーダーがいる。生徒たちを心から信じ、成功という壮大なビジョンの中に子どもたちとその家族を向かわせ、それを実現するためにはどのような努力もいとわない人々だ。

TFAの使命は、この変革的リーダーシップの源のひとつとなることである。もちろん私たちが唯一の源などではないが、この二〇年の間に達成された進展にTFAのメンバーや出身者たちが何がしかの役割を果たしてきたことは事実だ。生徒たちを新たな道筋に向かわせる教師の実例となる出身者たちは、どんどん増えている。優れた成績を残した最初の数校のチャーター・スクール（結果に対する責任を負う代わり、意思決定において柔軟性を認められた公立学校）の創設者として、彼らは率先してモデル校を開発し、都市部や地方の子どもたちが大学から優秀な成績で卒業できる道筋をたどれるようにした。今や、教育の現場に次々と現れつつある何百校という優秀なチャーター・スクールのリーダーや教師として出身者の多くがこうしたモデル校の増加に一役買っており、また従来の学校で同様のアプローチを導入するべく尽力している人も数多くいる。ニューオーリンズやワシントンDCのような地域だけでなく、より大規模な政策環境で実施された改革にさまざまな力が影響しているのは事実だが、TFA出身者たちによるリーダーシップが現在進行中の発展に欠かせないことは疑いようがない。

TFAのメンバーや出身者、そして全国各地に散らばる仲間たちの見識を多くの人々に紹介できる機会を得られて、とてもうれしく思っている。これは組織としてのTFAについての物語ではなく、メンバーとして参加した人々やともに活動してきた人々から私が何を学んだかを紹介する本である。活動を始めて二〇年、教育の卓越と平等のために活動を続けるTFAのメンバーや出身者、そして仲間たちは、設立当初からTFAに携わる私たち全員を団結させてきた理念——いつの日か、この国のすべての子どもたちが優れた教育を受ける機会を得られるようにするという理念——が実現可能なものであることを証明してきた。彼らから学ぶ機会を与えてもらい、彼らの見識を紹介できることを本当に光栄に思う。

本書の前半では、優れた教室や学校、そして教育格差をなくすため著しい進歩を遂げている学校システムから何が学べるかを紹介する。後半では、今後どうすべきか、避けるべき障害は何か、成功を増幅させて変化の速度を上げるにはどのような戦略を取るべきかを述べていく。

第一章　ティーチング・アズ・リーダーシップ——変革を起こす教師たち

歴史を変えるチャンス

ティーチ・フォー・アメリカ（ＴＦＡ）に加わったミーガン・ブルッソーは、サウス・ブロンクスのモリサニアという地区で生物を教える任務を引き受けた。ジミー・カーター元大統領が、かつて「アメリカ最悪のスラム」とまで呼んだ地区だ。ミーガンは自分が配属された学校の生徒に関する悲観的なデータをよく理解した上で、生徒たちの成功の手助けをしようと決意を固めていた。二〇〇八年秋の新学期初日、教室に足を踏み入れた彼女は九年生の生徒たちに向かい、自分の目標は生徒たち全員をニューヨーク州リージェンツ試験という、ニューヨーク州で高校を卒業するために受けなければならない厳しい試験に合格させることだと告げた。それは一見、不可能な目標に思えた。

その年の夏、ミーガンは生徒たちと一緒に何ができるかについてずっと考えていた。生徒たちが生物のリージェンツ試験に合格すれば、栄えあるニューヨーク州リージェンツ学位《ディプロマ》を授与されるために必要な科学の要件を満たすことができる。SAT〔Scholastic Assessment Test：大学進学適性試験の科目別テスト〕IIの生物の受験にも備えられるし、ニューヨーク市が成績優秀者に提供している数々の奨学金のどれかに申し込むこともできる。ブロンクスのほとんどの生徒がこの試験を受けもしないし受けても合格しなかったという歴史的事実も知った上で、ミーガンは生徒たちに言った。

「これは、あなたたちが歴史を変えるチャンスです」

生徒たちの当初の成績を考えれば、ミーガンが定めた目標は無謀にさえ思えた。ミーガンは授業開始から一週間で、生徒たちの多くが前年度に修了しているはずの八年生の内容に関する基本的な知識でさえ持っていないことに気づいた。英語科の教師たちに聞いてみると、生徒の六〇%は英語力が標準以下で、二〇%は三学年ぶんも遅れていた。多くの生徒にとって英語は第二言語であり、家庭ではスペイン語しか使っていなかったのだ。状況を把握したとき、ミーガンは「めまいを覚えた」。

だが、生徒たちに賭けた彼女は諦めなかった。九カ月におよぶ猛勉強の結果、一一二人の生徒中一〇九人が一回目の挑戦でリージェンツ試験に合格した。生徒たちの平均点数は八一%。ニューヨークの名門専門高等学校の成績まで含めた市全体の平均点数である七二%を上回ったのだ。残る三人もミーガンの補習を受けた後、二度目の挑戦で合格した。

ミーガンの生徒たち一人ひとりにとって、リージェンツ試験の合格は独特の意味合いを持った。特に勉強がよくできて、いつももっと教えてほしいとミーガンに訴えていた生徒の一人にとっては、九四%という得点が小児腫瘍医になる夢を実現するための第一歩となった。また、別の生徒――引っ込み思案で、少し自閉症気味で、当初は四年生程度の読解力しかなく、診断では九％しか取れなかった女子生徒は、六八％の成績で合格した。結果を受け取った彼女はミーガンに歩み寄り、ただこう言った。

「これでわたしでもできるってわかった……ありがとう」

悪循環を食い止めろ

ミーガンがブロンクスで教師の任に就いていたちょうどその頃、モーリス・トーマスはアトランタで一一年生に歴史の授業を始めていた。年度末には、九年生から一一年生までのすべての社会科の内容が出題範囲となるジョージア州高校卒業試験がある。卒業するにはこの試験に合格しなければならない。前年度は常任臨時教員が担当していたクラスにとっては、厳しい目標だった。

年度の初めに生徒たちの学力を測定したところ、九年生と一〇年生で終えるはずの内容を平均六七％しか理解しておらず、半数は八年生以下の読解力しかないことがわかった。状況について考えるにつれて、モーリスの憤りはつのった。「僕が怒っていたのは、生徒たちが裏切られてきたからです」とモーリスは語る。「僕が悪循環を止める人間にならなければと気づきました。切迫感で一杯になったのです」。そしてこの難題をこう説明した。「アトランタ南西部での教育には、生徒にとっても僕にとっても、特有の問題が伴います。学校を取り囲むベン・ヒルという地域は、犯罪、十代の妊娠、貧困の温床です。そうした要素が毎日のように学校に入り込んでくる。昨年僕が受け持った女子生徒二二人中、一〇人が妊娠中かすでに子持ちでした。生徒たちの多くは、目標の達成などできないと思い込んでいた。地域の貧困と犯罪のせいで、子どものために手っ取り早く金を稼げるような進路しか選べないと考えていたのです」

年度が始まって間もないある日、モーリスは生徒たちに、ウィスコンシン州ミルウォーキーにある自分の母校にいた女子生徒の話をした。その女子生徒はごく普通の生徒だったが、一一年生のときに男児を出産した。彼女の父親はアルコール中毒で娘を支援することなど期待できなかったので、彼女は一時は中退も考えたが、やめなかった。毎日学校に通い続け、ときには赤ん坊を連れてくることもあった。それどころか夏季講習も受け、他の一二年生より一学期分も早く卒業したのだ。その後は地元の短大に進学し、看護を学んだ。二年後には学位を取って卒業し、正看護師となった。今では結婚して四児の母となり、順調な人生を送っている。

「決して諦めず、絶対に言い訳をしなかったこの女子生徒は、僕の母親だ。そしてそのとき生まれた息子というのが僕、つまり君たちの先生だ」とモーリスは打ち明けた。自分の生い立ちを話し、そして他にも多くの方法を用いて、彼は生徒たちを年度末の試験に合格するという目標に向かわせ、「大学以外に選択肢はない」という彼自身の信念に賭けさせたのだ。

モーリスと生徒たちの甚大な努力の末、全員が卒業に必要な試験に合格し、翌年には五五人の一二年生全員が大学に合格した。何人かは短期大学に進み、大半は四年制大学に進んだ。進学先にはジョージア州立大学、クラーク・アトランタ大学、アグネス・スコット・カレッジ、ケンタッキー大学などが含まれ、中には六万五〇〇〇ドルもの奨学金を手にした生徒もいた。

圧倒的に優れた教師たちに学ぶ

一九九〇年、無尽蔵とも思えるエネルギーと理想に満たされた五〇〇〇人近い教師たちが、ＴＦＡから全国の教室へと旅立って行った。彼らは設立メンバーによる草の根の求人活動――ドアの隙間に差し入れたチラシ――に応えて応募してきた二五〇〇人の大学四年生の中から選ばれた人材だった。この草分け的なメンバーたちは生徒たちの人生に変化をもたらす決意に燃え、困難な任務を引き受けた。活動はこの教師たちにとっても、動き始めたばかりの組織にとっても、きわめて困難なものだった。

初期の数年間、多くの教師たちの教室を訪問して回った私は、彼らの勤労意欲と生徒たちに対する献身ぶりに身の引き締まる思いだった。しかし同時に、当初想定していたほどの影響を与えられていないことも痛感した。出会った教師のほとんどは魅力的な授業を提供しようと果敢に取り組んでいたが、クラスの運営問題や教師としての事務仕事に疲弊し、学校外で深刻な問題に苦しむ生徒たちを目の当たりにして精神的にも疲れ果てていた。生徒たちを正当に評価したいという強い願いは共通していたものの、メンバーたちは悪戦苦闘していた。一部の教師にとっては、ただ日々を乗り切ることだけが目標になってしまっていた。

何に取り組んでいるか、あるいは何を目指しているかと教師たちに聞いてみると、さまざまな答えが返ってくる。教師としての自分の成長に主な重点を置いている教師もいたし（「もっといい作文の教師になれるようがんばっています」）、本当の意味で「一人の子どもと心を通わせることさえできれば」幸せだと言う教師もいた。また、「向学心を目覚めさせることができれば成功だ」と言う教師もいた。特に意欲的な教師は、生徒の視野を広げたり地域コミュニティへの貢献に取り組ませたりするため、劇的な妙技を繰り出していた。チェスクラブを立ち上げて運営したり、キャンパスの壁の落書きをペンキで塗りつぶすために生徒たちをフランスまで連れて行ったりするなど、すべてに全力で取り組む教師もいた。学校長たちはTFAの教師のほとんどに高評価を与えてくれた。

だがそんな中で、まったく次元の異なる影響を与えている数人の教師がいるという話が耳に入るようになってきた。その教師たちの業績は、長年教育に携わってきたベテラン教師でさえ驚くほどのものだというのだ。私は彼らのやり方がどう違っているのかを学ぶことにした。

一九九六年の春、私はブロンクスへ赴き、デイヴィッド（通称デイヴ）・レヴィンにしばらく同行した。現在のデイヴは、同じくTFA出身者のマイク・フェインバーグとともに、チャーター・スクールの非常に優れた全国ネットワークである「ナレッジ・イズ・パワー・プログラム（KIPP）」を立ち上げたことで最もよく知られている。一九九〇年代半ば頃、私が噂をかねがね聞いていた教師の一人が彼だったのだ。

彼の生徒たちは、落第し中退していく何百万もの生徒たちと同じ困難な家庭環境で育った五年生だったが、絶対評価ですばらしい成績を収めていた。デイヴが生徒たちの人生に変革的な影響を与えていることは明らかだった。

私は数日間かけてデイヴの授業を見学した。そして見れば見るほど、彼のクラスが従来の基準で「良い」とみなされるレベルからどれほどかけ離れているかに気づかされた。デイヴの教え子たちは単に「勉強をこなしている」だけではなかった。彼らは大学進学という使命を負っており、デイヴは彼らを大学へ送り届ける使命を負っていたのだ。

デイヴは生徒とその親たちに大学進学を目指すために努力してほしいと頼み、彼らの成功を手助けするためならどんなことでもすると誓った。そして十分に努力すれば「賢くなり」、それが人生にとって大事なことになると生徒たちを説得することに、かなりの時間を費やした。数学でも、言語でも、社会でも、私はデイヴが「近道はない」「チームは個人に勝る」というスローガンの下で、努力と達成の文化を構築するのを目の当たりにした。今でも、私が訪問した華氏九六度（摂氏三五・五度）の夏日にデイヴの学校にはエアコンがなかったことを思い出す。それを指摘したときのデイヴの応答は、克服できない障害などなく、言い訳など許されないという信念を強めるものだった。「暑いから考えられないなどということはないよ」と彼は言い、実際に生徒たちは授業に没頭するあまり、気候にまったく動じていない様子だった。

生徒たちが数学の概念を吸収し、小説について議論を交わすデイヴの教室には、ある種の切迫感があった。デイヴは一分一秒を最大限に活用し、生徒たちをひとつの地点から次の地点へと運んでいた。どれかひとつの教授法だけを採用しているわけではない。当時彼が言っていたように、「うまく行く方法を探している」のだった。忘れもしないが数学の授業のとき、生徒たちは授業にのめり込みすぎて次の体育の時間になっていることにさえ気づいていなかった。思考能力を要する問題を説明し、分数を百分率に変換する方法を教えたあと、デイヴは競争を始めた。それはとてもおもしろく、私自身も思わず生徒たちと競い合った。子どもたちを迎えに来た体育の教師まで、一〇分ほど授業を眺めたあとで自分も参加していいかとデイヴに尋ねたほどだった。

デイヴの教え子たちは朝自習のためいつも最低四五分は早めに登校し、月曜から木曜までは二時間も放課後学習に励んだ。さらに土曜日も学校で五時間勉強し、四週間の夏季講習まで受講したのだ。

彼のような教師はそれまで見たことがなかった。ダラスの裕福な地域——多様性や不便がまったくないことから「特殊地区」を自認していた地域——に育ってそこの公立学校に通った自分自身の子ども時代を振り返ってみても、ことさら大きな期待を持つ教師など一握りで、大抵はカリキュラムを終わらせることだけに終始していた。ちゃんと仕事をこなしていれば一部の生徒は本当に授業内容をマスターし、一部は平均的な水準までこなし、残りの生徒の大半は最低限進級できる程度に内容を理解するだろうと教師たちは知っていた。彼らは私たちのことを考えてくれていたし、私たちの人生に変化をもたらしてはくれたが、ほとんどの場合、自分の役割は生徒の前に教材を差し出して新たな技術や知識に触れる機会を与えることだと考えていたのだ。

このやり方は、全生徒が「当然」大学に行くだろうという親の期待をすり込まれて入学していた私の母校ではうまくいった。保護者のほとんどがそう考えていたのだ。実際、私と同年の卒業生の九七%が大学に進学し、進学先のほとんどは一流大学だった[1]。我らが恩師たちは誰が見ても成功を収めており、その多くが私たちに大きな影響を与えてくれたが、人生の道筋を変えてくれたというわけではない。私たちはおおむね道筋どおりに学校に入学し、その道筋を進んでいくための機会を与えられたに過ぎなかった。

私がデイヴに見たのは、生徒全員に授業内容を完璧に理解させるという決意に満ちた教師の姿だった。彼は生徒たちの予測される道筋を変えるという長期的目標を定め、その目標を達成するために教師の役割と学校自体の性質を再定義したのだ。これこそ、変革的教育だ。

デイヴ・レヴィンが達成したことを目の当たりにし、彼のアプローチと、同様に特筆すべき成果を上げていた他の数名の教師たちのアプローチに類似性があることに気づいた私と仲間たちは、他のＴＦＡのメンバーたちも同様の成果を上げられるかもしれないという希望を見出した。私たちは明らかにすばらしい成果を上げている教師たちのやり方を体系的に研究し、学んだ結果をメンバーの選別、研修、支援方法に取り込んでいった。

「自分の未来を選ぼう」

ＴＦＡではこの二〇年の間に、そして直近の一〇年間ではより加速度的に、デイヴのような非常に効果的な教師の数が大幅に増えている。多様な文化的背景や性格を持つ教師たちが、あらゆる教科と学年において生徒たちの人生を変えているのだ。彼らと一緒にいると、変革的教育の性質や教育格差とその解決方法に関する際立った手法や教訓が見えてくる。ここからは彼らの経験を紹介し、そのあとで私が彼らの例や同様の例から学んだ内容を見ていきたいと思う。

最初は、州内で成績がトップレベルのクラスに勝って生徒たちに「歴史を変え」させようと決意したミーガン・ブルッソーの話から始めよう。彼女が赴任して二年目に私が学校を尋ねたとき、一年生はわずか数週間後にリージェンツ試験を控えていた。ミーガンは授業の最初に、映画『エニイ・ギブン・サンデー』でアル・パチーノ演じるプロフットボールチームのコーチがハーフタイムに選手たちに向けて語る、四分間におよぶ情熱的で感動的なスピーチの場面を流した。「俺たちが必要としてる一インチはそこらじゅうにあふれてる。このチームは、その一インチのために戦うんだ！」とアル・パチーノが叫ぶ。この映像だけでも、私はその日十分なインスピレーションを受けたし、生徒たちにも影響を与えたのが見て取れた。続けてミーガンはパワーポイントのスライドショーに切り替え、自分なりに試合前の活を入れた。彼女は「成功とは前進するための一インチを積み重ねることだ」というコーチのスピーチのテーマを受け、一瞬一瞬を最大限に利用し、目標を達成するために持てるエネルギーのすべてを注ぎ込むようにと生徒たちを鼓舞した。

この試験に合格することが人生に有意義な変化をもたらすものであり、実際に合格することが可能なのだと生徒たちに信じさせるために、ミーガンはどんな苦労も惜しまなかった。彼女は「迅速であれ、丁寧であれ、準備せよ」という単純なルールに従うよう、そしてクラスのモットーに従って生活するよう生徒たちに求めた。そのモットー、「自分の選択＋自分の行動＝自分の未来。自分の未来を選ぼう」を、ミーガンは生徒に配るすべての紙に印刷していた。私の見る限り、生徒たちはそれに従って行動していた。彼らは厳しい勉強に真剣に取り組むという努力を、つねにしていたのだ。

生徒の進捗を頻繁に評価することで、ミーガンは学習に対する当事者意識を生徒たちに持たせることができた。生徒たちが日々の授業内容をどの程度学んだかを知るため、彼女は「質問攻め《ラピット・ファイヤー》」と名づけた日課を編み出した。これは授業の最後に三分から五分を費やして行われるもので、ミーガンがかごの中から生徒の名前を引き当てる。すると当てられた生徒は立ち上がり、質問を聞いて、ノートを見ずに答えるのだ。

次の大きな単元評価テストに備える足がかりとして、ミーガンは毎週金曜日に小テストを実施していた。リージェンツ試験の過去問題と単語問題が数問、それに大抵は自由回答一問で構成されていた。直近の評価テストで八五％以上の点数を取ったか、前回の評価テストから点数が八％以上伸びた生徒は、「特権《エクスクルーシブ》クラブ」のメンバーになれた。クラブのメンバーは席を自由に選ぶことができ、メンバーでいる週は宿題を一回パスすることが許された。単元テストが終わるごとに生徒は全員記録簿《トラッカー》をつけ、目標を設定してそれを達成するための計画を策定するのだった。こうした評価を実施することで、ミーガンは生徒たちと過ごす時間を最大限に活用し、最終目標に向けて彼らを前進させることができた。彼女はデータをまとめ、授業計画に役立てた。指導内容を効果的に変えられるよう、何時間もかけて生徒をグループ分けした。そしてそのグループの構成も、生徒のニーズに合わせて頻繁に変更したのだ。私が見学した朝の授業では、読解力が非常に低く、さまざまな症状の学習障害を持つ生徒たちだけで構成されたグループがあった。彼女は自習の時間になると丸一五分間、このグループの傍らに座って一緒に勉強していた。その間、クラスの他の生徒たちは彼女の助けがなくても課題を終わらせられるとわかっていたからだ。

ミーガンの授業の要素はすべて、大きな目的に生徒たちを没頭させ、学習目標が確実に達成されるように、意図的に計画され熟慮の末に実施されたものだった。ミーガンは教室で絶えず何が実施されているべきかをわかっているだけでなく、行動のすべてが生徒たちの学習という目的のために計算しつくされているようだった。それは詳細な授業計画や単元計画にとどまらず、きちんと決められた教室への入り方（ミーガンと握手し、しっかり目を合わせ、丁寧に「おはようございます」を言い、宿題を提出し、即座に「頭の体操《ブレインバスター》」問題に取りかかる）、遅刻した生徒への対応（生徒たちは教室に入るときにクリップボードに名前を書き、ミーガンはその日のうちに保護者に電話連絡を入れていた）、欠席したあとで宿題の遅れを取り戻す対応（宿題はフォルダーに保存してあった）にまでおよんだ。教師も生徒も、教室で過ごす一分一秒を貴重な時間として扱っていた。

見学に訪れた日、アル・パチーノに触発された情熱的な授業が始まると、私も生徒たちと一緒になってミーガンの興味深い授業に引き込まれていった。彼女は「二つの真実と一つの嘘」というおもしろいゲームを始めた。このゲームでは生徒たちがチームに分かれ、人体に関する知識で相手チームを惑わせるというもので、すべての真実や嘘は精査され、説明され、理解されなければならないのだった。

私は、生徒たちがそれまでの豊かで独創的な学習体験をもとに、自分たちが学んだ最も難解な概念を復習する様子を観察していた。ミーガンはあるときは手術着姿で登場し、何人かの生徒を病気の患者に見立て、他の生徒に人体に関する知識を駆使して病気を診断させるという授業を実施した。また別のときには酵素の合成と消化について学んだことをもとに、クラス全員で三〇秒のコマーシャルを作って発表させた。また、ブロンクス動物園に新種の生き物がやってきたとミーガンが言い、その生物の適応特性に基づいて生息環境は熱帯雨林が適切か砂漠が適切か、生徒たちに議論させた授業もあった。

朝の出勤前、ミーガンは一時間目の授業に出る生徒たちがもう起きていて遅刻せずに登校するつもりでいるかどうかを確認するために一〇件から一五件のモーニングコールをかけていた。だが全員が出席している授業でミーガンの並外れた時間管理能力をもってしても、勉強が遅れている生徒が平均水準まで追いつけるよう一人ひとりに十分な時間を割くことはできなかった。そのため、彼女は朝七時半から一時間目の始業までと、さらに昼休みにも個人指導を実施した。それに加えて一日の授業が終わると校舎中を歩き回って生徒を集め、だいたい六時頃までは放課後の個人指導も実施していた。春になり、生徒たちに復習の時間がもっと必要だと感じると、ミーガンは土曜日に補講を開催した。校長は学校の開放を承諾し、ミーガンは生徒八〇人の保護者に電話をかけて、自分の「サタデー・アカデミー（土曜塾）」に出席するようお子さんを説得するのを手伝ってほしいと頼んだ。生徒一人ひとりに、週末の貴重な数時間を費やすことがどうしてこれほど重要なのか説明もした。そして初回の土曜日、八〇人の生徒のうち七六人が、朝の八時半に校門前に現れた。家庭の事情や前からの約束などで出席率は上下したものの、リージェンツ試験前の六週間、サタデー・アカデミーの出席者が六五人を下回ることは一度もなかった。

ミーガンの指導を見ていて、私はデイヴ・レヴィンを思い出した。二人のやり方や指導技術は異なっていたが、強い目的意識は共通していた。二人とも使命を帯びており、生徒たちにも使命を与えていたのだ。与えられた一秒ごとの価値を最大限に高め、それでも望む結果をあげるには不十分だとわかると、成功に必要なものを生徒たちに与えるために要する時間をどうにかして捻り出していた。ミーガンもデイヴと同様、生徒たちの予測される未来を変える、変革的な教師だったのだ。

強烈なリーダーシップ

ミーガンの教え子たちがニューヨークで歴史を塗り替えていた頃、モーリスの教え子たちがアトランタで同じことを成し遂げていた。私がモーリスを訪問したとき、彼と生徒たちは建設中の学校で、以前は三つ並んだ物置だった小部屋で勉強していた。ドアに張られたポスターからは、ウィスコンシン大学のマスコットである赤いアナグマが私を見上げていた。教室に入って後方の席に着くと、モーリスが生徒たちのためにビジョンを記した手書きの張り紙が二枚、視界に飛び込んできた。一枚目にはこう書かれていた。

大目標：クラスの習熟度八〇％!!
まとめ問題《エグジット・チケット》、小テスト、試験、作文、課題を含む。

そして二枚目にはこう書かれていた。

最大目標：
私たちは全員大学へ行く！
運が良ければ
ウィスコンシン大学へ!!

これらの目標を達成するべく生徒たちに猛勉強させることに成功したという証は、至るところに見られた。第一に、モーリスも生徒たちも、私が教室に入ってきたことにさえ気づいていない様子だった。彼らは、「ブラウン対教育委員会裁判」〔「人種を分離した公立学校は不平等である」との判決により公民権運動への道を開いた一九五四年の裁判〕とキング牧師の「私には夢がある」のスピーチ〔人種差別の撤廃を訴えた演説〕との関連性と、それにより何が残されたかをテーマにした生徒主導の議論にすっかり没頭していたのだ。生徒たちは身を乗り出し、力強い口調で自らの意見を主張していた。発言があるたびに、熱烈な賛成意見や反対意見が飛び交った。私が座った「オブザーバー席」には、モーリスが熟慮の末に作成した授業計画が置かれていた。きちんと調査をした上でのクラス討論会や大学レベルの作文課題を通じ、モーリスは内容に関する知識とともに批判的思考も養うという難易度の高い目標に向けて生徒たちを前進させていたのだ。計画どおりに授業が展開するのを見ながら、私はモーリスが巧みに生徒たちの考え方を方向修正し、導いているのに気づいた。

一〇分程度にしか感じられない三〇分が過ぎて授業が終了し、モーリスと話をすることができた。「全員を大学に行かせるんだと決意してからは、すべてが変わりました」と彼は語った。「僕のところに来た時点では、ほとんどの生徒が大学進学への道筋には乗っていません。六年生程度の読解力しかない生徒が大半です。必要な対人スキルさえ身につけていない。調査力もないし、分析やまとめもできない。要するに、大学に進学してよい成績を収めるために必要な能力が何ひとつ備わっていないんです。ここは幼稚園じゃないし、一二年かけてやり直すわけにもいかない。彼らを大学に行かせるつもりなら、一二カ月でやり遂げなければいけないんです。一二カ月ですよ。さっさと取りかからないといけなかった。だから僕には、生徒たちが必要とするものをすべて与えなければならないというプレッシャーがかなりかかってくるわけです」

モーリスは、生徒たちが従来の期待をはるかに超えて大学進学という「最大目標」を確実に実現できるようにするため、どんな方法を取ってきたかを教えてくれた。まず、生徒たちを（毎月、男子と女子を交互に）大学見学に連れて行った（「僕の教え子たちはすばらしい大学に囲まれたアトランタに住んでいながら、ほとんどが一度も大学のキャンパスに足を踏み入れたこともなかったんですよ」とモーリス）。ACT（American College Test：大学入学適正試験）とSATに備えて授業前と放課後に個人指導を実施していた。さらに上級生とその家族を対象に毎週「タウンミーティング」を開いていた。大学への出願や学費援助の状況、モーリスが手助けできそうな問題などについて確認する会議で、高い出席率を誇っていた。

歴史の授業カリキュラムを綿密に見直し、モーリスは従来の高校レベルの社会科の授業を、特定の技術や能力を開発する大学のゼミのような授業へと変えた。生徒たちに歴史的文書を分析させ、異なる見解について批評を述べさせ、彼らの調査力と分析的思考力を伸ばしていった。そして生徒自身が選んだ歴史上の題材について、一五〇〇語の論文を完成させるよう求めた。

ミーガン・ブルッソーと同じく、モーリスも、生徒が自分の進捗を真剣にとらえるためには目に見える記録が鍵だと気づいた。授業の締めくくりには必ず授業の目標に沿った難しい質問で構成された「まとめ問題」を出した。そしてこれを記録し、生徒たちが日々どのような結果を出したか、一目で見られるよう「まとめ問題トラッカー（記録簿）」を作った。まとめ問題で習熟度八〇％に到達した生徒は表彰され、ほめられる。モーリスは、最初は一七歳の生徒たちにこのやり方が通用するとは思っていなかったという。だが後に、彼は考えを変えた。

トラッカーは生徒たちを学業の目標に向かわせるだけでなく、クラスの中に、奨学金を目指す健全な競争と成功の文化を生み出しました。生徒たちは同級生の成功を称賛し、まとめ問題の採点直後から復習を始め、授業内容に関する自分の思い違いを修正していました。彼らは教室の主導権を取り、何よりも、自分たちの学習の主導権を取っていったのです。彼ら自身が先生でした。この小さな勝利を得てから、僕はトラッカー狂になりました。やがて単元テストや宿題のトラッカーまで作るようになったほどです。

赴任一年目の冬休み、校長がモーリスを呼び、一一年生の学年主任を務めてほしいと告げた。「僕が辞退すると、校長は、責任者である自分が言っているんだよとわざわざ説明してくれました」。モーリスは笑った。突如として、モーリスは自分の担当するクラスだけでなく、一一年生全体に対する責任を感じた。学校の教育改善指標（Adequate Yearly Progress：ＡＹＰ。連邦が指定した学校の進捗度）を決定する一一年生全体の英語と数学の試験の成果が、彼の肩にのしかかってきたのだ。

一月になるとモーリスは一一年生の生徒たちを対象に模試を実施し、英語と数学をマスターできそうな生徒が半数以下だと気づいた。試験まで残りわずか三カ月というところで根本的な変化が必要だと考えた彼は、生徒たちに新しい授業計画を配り、数学の成績に応じて彼らをグループ分けした。生徒たちは三つのグループに分けられ、一番成績の悪いグループの授業計画には数学の指導時間が毎日三時間組み込まれた。ほとんどの生徒が、必修の個別指導に加えて土曜日に行われた四時間の補習に出席した。

モーリスのリーダーシップは、生徒たちにとっても学校全体にとっても、たしかに変革的だった。年度末には、モーリスが赴任した学校はアトランタ学区内一八の高校のうち、ＡＹＰの連邦基準を満たした公立高校六校のひとつに入っていた。同校の生徒の九四％がジョージア州高校卒業試験の数学に合格し、英語でも八一％が合格を果たしたのだ。

目標の可視化と徹底的な関与

ミーガンとモーリスは高校で教えたのだが、劇的な成果を上げた教師の指導は小中学校でも同様のパターンを示している。プリシラ・メンドーザがフェニックスのドクター・バーナード・ブラック小学校の二年生と初めて対面したとき、子どもたちは平均して一年生の半ば程度の読解力しかなく、算数に至っては一年生の内容の三分の一も習得できていなかった。それはその学校全体が抱える問題を反映するものだった。習熟度は五〇％前後で推移しており、生徒たちの成績は平均すると全国水準に照らして下位三分の一に位置していた[2]。

プリシラは子どもたちの道筋を変えてやろうと決意した。一年間で生徒たちの勉強を二年分進めさせ、三年生になるまでに学年水準かそれ以上の学力を身につけさせるのだ。プリシラは「何かをやりたいと思ったら、それを実現させる方法を見つけられる性質」で、できるはずだと信じていた。そして彼女は同じ感覚を生徒たちにも持たせようと行動した。

世界旅行と言語と文化が大好きなプリシラは、教え子たちを「才能あるバックパッカー」と名づけ、教室のすべてを世界旅行というテーマに関連づけた。彼女のモットーは「一生懸命勉強する。賢くなる。成功する」。生徒の総合成績がプリシラの厳しい評価基準でクラス平均八五％以上に到達すると、生徒たちは新しい国へ「旅する」ことができた。一回の「旅」ごとに、プリシラは新しい国の文化や言語をベースにした、カラフルで温かく魅力的な祝福の場へと教室を変身させた。

プリシラは、生徒たちの学習目標を毎日掲示板に張り出し、授業中にもそれに触れることで可能な限り可視化を図った。毎週生徒たちと個別面談を行い、読解力の目標を週ごとに更新した。生徒の進捗記録はカラフルなディスプレイで壁に張り出され、生徒たちは一人ひとりが自分の「パスポート」に棒グラフで成績をつけてトラッキングすることで、自分の学習に責任を持つようになった。このパスポートが、新しい国へ旅する「チケット」の代わりになるのだ。

プリシラは生徒の保護者と定期的に連絡を取り、自分の目指すところを説明し、保護者が子どもの努力をどう支援していけばいいかを説明した。月に最低二回は各家庭に電話をかけ、保護者を教室に迎え入れ、授業以外でも誕生会やスポーツの試合に招待されれば必ず出かけてともに過ごした。

プリシラの日々は、ミーガンやモーリスの日々と同じくらい目的意識に満ちていた。通常の授業では、それぞれが約二〇五分を要する複数の練習時間の合間に、七分から一〇分の授業がいくつもちりばめられていた。彼女は授業を組み立てるために州の基準に加えて学区のカリキュラムも活用し、生徒たちを小さなグループに分け、科目や能力ごとにグループ編成を変えることで生徒一人ひとりのニーズに応えられるようにしていた。

そしてやはりミーガンやモーリスと同様、プリシラも生徒の特別なニーズに応えるべく、学校の限られた資源を越えて手を差し伸べた。壁にぶつかったとき（幾度となくあった）、彼女はそれを乗り越えるためにどんな苦労もいとわなかった。朝の給食で余ったシリアルのスティックや小袋を回収しては、放課後に生徒たちに配った。遅刻や欠席が多い一部の生徒については毎日保護者と連絡を取り、朝食が終わる時間までに彼らが登校していなければ確認を取った。生徒のきょうだいたちを探し、遅くまで保護者を待ち、ときには欠席した生徒のために宿題を届けもした。また、図書の寄贈運動を展開して一〇〇〇冊の蔵書を誇る学級文庫を作り上げた。生徒たちの家庭に本が少ないことに気づくと、生徒たちが選んだ本を一人最低二〇冊ずつ与えた。本だけではない。プリシラは教室の備品や放課後の美術プログラムのために何千ドルもの資金を集めた。彼女はしばしば、必要に応じて生徒たちに鉛筆と紙を持って帰らせた。テストで満点を取った生徒がいれば昼食をご馳走し、ピアノを教えてやった。生徒たちの成績がとても良かったので、週に四回は生徒と一緒にピアノの前に座る羽目になったほどだ。

年度末までにプリシラの教え子たちは目標を達成し、クラスの四分の三は三年生レベルの読解力を身につけていた。これにより、子どもたちは年初とは大きく異なる学業の道筋に乗ることになった。可能性が無限にあるという感覚に後押しされ、生徒たちはいつの日か世界中を旅したいという夢と計画を抱いてその年を終えたのだった。

私がデイヴ、ミーガン、モーリス、プリシラ、そして他にも彼らのような教師たちから学んだことは、教育格差問題とその解決方法に対する私の信念を形作った。彼らの実例から、大きく三つの教訓が得られる。

教訓① 成功は低所得地域でも可能

これまでに上げた実例の中で何よりも特筆すべきなのは、何が実現可能なのかを彼らが体現してくれているということだ。ミーガンは生徒たちを（年初には四年生レベルの読解力しかなかった生徒も含めて）九年生のリージェンツ試験に合格させ、モーリスは八年生レベルの読解力しかない一一年生を卒業させて大学の入学資格を得るまでに伸ばし、プリシラは著しく勉強の遅れた生徒たちに、二年生の年度末までに学年水準以上の勉強まで終わらせることができた。学校中心の努力を通じて教育格差問題を解決することは可能であるはずだ。

ミーガン、モーリス、そしてプリシラは、単に学習を体験させるだけという以上のものとして教師の役割を見直せば、これらが実現可能なのだと示してくれた。彼らは壮大な成績目標を達成するために生徒たち自身が責任を持つような意欲を引き出し、生徒たちが確実に成功できるようにするため、必要とあらばどんなことにでも献身的に取り組んできた。生徒たちの特別なニーズに応えるための厳しい指導と特別な支援を提供してきたのだ。彼らは自分の役割を再定義した教師ならば、生徒たちが可能性を発揮できるようになるために貧困が撲滅されるのを待つ必要はないことを示してくれている。教師はむしろ生徒やその家族と協力し、生徒たちにとって変革的な教育、予測される道筋を変えて（ミーガンの言葉を借りれば）「歴史を塗り替える」ことを可能にする教育を提供していけるのだ。これこそ、私たちの活動における最も顕著な教訓だろう。

教訓② 変革的教育とは変革的リーダーシップだ

低所得地域で育つ子どもたちが得られる機会に大きな影響を与えている教師を観察するたび、どのような場合でも最も効果的なリーダーとして活動する教師の姿が浮かび上がってくる。彼らが作り上げる壮大なビジョンは、生徒たちの学業と人生両方の道筋を大きく変えるものだ。彼ら教師たちはこのビジョンに向けて他者――生徒やその家族――を動かし、ビジョンを達成するために一生懸命努力するよう仕向ける。彼らは目的意識を持ち、戦略的に目標に向かい、つねに生徒の進捗を評価し、成功を保証するために微調整を繰り返す。壁に直面すれば、それを乗り越えるためにあらゆる努力を惜しまず、並々ならぬ時間とエネルギー、そして機略を費やす。彼らは自分たちの業績や欠点を検討し、ベテラン教師や他の同僚たちに助けを求め、徐々に改善していくのだ。

ミーガン、モーリス、そしてプリシラは、それぞれが生徒たちにとって有意義な変化をもたらし、意欲を高める力強いビジョンや目標を見出した。ミーガンの場合、九年生でリージェンツ試験に合格することで生徒たちは上級クラスに入れるようになり、大学進学への道が開けた。モーリスの教え子たちにとって、年度末試験に合格することが高校修了の必須条件であり、大学入学資格を得ることがアトランタの子どもたちの大多数に用意された未来とは異なる方向へと踏み出す第一歩となった。プリシラの生徒たちの場合、学年水準以上の学力で二年生になることで教師たちが生徒たちを優秀で才能ある子どもたちとして見るようになり、将来子どもたちが受けるであろう認識や期待に影響を与えることとなった。有意義で意欲を高める目標は、どのような場合においても強力なものだ。壮大な目標を持てば切迫感、共通の集中力、そして進歩を加速化させる一致団結した行動が生まれる。アメリカの低所得地域の学校では、最高水準の成績が期待されることなどほとんどない。それが実現可能であるとか、そのための努力が報われるといった、明白かつ恒久的な証拠が存在しないからだ。だがそうした学校にとって、壮大な目標を設定することは変革的教育の必要不可欠な要素なのである。

目標設定にとどまらず、ミーガン、モーリス、プリシラは皆、生徒たちが目標を達成するために今までに経験したことがないほど一生懸命勉強するようやる気を出させるにあたって、きわめて洗練された戦略を用いた。目標に対する生徒たちの現在地を正確に示し、自分の進捗を記録して管理するように力づけることで、成功に向けて新たなレベルで主体的に取り組ませたのだ。都市部や地方において、生徒たちが自分のニーズに合ったクラスや学校につねに出会える可能性はあまり高くない。そのような状況で学力を上げて最終的に成功を収める鍵は、生徒自らの忍耐と努力であり、不公平に思えるかもしれないが、目標を達成するためには人一倍努力しなければならない。それを生徒たちに確実に理解させるべく、教師はよりいっそう努力する必要がある。生徒一人ひとりとの関係構築を通じてつねに努力の重要性や成功するための各自の責任を説き、自分の進捗を管理させ、生徒の家族も巻き込むことで、教師は生徒たちを逆境に打ち勝つという任務に向かわせることができるのだ。

優れた指導には、どの分野の優れたリーダーにも等しく期待される計画力と実行力が求められるということもわかる。ミーガン、モーリス、プリシラは全員、生徒たちが目標に対して今どのレベルにいるのかをつねに把握するよう努め、その情報を活用して生徒一人ひとりのニーズに応える綿密な計画を立てた。彼らは教室に毎日すさまじい集中力をもたらし、一瞬一瞬を最大限に活用して生徒たちが前進するための努力に変え、必要に応じて方向性の変更や調整を実施した。

また、変革的教育には高度の処理能力、時間、そしてエネルギーが求められる。これもあらゆる分野の優れたリーダーシップに求められることだ。貧困家庭の子どもたちは、多くの困難に直面する。たとえば、栄養、医療、住居、質の高い幼児教育などが不十分である場合が多いのだ。低所得地域の子どもたちが有色人種に偏っているため、彼らは社会的にもあまり期待されず、差別の対象になるなどといった影響にさらされる可能性が高い。こうした子どもたちが進む学校は、彼らの特別なニーズに応えられるだけの資源を持たない。彼らの道筋を変えるためには従来の教育の概念を越え、生徒たちの特別なニーズに応えて今の学校に不足している部分を埋めるための必要な時間と資源を手に入れなければならない。だからこそ、ミーガンが生徒たちとより多くの時間を過ごすために努力し、モーリスが大学進学に向けて生徒やその家族に方向性を与え、プリシラがクラスのために余分な資源をかき集める様子を私たちは見てきたのだ。

つまり、都市部と地方で優れた教育を実施するには、どのような環境でも変革的リーダーシップに求められるものと同じアプローチが必要なのだ。求められるのは並外れたエネルギー、規律、そして努力だ。うれしいことに、これはまったく難しい話ではない。成功は再現し、広めていける。最も優秀な教師のどこが他と違うのかを深く理解し、理解した内容を選別と研修、そして能力開発の戦略に生かしていけば、きわめて優秀な教師の数を増やすことができるのだ。ＴＦＡはこの努力をもう何年も続けてきた。成功するために何が必要かを考えれば、優れたリーダーシップにつながる性格を持つ人々を見出すところから始めなければいけないのはわかっている。私たちは、教師の成功を予感させる性格を選別段階で特定することに注力し、成功する可能性が最も高いと思われる人材を選び出せる徹底的な審査プロセスを構築した（一番わかりやすい特徴は過去の実績、忍耐力、他者に影響を与えて意欲を起こさせる力、批判的思考力、そして集団をまとめる力だ）。また、ＴＦＡの最も優秀な教師たちに共通しているアプローチ方法を理解することが「ティーチング・アズ・リーダーシップ（リーダーシップとしての教育）」フレームワークと支援カリキュラムの開発につながり、これが現在では私たちの教員研修および育成プログラムの基礎となっている。私たちは優れた指導法に何が伴うのかをより深く理解し、実務の開始前および開始後の継続的なトレーニングを通じて、指導に必要な考え方、技術、そして知識の開発に多大な努力を費やしているのだ。

きわめて効果的な教師のクラスで見られるパターンから、もっと多くの、今はまだ「良い」という程度の教師たちも「すばらしい」教師になり、より有意義で持続的な影響を生徒たちの人生に与えられるようになることが私たちにはわかっている。すばらしい指導とは魔法であり真似できるものではないという見方があるが、これは事実ではない。そのような観念に引きずられて、生徒たちに劇的な効果を与えられる指導法の開拓をためらってはならない。

教訓③　大胆な指導方法の限界

優れた教師たちは、より多くの教師たちがいかに有意義な影響を与えられるようになるかを身をもって実証しているが、同時に、彼らは自分たちの大胆な指導方法がすべてではないことも示している。ミーガンやモーリスのようにたぐいまれな能力と責任感を兼ね備えた教師が何十万人もいるとは考えにくいし、何十万人もの教師たちがミーガンたちと同程度の時間とエネルギーを二年間だけでなく何年にもわたって、しかも教員の給与だけで持続させるのが可能だとも思えない。生徒の将来の道筋を変えるだけの使命感や能力を持たない場合が多い学校で、変革的なクラスを作り上げる責任をすべての教師に求めるのは難しいし、そのような指導を実施するために必要な研修や能力開発を教師たちに提供することも難しい。

ＴＦＡではそれを実際に経験してきた。はっきりさせておくが、これまでに紹介した例は、ＴＦＡでも特に優秀な四人の教師たちだ。長年にわたる研究と観察、何百万ドルもの資金、そして手に入れた最高の頭脳による配慮をもってしても、私たちはミーガン、モーリス、プリシラのクラスで見たように生徒たちの進歩に影響を与え続けられる教師を、ごく少数でも生み出すための努力を、いまだに続けている段階だ。学力格差を埋めるためにはあと何十万人もの教師が必要だというのに。

ＴＦＡは、つねに現在よりもさらに改善していこうと強く望んでいる。そして、非常に効果的な教師たちから学んだことを踏まえ、最も困難な環境にあってもより継続的に効果的であり続けられる、リーダーシップを備えた教師集団を生み出せるところまで改善していけると信じている。現在成長しつつある子どもたちのためにこの活動を続けることが重要だと私たちは信じている。そして優れた教師として全力を発揮することで、メンバーたちがより効果的で長期的なリーダー、成功を増幅するために必要な変化の提唱者になれると信じているのだ。

だが最終的には、教育格差に対する持続可能な解決方法は、デイヴやミーガン、モーリス、プリシラのクラスで見たようなアプローチや成果を支持する体制を教師の周辺に構築することにある。次章以降で紹介していくが、私たちは学業と人生の成功というビジョンを中心に据えた変革的な学校を作ることができるし、生徒のやる気を引き出して達成感を抱かせ、必要な資源と時間を提供し、子どもたちのために役立てるような能力と責任感のある教師——完全無欠なスーパーヒーローである必要はない——を生み出すこともできるのだ。

変革的教育の力

ミーガンは生徒たちに歴史を変えるよう発破をかけ、生徒たちはそれを実現した。彼らは貧困に伴う困難や有色人種に対する偏見を克服し、逆境に打ち勝てることを証明してみせたのだ。その過程で、ミーガンは私たちも歴史を変えられるのだと教えてくれた。私たちは、経済的に最も不利益をこうむっている地域の子どもたちに変革的な教育を提供することができる。これは魔法ではないし難しい話でもないが、簡単でもない。

変革的教育の影響を顕著に示した例がある。数年前、テキサス州のロマという国境沿いの小さな町にいたTFAのメンバーと、TFA出身ではない教師のグループが、生徒たちをハーバード大学へ見学に連れて行くために協力した。教師と生徒たちは来る日も来る日も中学のバレーボールの試合でナチョスを売ったり、地元企業に協力を求めたり、さまざまなイベントを開催したりして見学旅行のための資金を集めた。教師たち（そして学校長となっていたあるTFAの元メンバー）は友人や親戚にも協力を求めた。アメリカでも最も貧しい郡のひとつで育った生徒たちの多くは、メキシコへ行く以外にテキサス州を離れたことがなく、テキサスを出たことがある生徒も夏の間に家族と一緒に果物を収穫したり缶に詰めたりする季節労働者として他の州へ出稼ぎに行っていたに過ぎなかった。飛行機に乗ったこともないという生徒がほとんどだった。

ハーバードの大学院に在籍するTFA出身者が何人も、生徒たちを受け入れるために集まってくれた。当時ハーバードにいた私たちの採用担当ディレクター、ジョシュ・バイバー（彼自身かつてフェニックスに派遣されてすばらしい成果を上げ、現在はボストンでTFAの常任理事を務めている）はあるイベントを企画し、実質的にロマの高校生たちをそのイベントの責任者に据えた。彼はTFAへの就職を検討していたハーバードの学部生を集め、ロマの高校生たちには、自分たちが優れた教師に求める資質は何なのかを大学生に伝えてほしいと頼んだ。ハーバードの学生たちはロマの高校生たちに自己紹介し、自分の出身地と専攻をひととおり説明した。卒業予定年度も教えるようにとジョシュに言われ、学生たちは「二〇〇九年にハーバードを卒業します」「二〇一〇年にハーバードを卒業します」などと自己紹介を締めくくった。

大学生側の自己紹介が終わると、ロマの高校生の一人が立ち上がって自己紹介をした。彼は自信たっぷりにこう言った。「僕の名前はエベルトです。今はロマ高校の三年生で、二〇一二年にハーバードを卒業します」。部屋中が爆笑と拍手に沸いたが、エベルトの話には続きがあった。未来の教師たちを見渡し、エベルトは彼らに直接語りかけた。「僕は、意欲をかきたててくれる教師を望みます。僕が達成できることに対して大きな期待を持つ教師を望みます。僕が求める教師、皆さん全員になってもらいたい教師は、何があっても僕たちの可能性を信じてくれる教師です。僕たちが勉強したくないような行動を取るときでも、とことん僕たちを駆り立てることをやめない教師を望みます」。そしてエベルトは、この見学旅行を企画した教師の一人であるザック・ブラットナーを指差した。「僕は、ブラットナー先生みたいな教師を望みます。ブラットナー先生は、今僕にカフカを読ませているんです」。学生たちの顔に疑いの色を見て取り、エベルトはバックパックの中に手を突っ込んで『変身　その他の短編集』を取り出した。「ほらね？　今九八ページです」。ハーバードの学生たちは拍手喝采した。

エベルトと同級生たちのハーバードへの見学旅行は、リオグランデバレーの力強いリーダーたちが持つ改革の力を伝える、今も続く物語に編み込まれた短編のひとつに過ぎない。TFAの出身者に限らず彼らリーダーは、変革のビジョンに向かって生徒やその家族、そして地域全体を前進させているのだ。ほんの五、六年前、TFAが比較的孤立したロマの町にようやく教師を何人か派遣し始めていた頃は、町で一番成績平均点（GPA）がいい生徒でも大学には進学せず、したとしてもせいぜい職業短大だった。あとは高速道路の先にあるテキサス大学パンアメリカン校へ行く生徒がわずかにいる程度だった。ロマの生徒たちにとって、大学は教育の中で進むことが期待される道筋では決してなく、地域を離れて一流大学に進学しようなどと想像する生徒はほとんどいなかった。

ロマで次々と教壇に立つメンバーは皆、AP英語のように徹底して大学進学に注力した指導を実施するべきだと主張した。彼らの努力により、ロマでは初めて文学、英語、米国史、世界史といった数多くの科目で飛び級試験に合格する生徒が出るようになった。教師たちの何人かは放課後にACTや

SATの準備コースを開催し、ロマの生徒たちが大学で通用する作文力を身につけられるよう手助けした。

今では、TFAの教師たちの支援、指導、そして助言によるところもあって、ロマの優秀な生徒たちは以前よりも多くの選択肢や可能性を手に入れられるようになった。ロマは全米、そしてメキシコ中の一流大学へと生徒を送り出している。この数年間で、最も優秀な卒業生たちがハーバード大学やブラウン大学、デューク大学、ヴァッサー大学、ヒューストン大学、ニューヨーク州立大学、オースティン・カレッジ、ジョージタウン大学などへと進学している。

本書を著している間に、エベルトが送った電子メールが転送されてきた。宛先は四年前に彼を大学見学旅行に連れて行ったTFAのスタッフたちで、本文にはこうあった。


今度、僕はハーバードの三年生になります。今は経済学に注力しつつ、医学部の大学院進学に必要な単位を取っています。将来的には医学博士号と経営学修士号を取って卒業し、しばらく医業を営んでから保健か病院経営の仕事をしようと考えています。秋には経済の一番難しい必須授業と有機化学を取るので、三年生は厳しい一年になりそうです。とにかくいつもより余計に勉強するしかありません！　話がそれてしまいました。ハーバードはすごいところで、この大学を選んだことを後悔していないし、これからも絶対後悔しないでしょう。ハーバードは僕に本当に多くを与えてくれました。友人（もう家族みたいなものです）、すばらしい機会、知識、などなど。実を言うと、ハーバードの資金で今年の夏はイタリアのベネチアに留学させてもらい、たぶん来年の夏あたり、ボリビアの先住民の村に浄水設備を導入しに行く予定です。とにかく最高です！

エベルトのメールの末尾には、追伸が記されていた。医学大学院に進む前にＴＦＡに参加しようかと検討中、とのことだった。

ザック・ブラットナーのような教師は、「すべての子どもたちに教育の機会を」という私たちの目標を達成することがどれほど重要かつ実現可能であるかを示してくれている。私たちは、彼ら教師たちの努力をもっと管理可能で持続可能、かつ拡大可能なものにできるよう、内容に重要な変更を加えていかなければならない。

第二章　近道はない――学校を変えるには

YES予備校

一九九二年、クリス・バービックはティーチ・フォー・アメリカ（TFA）のメンバーとして、ヒューストンのラスク小学校で六年生を担当した。生徒たちは劇的な進歩を見せ、市内の他のほとんどの生徒たちに勝っていた。だが翌年、クリスと生徒の保護者たちは、子どもたちが七年生になったとたんに成績が停滞し、悪化するさまを呆然と見つめていた。不安にかられた親、教師、そして地域のリーダーたちが集まり、話し合った。皆、地元の中学校でギャング活動、薬物乱用、十代での妊娠が蔓延していることに動揺していた。クリスの教室で高い目標の力を目の当たりにした彼らは、子どもたちをそうした失敗の文化に委ねることに恐怖を覚えていた。

保護者グループの要望を受け、クリスは自分が担当した六年生たちが破綻した学校に入らなくてもすむよう、八年生の終わりまで面倒を見るための場所を作ってほしいと教育委員会に依頼した。その計画を後押しすべく、ヒューストン独立学区（ＨＩＳＤ）教育委員会の会議には三〇〇人の保護者と生徒が詰めかけた。その動員は功を奏した。クリスはラスク小学校に場所を確保し、自分自身の学校、ＹＥＳ予備校を開校した。

自分の教え子たちが他のどの地域の生徒にもひけを取らないはずだという強い信念に燃え、クリスは生徒のごく一部ではなく、統計が示すようなわずかな人数でもなく、全員が大学へ行くというビジョンを中心にこの学校をつくった。そのビジョンは、生徒たちが知性と自信に満ちあふれ、批判的思考ができ、世界をよりよい場所へと変える能力を持つ人材へと成長するというものだった。「ＹＥＳ」はYouth Engaged in Service（任務に取り組む若者たち）の略称だ。ＹＥＳ予備校の卒業生が大学の学位を手にし、よい変化をもたらすという決意に燃えてヒューストンに戻ってくるというクリスのビジョンを表している。

今、クリスは学校のミッションを簡潔にこう説明する。「私たちは人生において多くの選択肢を持つ、知性ある善い人間を生み出したいのです」。低所得地域の平均的な子どもでも、高所得地域の平均的な子どもと同じように大学で成功できることを証明したいのだ。ＹＥＳ予備校は現在ヒューストンで三五〇〇人の生徒を教えている。そのうち九〇％は一家で初の大学進学者となり、八〇％は経済的に苦しい家庭に育ち、九六％がラテン系またはアフリカ系アメリカ人だ。

運営開始からわずか三年後、駐車場のまんなかにトレーラーを数台並べるまでに成長したクリスの学校は、効果的な学校として州内最高位（「模範的」）を勝ち取った。[1] ヒューストンの低所得家庭に育つアフリカ系アメリカ人およびラテン系生徒のうち高校を卒業するのが半数以下[2]、大学を卒業するのが一〇％[3]という現状の中、ＹＥＳの卒業生は全員高校を卒業し、八二％が大学を卒業したか在学中であるという。これは全国の家計所得上位四分の一の生徒たちをしのいでいる[4]。二〇一〇年、ＹＥＳの卒業生は全員が四年制大学への入学資格を得た。これは一〇年連続の快挙だ。進学先の大学にはハーバード、イェール、コロンビア、ライス、スタンフォード、テキサス大学オースティン校が含まれる。ＹＥＳ予備校生が受け取った奨学金や学費援助の額は二八〇〇万ドル近い。

ＹＥＳ予備校は現在七カ所で運営されている。各学校は一クラスでスタートし、最上級生が大学へ向けて進級するにつれて毎年新しい学年を追加して「成長」していくのだ。ＹＥＳ予備校は無料で、入学も自由だ。近隣の親たちは学校の実績を目の当たりにして、子どもを入学させようと殺到している。受入枠のおよそ三倍から四倍の申し込みがあり、無作為に生徒を選ぶための抽選が行われている。二〇一四年に五校目の学校から最上級生が卒業する頃には、ＹＥＳ予備校はＨＩＳＤの他の三四高校を合計した人数とほぼ同じだけ、低所得家庭の子どもたちを大学へ送り出す見通しだ（ＨＩＳＤが業績を改善しなければ。後述するとおり、ＨＩＳＤは現在それに全力で取り組んでいる）。クリスによると、ＹＥＳネットワークがこれまでどおりの質と進捗を維持できれば、二〇二〇年までに一三の学校を運営し、毎年九〇〇人の大卒者を生み出すことになるという。これはＨＩＳＤ全校が現在輩出している低所得家庭出身の年間大卒者数の倍にあたる。

私は最近、ヒューストンのＹＥＳサウスウェスト校を訪問する機会を得た。二〇〇四年に開校したここには六年生から一一年生まで六〇〇人が学んでおり、ほぼ全員が低所得家庭に育ち、ほぼ全員の両親が大学を出ていない。同校では毎年新たに六年生を受け入れ、年々拡大している。生徒たちは他のYES予備校の例に漏れず、卒業時には全員が大学へ願書を提出し、出席し、優秀な成績を収めることを期待される。

他のYES予備校と同様、YESサウスウェスト校も、州の評価テスト合格率や中退率といった業績指標に基づいてテキサス州が学校に与える評価の最高ランクである「模範的」を獲得した。生徒の九五%以上が数学、読解、英語、語学、社会、科学の全教科で州の習熟基準を満たしたのだ(最高点を取って州から表彰を受けたYES生の割合は学校により異なるが、多くのクラスで生徒の半数以上がその栄誉を受けている)。

変革的な学校は何が違うのか

YES予備校のモットーは、「どんなことでもする(Whatever It Takes)」だ。学校を見学したあと、私はクリス・バービックとこの学校の校長二人に、「どんなこと」が実際には何を指すのかを訊いてみた。この学校をこれほどまで優秀で、生徒にとって特別な場所にしているのは何なのか。YES予備校は、同じような成果を上げられずにいる他の数多くの学校とは何がそんなにも違うのか。

クリスは、考えるまでもなく答えられる。その質問に答えるために作られたとさえ思えるような天然の実験室で数年を過ごしたからだ。二〇〇七年、クリスはHISD校であるロバート・E・リー高校の三階に五校目のYES予備校を開校した。それまでの数年間、リー高校は国の教育改善指標の基準点を下回り、その年には学区の「学業的に好ましくない」リストに載っていた。ジョンズ・ホプキンス大学とAP通信が共同で発表した全国調査でも、リー高校は入学生の少なくとも四〇%が卒業できない「中退者生産工場」のリストに載せられてしまった(5)。だがわずか一年後、YES予備校の生徒たちは下階の同級生たちに差をつけた。YES予備校に通う六年生のうち九六%が学年水準の読解力を身につけ、九五%が算数でも学年水準に達したのだ(市の平均はそれぞれ六四%と六二%)。

私の質問への答えとして、クリスは毎朝YES予備校まで階段を登っていた頃の話をしてくれた。

三階まで向かう途中、いつも一階と二階でどんなことをしているか覗いていました。別に学級崩壊が起こっているわけじゃなかった。どちらかというと、微妙な「無」が蔓延しているという感じでした。子どもたちは勉強していた。教師は教卓に向かっていた。でも切迫感がありませんでした。『今日やるのはこれで、それが明日やることとはこう関連していて、全体の中ではこういう位置づけです』というのがなかったのです。多少ましな教室では何かしらの活動が行われてはいましたが、ただ形式的にやっているだけという印象でした。

そして、クリスは三階に到着したときに目にした光景を話してくれた。

顔面にたたきつけられるような感じです。エネルギーが満ちあふれているのです。誰もが飛び回っている。教師たちは教えるという仕事に精一杯取り組んでいる。子どもたちは高揚している。それらはすべて、目的があって行われているのです。子どもたちがやることすべてが、前の日にやった何かとつながっている。物事がどう進んでいくかがわかっている。大学という長期的目標があり、今取り組んでいる単元という短期的目標があり、全員――生徒たちも――短期と長期がどう関係しているか理解している。方向性があるのです。わかりますよね？　子どもたちは方向性が何なのかをわかっていて、大人たちはその方向へ子どもたちを導く。指導チームが教師に指導や教育を施し、その教師たちが生徒たちに指導や教育を施し、全員が同じ方向に向かって船を漕いでいます。皆、自分がなぜここにいるか理解している。皆、全体のシステムを理解しているのです。「私たち対彼ら」という構図でもないし、「あなたはそちら、私はこちら。お互い邪魔しないでおこう」という話でもない。チームなのです。そしてそこには使命感があります。

たったの一〇秒で、クリスには変革的学校の何が特殊なのかが理解できたのだ。

知識は力

つい一〇年前とは異なり、現在ではYES予備校のように全生徒を大学で成功する道筋へと向かわせる学校が数多く存在する。この偉業を成し遂げる従来型の学校も増えてはいるが、大部分はいくつかの優秀なチャーター・ネットワークや独立チャーター・スクールだ。最も知られているのはおそらく、TFA出身者のデイヴ・レヴィンとマイク・フェインバーグ（一時期クリス・バービックとルームメイトだった）が創設した「ナレッジ・イズ・パワー・プログラム（KIPP）」ネットワークの学校だろう。

さかのぼって一九九三年のある日の早朝、デイヴとマイクは生徒たちの将来に対する懸念で苦悩していた。二人は、教師が教え子を容易に皆同じ土俵に立たせられるようにするにはどうすればいいか、一晩中知恵を絞っていたのだ。教え子を学業的にまったく異なる道筋へと乗せた彼らは、たった一年の大胆な指導が持つ限界と闘っていた。その一年間の指導が終わってしまえば、生徒たちは、ニーズに合わず、能力への高い期待もなく作られた教育制度の中を進んでいかなければならない。その現実が彼らの前に立ちはだかっていた。

二人は新たな学校を想像して夜を明かした。思い描いたのは、すべての保護者、生徒、教師が「必ず大学を卒業する」という使命を負った、達成の文化の染み込んだ学校だ。そうした文化のない大規模校で彼らは、成果の達成と努力、そしてチームワークの気運を苦労してつくってきた。教師がそんな苦労をしなくてもいい学校を作りたい。一日のカリキュラムがもっと長く、子どもを早めに学校に送り届けて遅めに迎えに来てもらうために教師たちが駆けずり回らなくともいい学校。一年の授業日数がもっと多い学校。どのクラスも同じように高い成績への期待に基づいており、どの教師も生徒たちが大学を確実に卒業できるようにするため、自分の役割に献身的に取り組む学校。

デイヴとマイクはそうしたビジョンを中心としてＫＩＰＰの学校を立ち上げた。デイヴはニューヨークで、マイクはヒューストンで。二人はそれぞれの地域で家庭を一軒一軒訪問して回り、低所得家庭のリビングルームに座り、子どもたちが確実に大学へ進学して優秀な成績を収められるようにするためには何でもする、と約束した。近隣にある従来型の学校の生徒と同じ成績水準の生徒たちばかりで始めたにもかかわらず、彼らの学校は初年度から、低所得地域の他の学校を劇的に上回る成績をあげた。

当初のビジョンと成果に力づけられ、慈善家でありＧＡＰ創業者でもあるドン・フィッシャー夫妻の寛大さと規模拡大についての見識に支えられたＫＩＰＰネットワークは、現在では全国に九九校を数え、さらに増え続けている。入学者数は二万六〇〇〇人超、うち八三％が国の無料または割引給食制度の対象者だ。私の夫、リチャード・バースは五年前からＫＩＰＰネットワークのＣＥＯを務めている。

ＫＩＰＰは学校数が増えた今でも、デイヴとマイクが最初の学校で収めたのと同じような実績を維持している。ＫＩＰＰの平均的な生徒の成績は、五年生の時点では基準準拠試験の読解が三四パーセンタイル値〔数値を小さい順に並べた中で何％の位置にあるかを示す。一〇〇の数値があるとして下から三四番目の意味〕、算数が四四パーセンタイル値である。ＫＩＰＰで三年学んだ生徒は全国平均を上回り、読解は五八パーセンタイル値、算数は八三パーセンタイル値。全米の低所得家庭の生徒の大学合格率はわずか四〇％だが、ＫＩＰＰの中学生は八五％が大学へ進学する。ＫＩＰＰの高校卒業および大学入学率は、家計所得が上位四分の一に入る家庭の子どもたちに匹敵する。

マイクが常々言うことだが、ＫＩＰＰや他の優秀なネットワークはしばしば、懐疑派からの「そうだけど、でも」の攻撃に遭う。中には、これらの学校が入学自由と言いながらもより優れた生徒を「すくい取り」、あるいはあまりできのよくない生徒を追い出し、あるいはよりやる気のある保護者を引き寄せようとしているのではないかと推測する者もいる。数回におよぶ徹底した調査により、そうした議論はおおむね沈静化した。たとえば、最近マセマティカ・ポリシー・リサーチが実施した調査によれば、ＫＩＰＰの学校が受け入れる低所得、マイノリティ、低学力の生徒の割合は、学区全体が受け入れている割合よりも大きい。そしてＫＩＰＰに入る生徒たちの当初の成績は、ＫＩＰＰ入学前に通っていた小学校の他の生徒たちと同様の低水準である。また、この調査では、ＫＩＰＰの学校における退学率が他の学校と比較して高いまたは低いという一貫した傾向は見られないこともわかっている。(6)

全米経済研究所が実施・発表したある調査では、ＫＩＰＰの学校に入るための抽選に当たった生徒と外れた生徒の長期的な学力向上度を徹底的に追跡した。その結果、二つのグループの成績には劇的な差があることがわかった。(7) マイクは言う。「私たちの成功が『優秀な子どもたち』の選抜によるものだとすれば――その議論自体、低所得地域の子どもたちに対してかなり侮辱的だと思うのですが――ＫＩＰＰに抽選で入った子どもたちが選に漏れた子どもたちよりもはるかに優秀な成績を収めているのはなぜでしょうね。悲しいかな、ここでは対照群が自然にできるのです。ＫＩＰＰに効果がないのなら、抽選に漏れた生徒はどうして成績がよくなっていないのでしょうか」

ＫＩＰＰとＹＥＳ予備校は、全米の何十もの学校に刺激を与えた成功例である。たとえば、「アチーブメント・ファースト」（コネチカットおよびニューヨーク市）と「アンコモン・スクールズ」（ニューアーク、ボストン、ニューヨーク市、アップステート・ニューヨーク）は同様のモデルを用いて目覚ましい成果を上げている。フィラデルフィアでは「マスタリー」という組織がかつては成績の悪かった学区の学校を変革させ、学区全体の平均を大きく上回り、大学進学可能な卒業生を送り出している。そして学校長たちも、学区内の規則や制約の範囲において変革的で人生を変えるような成果を生む決意に燃え、こうした戦略を従来の教育制度に取り入れる方法を見出しつつある。このように異なる状況の異なる学校で、私たちが学べる共通の教訓やパターンがある。

教訓① 成功は学校規模でも可能

これまで、私たちは高所得地域で一般的に行われるのと同じ方法で低所得地域の学校を運営しようと試みてきた。すなわち、子どもたちに学習の機会を与え、少し励ましてやれば与えられた機会を最大限に活用してくれるだろうと期待する方法だ。恵まれた地域の学校は、学校と社会経済的背景が期待する道筋のまま進んでいくために必要な機会を子どもたちに提供する。大多数の生徒たちにとってそれが変革的でないのは、変革的である必要がないからだ。だが最近わかってきたのは、やり方をまったく変えれば——生徒の社会経済的背景から予測される結果を変えるという使命を生徒と家族に負わせ、その使命を果たすために必要な学業的経験と追加の支援を与えれば——低所得地域の生徒たちを恵まれた地域の生徒たちと同じ土俵に立たせられるということだ。

近年、私は恵まれない地域で並外れた成果を上げた学校をいくつも訪れ、そのたびに優れた学校が子どもたちの未来に与え得る影響について楽観的意識を新たにしてきた。特に刺激を受けたのが、ニューヨークのＫＩＰＰインフィニティ校だ。

二〇〇五年に校長のジョー・ネグロンと六人の教師陣によって創設されたＫＩＰＰインフィニティ校は、現在ではワシントン・ハイツ、ウェスト・ハーレム、サウス・ブロンクスの低所得家庭に育つ五年生から八年生、約三〇〇人を教えている。入学する五年生は平均すると算数では一年遅れ、読解では一年半から二年遅れている。この学校は、大学と人生において成功するために必要な性質と知的能力を生徒たちに確実に身につけさせることを目指している。そのためには膨大なエネルギーを費やし、勉強が大幅に遅れているだけでなく、ありとあらゆる余計な困難も経験している五年生たちとともに努力を重ねているのだ。

廊下を歩き、授業を見学するだけでも信じがたい経験ができる。まず、朝七時に学校の廊下を歩いてくる五年生たちに会う（我が家の五年生はこの時間、きっとベッドでぐっすり眠っているだろう）。ジョー（TFAの元メンバーで、学校長を務めつつ教壇にも立ち続けている）が算数の授業で生徒たちと問題を解く様子を眺めていて、私の息子が通う進学系の小学校でもこれほどカリキュラムが厳しくはないという事実に考えさせられた。自分の子どもと比較するのは、ここが単純に近隣の公立学校よりもましなだけの学校ではないという事実を伝えたいためだ。ここは、最高のものを手に入れられるだけの資源を持つ保護者からでさえ、学業的に並外れて優れているとみなされる学校だ。

また、ジョーと話していて、通常予測される結果を変えるために、この学校がいかに積極的に生徒と家族を支えているかがはっきりとわかった。まず、同校は一日の授業時間や年間授業日数を増やしただけでなく、生徒たちが毎晩二時間の家庭学習を集中して行い、完了させられるよう、保護者と協力している。家庭学習ができない場合、教師は勉強が終わるまで生徒を学校に居残りさせる。生徒たちが確実に大学で成功できるよう、同校では職員が「弾力性《レジリエンシー》カリキュラム」と呼ぶシステムを実施している。これは自信、希望、感謝、根性、熱意といった性質を教え、議論し、トラッキングするためのカリキュラムだ。教師たちは協力して生徒一人ひとりの状況、力、伸ばすべき領域を把握し、どの生徒にも成功するための支援、資源、意欲が確実に与えられるよう連携する。教師たちには二四時間いつでも携帯電話で連絡が取れ、学校はいつでも必要に応じてさまざまな医療などの付加的サービスを提供する。「家庭での相談からコートの調達、奨学金申請のための推薦状書きまで、何でもやります。私たちの目標は子どもをまるごと、勉強も家庭も健康も安全もひっくるめて支援することですから」とジョーは語った。

ＫＩＰＰインフィニティ校は、ニューヨーク市の公立学校の中ではつねに上位にランクインする。二〇〇八年には教育省の年次進捗報告書でニューヨーク市最高の公立小学校および中学校と評された。これは学校環境、生徒の成績、進捗度、そして学力格差への影響をもとにつけられた順位である。(8)

もうひとつ、特に感動的だったのがニューアークにあるノーススター・アカデミー・ヴェイルスバーグ小学校という、ＴＦＡ出身者のジュリー・ジャクソンが運営する学校だった。何年もの間、あるいは何十年もの間、ニューアークは貧困の影響が教育だけではどうにも克服できない地域とされてきた。二〇〇四年には、マイアミに次いで全米二位の貧困大都市だったのだ。ジュリーの教え子の四分の三は無料・割引給食の対象者で、ほぼ全員が有色人種だ。そしてジュリーは学校が生徒全員を統計的確率を覆す道筋に確実に乗せられるようにするという決意に燃えていた。

ジュリーがＴＦＡのメンバーだった頃に教えていた算数の授業で目にした切迫感と厳しさは、今でも鮮明に思い出せる。今、彼女の学校にはあの時の教室で見たものと同じエネルギーが学習に注ぎ込まれている。校内の壁に飾られた生徒たちの作品には驚かされた。ある壁には幼稚園児一人ひとりが英語とスペイン語両方で書いた作文が張り出されていたのだが、それはうちの幼稚園児のクラスで見られるどの作文よりも優れていた。

アンコモン・スクールズはいくつもの学校グループから成る広大なネットワークだ。新設校を含む小学校二校、中学校三校、高校一校のグループに属するノーススター小学校は、生徒の社会経済的背景に関係なく、州内の最高水準の小学校にひけを取らない実績を上げている。ノーススターの生徒の大多数が早期幼児教育などほとんど、あるいはまったく受けないまま入学してくるにもかかわらず、二年目には生徒全員——学年水準以下でスタートしたほぼ全員——が全国標準の読解、作文、算数の能力を評価するテストで学年水準並みかそれ以上の結果を出していた。

ＫＩＰＰインフィニティ校とノーススター小学校は、献身的な取り組みによって学校規模で生徒の道筋を変えることが可能だと証明している。本章の後半で見ていくが、これらの学校はいずれもそれぞれ異なる使命を自らに課し、それを果たすために苦労をいとわなかったからこそ結果を出してきた。そしてこれらの学校はチャーター・スクールではあるが、従来型の学校でも同様の可能性はあるという証拠が見られ始めている。

従来型の学校でも起きている変化

クリス・バービックのＹＥＳ予備校を訪問した同じ日、私は街の反対側にあるポート・ヒューストン小学校にも行ってみた。ＹＥＳサウスウェスト校とほぼ同様の社会経済的背景を持つ生徒層から成るポート・ヒューストン小学校は、学校が位置する低所得地域の生徒を受け入れる従来型のＨＩＳＤ

校だ。ヒューストン港に入出荷する貨物を保管するための倉庫群に囲まれた陸の孤島で、公共交通機関に乏しいこの地域では、平均を超える規模の犯罪やギャング活動が横行している。住民の三分の一が一八歳未満で、二〇〇〇年の平均世帯収入は二万四〇〇六ドルだった。(9) ポート・ヒューストン小学校のほぼすべて（九六％）の生徒が無料または割引給食の対象となっている。そしてその大多数が、英語を第二言語として学習している。

統計的には、この学校の生徒たちはより多くの支援、資源、便宜が得られる郊外の子どもたちと競うことなどできず、おそらく学力格差の生きた証拠となることが予想される。ところが、ポート・ヒューストン小学校の生徒たちは予想を劇的に覆している。地域の裕福な学校に匹敵するほどの優秀な成績を収めているのだ。

私は数時間かけて学校内を歩き回り、教室を見学し、生徒や保護者、そして当時の学校長リード・ウィテカーと話をした。リードはＴＦＡ出身者で、当時の生徒たちの成績を劇的に進歩させ、ＨＩＳＤで年間最優秀教師賞の候補となり、教壇に立ってわずか三年後に学校長に任命された人物だ。リードの業績には目を見張るしかなかった。彼は、それまで私が最も優れたチャーター・スクールでしか見たことのなかったような偉業を達成していた。比類なき達成の文化を構築し、優秀な教師陣を集め、生徒たちに見事な成績を収めさせたのだ。訪問中、保護者の一人と会う機会があった。彼女は学校に荷物を宅配する仕事をしていて、そこで目にした光景に感動したあまり、自分の娘を通わせるために地区内に引っ越してきたほどだった。

リードが校長に就任する前、学校は州に「学業的に好ましくない」との烙印を押される寸前だった。

二年後、ポート・ヒューストンは「模範的」と評価されていた。二〇〇八－二〇〇九年度、同校の六年生全員が州の読解および算数の試験で熟達ぶりを見せつけた。

こうした学校は従来の学区型教育の中にも存在し、全国で増え続けている。ニューヨークでもその一例を目にした。四〇〇人程度の中高生を受け入れている入学自由の公立学校、ワシントン・ハイツ・エクスペディショナリー・ラーニング・スクール（WHEELS）だ。この学校は「エクスペディショナリー・ラーニング（遠征学習）」という、プロジェクトおよびチーム方式の学習に特化したアプローチを実施する学校の全国ネットワークに加盟している。WHEELSが受け入れる生徒は、ほぼ全員が貧困基準前後で暮らす子どもたちに限定されている。生徒たちは、住んでいる地域に応じてWHEELSに振り分けられる。最近訪問した際には年度半ばで数人の生徒が転入してきたばかりで、その中にはドミニカ共和国からやってきた、英語がほとんど喋れず特別な対応を必要とする少年もいた。それでもWHEELSの生徒は、近隣地域にあるずっと高収入の学校に負けず劣らず優れた技能と知識を披露している。

学校の責任者、ブレット・キンメル（彼もTFA出身者で、最初はヒューストンで教えてからニューヨークへ移った）は、自分の学校がニューヨーク教育省から受けたA評価についてやや否定的だ。「Aを取る小学校や中学校なんて、いくらでもありますよ」。だが、自分の学校の生徒たちが市全体で八五パーセンタイル値の成績を収めていることは誇らしく思っている。「うちよりも優れた学校の多くは名門で、入学時に選り好みすることに何のためらいも感じていません。入れたい子どもだけを入学させるんです。うちは創設からまだ四年目で、来る者は拒まず入学させます。それでもそういった学校をしのぎつつある」。創設二年目には、WHEELSに入学する六年生のうち学年水準の英語と言語科目を理解している生徒は三七％しかいなかった。七年生の年度末までに、生徒たちの八三％が学年水準に達していた。この生徒たちが八年生を終える頃には全員――一〇〇％――が読解と数学でも学年水準に達しているはずだとブレットは考えている。

ジョー、ジュリー、リード、そしてブレットたちが率いる学校を訪問した際、私は壁に貼り出された生徒たちの作品を注意深く観察し、教室での豊かで徹底したやり取りを眺めた。これらの学校は全米でも経済的に最も恵まれた人々が子どもを入れたがるような学校に匹敵し、場合によっては勝る水準の業績を上げている。ポート・ヒューストン小学校、WHEELS、KIPPインフィニティやノースター――他にもまだまだある――のような学校は、学校が生徒たちの道筋を変えていけることを証明しているのだ。

教訓② 近道はない

何年も前、ブロンクスにあるデイヴのKIPPアカデミー第一校を訪問し、学校の並外れた成功の原因を尋ねたことがある。彼はぽかんとして私を見た。「たいしたことじゃないよ。基本的なことばかりだ」。どこのKIPP学校でも見られるスローガン、「近道はない」が示すように、デイヴは成功には難しいことも不思議なこともないのだと伝えようとしていた。これらの学校の成功は、必ず生徒たちを学業的に異なる道筋に向かわせるという決意によって生まれ、どのような高成長企業を構築する際にも必ず伴う努力と意志から生まれる。優れた教師が他の分野の優れたリーダーのように活動するのと同様、優れた学校が追求する戦略は、壮大な目標を追求する組織が成功するには絶対に欠かせない戦略と、驚くほど類似しているのだ。

変革へのビジョン

ジョー・ネグロンは、四年前のサマースクールに参加したあるKIPPインフィニティ校の新五年生の話をしてくれた。その生徒は大量の宿題と教師からの高い期待に慣れておらず、毎日泣いてばかりいたという。だが少年は三年間クロスカントリー選手として走り、吹奏楽部で演奏し、学校のペットの世話をし、学年水準を大幅に下回る読解力から学年並みの読解力と作文力を身につけた、誇り高き卒業生となった。特別な支援と高い期待、そして学校に満ちあふれる温かさがなければ、この少年は成長の過程で直面する困難にたやすく打ち負かされていたかもしれない。この生徒の話は、私が訪問してきたきわめて優秀な学校すべての使命とビジョンを反映している。どの学校も、生徒の現実を変え、成績に対する高い期待を抱き、そのビジョンを実現するためにはどんなこともいとわないという決意に満ちているのだ。

ＷＨＥＥＬＳでは、ブレット・キンメルが学校の成功のビジョンを明確に説明し終えるまで校門をくぐらせてもらえなかった。彼のビジョンとは子どもたちが大学で優秀な成績を収めることであり、そのビジョンこそが彼の学校のすべてを形作っているのだ。

私たちの使命は、子どもたちが大学で優秀な成績を収められるように備えてやることです。そこから逆算していくのです。大学に備えるという目標が、学校全体のカリキュラムを決める。何を勉強するか、どのように勉強するか、学力と生活能力の中でどれを強化すべきか。そこから逆算していけば、子どもたちが八年生を終えるまでには厳しい大学入学準備の高校に入れる状態になっていなければならないとわかる。大学入学準備という道筋の中でそれは非常に重要な指標となります。今年初めて中学を卒業する八年生が、今まさにその段階なのです。私たちは子どもたちが八年生の終わりまでにその段階に到達できるよう、必死でがんばります。そうすれば私たちが新九年生に備えて高校を新設する中、我が校の厳しい高校カリキュラムに取りかかれるようになりますから。すべての判断は大学入学準備の手法と哲学に基づいているのです。

WHEELSからはニューヨーク市を挟んで反対側にあるブルックリン。ニューヨーク最悪とも言われるこの犯罪地域で小学生を受け入れているアチーブメント・ファースト・ブラウンスヴィル小学校の校長ジーナ・ムズメキもまた、「生徒の遅れを取り戻す」だけでは成功とみなさない一人だ。彼女は自分の生徒たちと高所得で資源豊富な学校の生徒たちとの学力格差を完全になくそうと考えている。州と標準学力テストが定める「学年水準」をはるかに上回るハードルだ。

「州の習熟度基準は生徒たちの潜在能力をはるかに下回っています。もっと目標を高く持たなければ。私たちのビジョンは、大学を卒業する日に備えるというものです。そのためにいつも自問しています。『最終的に人生で成功するために、子どもたちにはどんな知識、価値、習慣が必要だろうか?』そしてそのビジョンから逆算して計画を立てるのです。その目標を中心に、私たちは厳しくも愛情ある学校を作っています」

ジーナの学校はまだ創設二年目だが、劇的な成果を上げている。幼稚園では標準を大きく下回る学力で校門をくぐった子どもたちが、二〇〇九年度には学校全体で九五％以上が学年水準に達し、五五％以上が一年以上進んでいたのだ。

貧困による苦難と戦う子どもたちを他の子どもたちと同じ土俵に立たせるという決意には、より多くの時間に加え、学校主体の社会福祉や保健プログラムといった特別な支援を生徒に提供するという決意も伴う。これらの学校は一日の時間を長く取り、教師の余計な校務を軽減して、彼らが自発的に生徒たちと過ごす時間を作れるようにしている。たとえばＫＩＰＰでは一日、週、年度を長く取ることでさらに六〇〇時間もの学習時間を確保し、生徒たちが遅れを取り戻したり先に進めたりできるようにしている。ネットワーク内の学校によってそれぞれ少しずつ異なるが、ＫＩＰＰは子どもと家族のためにソーシャルワーカーや医者を含む支援ネットワークも構築している。

ヒューストンにあるリード・ウィテカーの小学校では、幼稚園児たちが最初から勉強の遅れた状態で入学してくることに気づき、職員をかき集めて近所を回らせ、二歳児や三歳児を見つけたらその家族に、子どもと一緒に本を読んで本や印刷物に対する意識を高める練習をさせるようにと説得させた。クリス・バービックのＹＥＳ予備校ネットワークでは二人の生徒支援カウンセラーが、子どもたちや家族が必要とする社会福祉事業を紹介している。クリスはベイラー医科大学と提携し、精神衛生および栄養と運動に着目した試験的プログラムを提供している。クリスと職員たちは、子どもたちが家に帰って家族と一緒に過ごす時間まで学校で元気に活動しているよう心がけている。

生徒の道筋を変える学校は、インプットの平等性よりもアウトプットの平等性を願っている。彼らが望むのは生徒たちが同じ本、同じ金額、同じ時間を享受することではなく、同じ水準の成績を収め、同じ内容を学習し、人生において同じ選択肢を得られることだ。だから生徒たちを同じ土俵に立たせるために、彼らは余分に必要となる資源を手に入れ、どんなことでもするのだ。

一に人材、二に人材

優れた学校のリーダーに次々会う機会を得るたびに、私はわかりきった質問をする。「あなたの学校はどうして成功しているのでしょうか」。どの学校でも、開口一番で同じ答えが返ってくる。人だ。「驚くような答えじゃないでしょう」とWHEELSのブレット・キンメルは言う。「すべての基準は教師の質です。他にもさまざまな要素がありますが、優れた教師がいなければどうにもなりませんからね。突き詰めればすべては教師の発掘と保持という、この二つに尽きるのです」。きわめて優秀な教師を発掘して保持するというこの優先事項が、あるいは優秀な学校長の仕事の中で最も労力を要するものかもしれない。クリス・バービックはこう言った。「私はつねに、学校に適した人材をどうやって見つけたらいいか、そのような人材が学校にいるか、どうやって保持するか、ちゃんと育成できているかと考えてばかりいます」

優秀な教師の発掘がすべての学校長の優先順位の最上位にあり、優秀な教師の数が限られている現状で、増え続ける優秀な学校間での「人材獲得競争」は激化している。「だれかれ構わずメールを送りますよ」。KIPPインフィニティ校の中を見学して回りながら、ジョー・ネグロンは教えてくれた。ジョーは学校の見事な成功が教師たちの努力の賜物だと躊躇なく言うが、その教師たちは彼自身が探し当て、おだて、懇願し、説得して生徒たちの成功というビジョン達成のために学校に来てもらった人であるのも事実である。

「冗談抜きで、本当に誰にでも、ここで働かないかと声をかけているんです。レイラ・ブラヴォを覚えていますか？　今そこの教室にいますよ。ものすごい教師です。ニュース番組で彼女を見たんです。『本当にいい教師に違いない』と思って、すぐにメールを送りました。多少の説得は必要でしたが、うちに来てくれましたよ。それに、年間最優秀教師になったジェイソン・カムラスを覚えていますか？　彼にもメールして、話をしたいと言いました。私は人材発掘にかかりきりなんです」

TFAの人材選抜・受付部門でもそうだが、彼ら学校長たちも、教師が生徒たちとうまくやっていくことを予期させる特性は何か、そうした人材を発見してもっと多く採用するにはどうすればいいかという問題で頭を一杯にしている。彼らは性格や気質の重要性について、私たちと同じ結論に達している。たとえば、クリス・バービックとYES予備校の同僚たちは、最高の成果を上げている教師の気質を探るべく、教師たちに数々の心理テストを実施した。そして「回復時間《リバウンドタイム》」（失敗から立ち直って再び取り組めるようになるまでの時間）、対立に立ち向かう意欲、満ちあふれる活力といった資質が彼らの求める成功を予期させる要素であると知り、今では新規採用時にはそうした気質の持ち主を探している。

興味深い話だが、クリスはその研究の過程で、最も優秀な教師が底なしの楽天家ではないことにも気づいた。むしろ、どちらかといえば悲観主義寄りなのだと言う。「最初は不思議だなと思ったのですが、考えてみれば納得がいきます」と彼は言った。「彼らは、すべてがうまくいくとは思い込まないのです。必ず失敗があると予測し、立ち向かう。努力しなければ物事がうまくいくわけがないとわかっているのです」

KIPPインフィニティ校のジョー・ネグロンも、同様の性質を探し求めるようになった。それに加えて、彼は何かが失敗したりうまくいかなかったりした場合に厳しい意見も受け止め、事態を迅速に変えられる能力も探している。つまり、「失敗と学習」がうまい人材だ。「最大の要素は自己認識と当事者意識だと思います」とジョー。「その次は、子どもに目標を達成させるためにはどんなことでもするという決意。物事がうまくいかなくなったときにちゃんと反省しているか。子どもたちの成功にちゃんと責任を持っているか」。そしてこう付け加えた。彼にとっては「面接時に感じる危険信号にはすべて意味があります。すべての教師が教師として成長するためには、ともに努力して学んでいける多くのすばらしい人々と一緒にいることが大事です」

だが教師の獲得だけがすべてではない。優れた教師を保持することにもまた全力で取り組まなければならない。並外れた優秀さが残念ながらいまだ希少な現状では、特に努力が必要だ。教師は自分の努力を重んじてくれる同僚や文化に囲まれていれば学校にとどまってくれると、優秀な学校長なら知っている。優秀な学校長はまた、優れた教師がより大きな影響を与えていけるようにするにはどうすればいいか、つねに考えている。例を挙げれば、これらの学校のほぼすべてにおいて、特に優秀な教師が何かしらの方法で「教師の達人」となり、同僚たちに指導を実施するという流れを体系化している。

　同様に重要なのが、教師として、またリーダーとして成長していけることを伺わせる、その人物のセンスだ。これこそ多くの学校長が自分の学校で有意義かつ差別化された教師の育成に重点を置く大きな理由なのだ。「会話の出だしは優れた教師の募集、発掘、そして採用です」とＷＨＥＥＬのブレットは言う。「その後は、採用した教師たちが全力で取り組めるようサポートすることが重要になります。第一段階は優れた人材を見つけること。次の段階は彼らが良い教師から優れた教師へ、あるいは優れた教師からより優秀な教師へと成長するのを手助けすることです」。ＷＨＥＥＬＳ創設以来彼のもとを去った教師はごく少数で、年間二人か三人にとどまっている。九〇％という定着率は、低所得地域の学校ではめったに見られない数字だ。

　あまり優秀ではない学校では、これほどまで採用や人材育成に注力しているところを見かけない。最近訪問したある優秀な教師のクラスでは、たった一人の教師が多くの生徒たちの人生に与えられる影響の大きさにまたしても感銘を受けた。教師への訪問と見学を終えると、学校長が挨拶にやってきた。学校長はその教師がいかにすばらしいか、そしてＴＦＡが全般的にはいい組織だと思うが、二年間という任期はあまりに短すぎ、それを変えるべきだと意見してくれた。

　今までに私が会った優秀な学校長たちは、教師たちを慰留するためには思いつく限りどんなことでもする。そして大抵の場合、成功する。そのとき見学させてもらった教師にあとで聞いたところによると、学校の経営陣は彼が去るものと決めつけ、そのことについて彼と話し合おうとはしなかったのだそうだ。だが彼の優秀さが知れ渡るようになると、優秀な人材の発掘と保持に真剣に取り組んでいる他の学校のリーダーシップあふれる学校長たちから度重なる勧誘を受けるようになった。

ＴＦＡの教師のうち約六〇％は、三年目も教壇に立つ。だがその数字の背景には非常に重要な物語が隠れている。ほぼすべての教師が二年の任期を終えて去る学校もあれば、かなりの人数が任期満了後も残る学校もあるのだ。その違いは、教師を育成、支援、そして鼓舞するための学校経営陣の努力にある。「たしかに、私自身はこれを生涯の仕事にするつもりでＴＦＡに入りました」とジョー・ネグロンは言う。「ですが『短期間だけ教師をやろうと思います』と言う人材でも私は採用します。優秀な人材なら採用して、彼らが満足して残りたくなるような手段を考えます」。驚くべきことに、六年前にＫＩＰＰインフィニティ校が創設された当時の教師は全員がそのまま残っている。そして一人残らず、ＫＩＰＰネットワークの名誉ある優秀教師賞を受賞しているのだ。

従来型の学校の校長は、チャーター・スクールの校長に比べて教師を選ぶ権限が少ない場合が多い。だが優秀な学校長ならば、自分のドリーム・チームを作り上げる方法を見出すものだ。リードと一緒にポート・ヒューストン小学校を見学している間、彼は自分の教師たちが獲得した賞を羅列していた。ＥＳＬ（第二言語としての英語）年間最優秀教師賞、年間最優秀小学校教員賞、などなど。リードいわく、街で最も優秀な教師にとって魅力的と言える力強い達成の文化が、学校に存在することが鍵だという。能力のない教師は去り、力強い教師たちは彼が構築した文化で働き続けたいと願うのだ。

チームとしての責任感を基盤にし、生徒に対するきわめて高い期待を中心に据えて前向きな誠意の文化を構築すれば、チームプレーヤーではない人材は去っていきます。私は適切な人材を引きつけ、不適切な人材を遠ざける文化を構築するために精一杯努力してきました。私自身が解雇した教師は一人しかいませんが、自分のすべてを出し切らず、ここで脚光を浴びたくないと感じた教師たちが何人も辞めていきました。ここでは個人指導に一〇〇%の力を注がない教師、チームとして活動しない教師、生徒のために精一杯努力していない人材はひどく目立つので、居心地が悪くなるのです。

実際、私が訪問してきたすべての変革的学校で、力強い文化の構築は成功に欠かせない要素だった。

達成の文化

ヒューストンでTFAのメンバーとしてキャリアをスタートし、後にカリフォルニアでKIPPハートウッド校を開校したセバ・アリは、自分の学校のビジョンと文化を説明しつつその点をしっかり理解させてくれた。私が彼女に会いに行ったのは、イースト・サンノゼの低所得家庭の子どもたちを受け入れている彼女の学校がカリフォルニアで最も優秀な公立学校のひとつになったからだ。カリフォルニアの基準では、州内上位三%に入っていたのだ。セバの生徒たちが入学してきたとき、彼らは国内の他の生徒と比較すると読解では三〇パーセンタイル値、算数では五〇パーセンタイル値のレベルでしか理解できていなかった。そのわずか二年後、同校の六年生は算数で九五%、読解でも七八パーセンタイル値にまで跳ね上がっていた。『サンノゼ・マーキュリー・ニュース』が六年生の算数の点数に応じて学校を順位づけした際、セバの学校の生徒たちはパロアルト、ロスガトス、ロスアルトスといった裕福な地域の生徒を抑え、郡全体で数学の最優秀生徒として一位を分け合ったのだった。セバが自分の学校のビジョンを説明する際に使った最初の言葉のひとつが「コミュニティ」だった。彼女は大学で成功し、人生によい変化をもたらすことのできる学力と力強さを持つ生徒たちのコミュニティの構築を目指したのだ。

彼女は学校をＫＩＰＰハートウッド校と名づけた。「ハートウッド」は、アメリカスギの生きた心材を指す言葉だ。アメリカスギはベイエリアでは力強さの象徴とされる。木に何かあっても、心材から再生することができるからだ。彼女は、幾多の困難に直面してもアメリカスギと同じように回復できる生徒の育成に努めているのだ。

そのビジョンをもとに、セバは学校の文化に明確さを加えた。この学校ではＨＥＡＲＴ《ハート》を実践しよう、と決めたのだ。ＨＥＡＲＴとはHonor（名誉）、Excellence（卓越）、Absolute determination（絶対的な決意）、Responsibility（責任感）、そしてTeamwork（チームワーク）の頭文字からきている。セバと教師たちはその価値観を決定事項や対話に注入していった。セバにとってＨＥＡＲＴの理想は、教師、生徒、そして家族が学校のビジョンを達成したいという共通の決意を全員で誓うという儀式と密接につながっているのだった。生徒たちは一生懸命勉強することを誓い、保護者たちは子どもたちが学校に通って宿題を終わらせるようにすることを誓い、教師たちは生徒たちが優秀な成績を収められるよう、どんなことでもすると誓うのだ。

よく、学校の文化を学校の中に「感じられる」が説明できない、ただ「起こる」ものとして説明するのを耳にする。だが私が優秀な学校長たちを観察して学んだのは、優秀な学校の文化は意図的に創られるものだということだ。セバはハートウッドの文化が発見されたものではなく、構築されたものだと強調した。

私たちは生徒が最終的に学校を卒業するときにはすばらしい成績を収めているだけでなく、不屈の精神と気概に満ちた責任ある若者に成長していてほしいと願っています。その考えをつねに強化する環境の整備は実に入念に行われたものです。この学校には生徒の行動基準が一五〇項目もあります。子どもが登校時にどう行動するべきか、ごみをどう捨てるべきか、昼食をどのように食べるべきかに至るまで。年度が始まる前には必ず職員全員でそのリストを見直し、私たちの本質的価値と文化を最も強化する期待値はどのようなものか、議論します。たとえばKIPPハートウッド校では、食堂で同じテーブルについた生徒たちは、全員に食事が行き渡るまでは食べ始めないように教えられます。それにより社会規範を身につけるだけでなく、チームとしての感覚を強め、昼食はコミュニティを築き上げる時間だという感覚を強めるのです。

私は先日、KIPPハートウッドに五年生で入学し、今はKIPPサンノゼ・カレッジエイト高校の一一年生であるセルジオという生徒と話をした。セルジオは他のKIPP生徒とは違い、大学への道筋に乗るためにKIPPに入ったわけではないと言った。「社会科見学に行きたかったから入っただけだ」と言う。「学校なんて別にどうでもよかった」。セルジオは最初の三年間、悪さをしては学校の期待に背き続けた。だが八年生になると人生における選択肢について考え、大学に行けば人生がもっと楽になると気づいた。何がその変化をもたらしたのだろう。セルジオによれば、教師たちが同じメッセージを何度も何度も繰り返し、彼は変わるべきであり、それは彼にしかできないことだと言い、愛情と支援で彼を包み込んだのだという。高校生になった今、セルジオは自分の時間の使い方や勉強の仕方が大きく変わったが、その大部分は自分自身で変えたものだと語る。KIPPの文化が、セルジオに自分の教育に対する責任を持つよう仕向けたのだ。「KIPPがなければ、僕は今頃ストリートギャングだよ」とセルジオ。「普通の学校だったら、家族も絶対僕を支えきれなかったと思う。これで僕は身内で最初の大学生になるんだ」

私が訪問したすべてのきわめて優秀な学校において、文化の構築に同じような注力と配慮がなされていた。「私たちはきわめて意図的に活動してきました。学校の文化を生み出す構造、政策、手順の策定を非常に思慮深く行っているのです」。ブレットがWHEELSでの活動についてそう説明してくれた。学校を開校する前、ブレットと十数名の創設メンバーは夏の丸一日をかけて学校の文化について話し合った。その手法は目からうろこが落ちるようなものだった。彼らはWHEELSの生徒の一日を文字どおり一日中、生徒が朝日を覚ます瞬間から夜眠りに落ちる瞬間までの一分一秒を追っていったのだ。

私たちは一秒ごとに自問していました。一日のうちこの一秒はどのようにして生徒を大学に向けて備えさせているか、あるいはいないか。子どもが朝食に何を食べるかが学習に影響することがわかったので、子どもたちがよい朝食を確実に取れるようにするため、生徒や家族たちといつどのように協力するかについても話し合いました。子どもたちは中学生で、なんらかの衛生問題が関与してくるのはこれが初めてになるのです。それについて、生徒たちが確実に自信を持てるようにするためにどう話していけばいいか。次に、生徒が着替えます。どんな服を着るのか。ジーンズか。制服か。あらゆる質問を、大学に備えるためのフィルターに通しました。

ブレットいわく、彼らは想定される生徒が登校する前の段階だけでも四、五時間かけてこの演習を実施し、それからようやく校門をくぐる生徒が何を感じ、見聞きするかについてもあらゆる問題を検討した。

「どのように上の階まで上がってくるか。どのように迎えられるか。校舎内にふさわしい歩き方は、そしてそれをいつどのようにして教えるか。いくらでも続けられますよ。それこそ隅々まで検討しつくしました。やがて、生徒たちが授業を始める段階までくると、『授業はどのようなものか？　どのように編成されているか？』と自問しました。私たちは本当に学校の構造や組織を簡素化し、子どもたちにとって学校をわかりやすく説明できるようにしたかったのです」

ブレットは、優れた学校文化にはこの水準の配慮が求められると主張する。一日を一秒ずつたどり、子どもたちを大学進学に備えるという使命とビジョンに向かわせるために大人ができること、すべきことは何かを自問するのだ。文化は、目的意識のある懸命な努力によって積極的に作り出される。それは生徒の経験、規範、そして交流の隅々までを学校のビジョンと整合させるための細心の注意だ。

ＹＥＳ予備校のクリス・バービックはこう語る。

「七つも学校を開いたのだし、みな何をすべきかわかっているのだから、文化は勝手にうまくいくだろう」と言うのは簡単です。しかしそうはいかない。意図的に取り組まなければならないのです。求める文化を目指して詳細な作戦を練らなければならない。子どもたちがどのように教室に入ってくるか、どのように校内を歩くか、どのように座るか、教師がどのように朝礼を進めるか、引き継ぎはどのようになされるか。あらゆるシステムを検討して、それが厳密に作られており、全員が働いており、子どもたちにそれが伝わっているかどうか確認すること。そこからすべてが始まると思います。

優秀なチームを管理する

クリスの言うように、優秀な学校長は皆、チームが「同じ方向に漕いでいる」のを確認することで頭が一杯だ。ノーススターのジュリー・ジャクソンは、大学準備というビジョンを実現するために精一杯努力するという「大きな目標に取り組むために全員が備えて」いなければならないと語る。リードは、全員が「将来に対する共通認識を持ち、そこへたどり着くために貢献したいと願っている」べきだと言う。

クリスは成功に向けて協力し、連帯責任を負う、完全に足並みのそろったチームを構築すべく努力している。

これは優れた教師を確保して教室に送り込むだけの話ではありません。私たちが実際に作ろうとしているのは、楽団です。楽団は協力し合わなければならない。チームでなければならないのです。学校によっては、教室に入るとドアを閉ざして教室の外の不具合をすべて閉め出す教師もいます。校舎内の他者との接触を可能な限り避けるのです。ここではまったく逆です。全員、教室の外で起こる問題をすべて共有します。子どもたちのために協力し合います。それがこの学校の文化の一部で、ここで働いていたらその文化を愛さずにはいられません。

これを達成するには、きわめて効果的なマネジメントが求められる。「以前は、『管理《マネジメント》』という言葉を禁句のように考えていました」とジョー・ネグロンは言う。「KIPP内外の他の学校長たちから学んだのは、子どもたちに身につけさせたい経験を生み出すためには優れたマネジメントがどれほど重要で強力かということでした」

KIPPインフィニティ校では、すべての教師が上司（ジョーか、教員指導者か、学部長のいずれか）と毎週時間を取って「個人面談」を実施し、そこで教師はもっと支援が必要な部分について見直し、上司はさまざまな業績目標に向けた教師の進捗について議論する。「この個人面談が有効活用されているかどうかは、勤務評定時に意外な結果が見られるかどうかでわかります」とジョー。「チームメンバーがどうしているか、進捗は順調か、支援や指導といった意味で教師が何を必要としているか。こうした問題のすべてが最低でも週に一回、できればもっと頻繁に議論されるべきです」

こうした管理体制が達成する重要な目的は、教師の能率の改善だけにとどまらない、とジョーは主張する。「教師全員と毎週個人面談を実施するというのはたいして革命的にも聞こえませんが、絶対に必要なことです。これは人々の意見を聞き、問題を解決し、全員が任務を果たすために必要なものを確実に得ているのだと確認するための場なのです」

彼ら学校長たちがマネジメントについてここまで熟慮しているという事実こそ、彼らを従来型の学長と差別化する点だ。多くの学校では一人の学長が実質的には五〇人、場合によっては一〇〇人もの教師を束ねており、その関係にはあったとしてもごくわずかな交流しかなく、効果的なマネジメントなど望むべくもない。

「私が教壇に立っていた頃、校長とは一回しか会う機会がありませんでした。どのような形の指導も受けてはいません」とジョーは思い起こす。「そんなやり方では、目標に到達などできません。どうしてそうなってしまうのかは理解できます。学校長の肩にはつねに何十もの仕事がのしかかっていますから。一日はあっという間に過ぎてしまいますが、優秀な学校を作りたければ、スケジュールに時間を作ってでも部下から意見を聞き、指導を行い、管理していくべきなのです」

明確に定義された目標と成功の方策を整備することが、一致協力したチームを構築し、それをうまく管理するための基本的な要件だ。「真の一致協力には明確な方策が必要です」と言うのは、アチーブメント・ファーストのジーナ・ムズメキだ。「大学での成功とは何なのかを知っているだけでなく、その過程にどのような細かい指標があるかもすべて理解していなければなりません。そのためには、生徒たちが学習する内容について入念な計画と多くの注意が必要となります。子どもたちが四年生のときには何を勉強してどんなことをしてほしいかを理解し、それによって幼稚園にいる間に子どもたちにどんなことをしてほしいかがわかります。そしてそれらの方策によって、部下を支え、激励するためにはどうすればいいかがわかるのです」

アチーブメント・ファーストのネットワーク全校で実行されている習慣の一環として、ジーナと部下たちは生徒たちを成功させるという壮大な目標を、日々の活動を推し進めるための明確な方策へと置き換えている。たとえばアチーブメント・ファースト・ブラウンスヴィル校では、三年生全員が読み書きと算数において最低でも学年水準に到達することだけではなく、六〇%以上が上級レベルに達することが目標だ。ジーナはまた、成績だけではなく、生徒の価値観や習慣に対する目標を評価する手法も開発している。たとえば出席率や宿題の提出率をトラッキングし、同級生が自主的にいいことをした事例について匿名の調査なども実施している。

このように進捗度の透明化を重視する姿勢は、徹底的かつ有意義な生徒の成績データという形で、きわめて優秀な学校すべてに見られる。ポート・ヒューストンのリード・ウィテカーは、生徒の進捗に関する有意義なデータへの愛を恥ずかしげもなく熱く語った。それこそが生徒の学習能力向上に役立つからだ。

私はデータを信じています。データが子どもの人生に及ぼす影響を信じています。学校として毎週進捗評価を実施することを最初に提案した際、一部の教師は面食らっていました。「そんなことをしたら指導の時間がなくなります」と言ったのです。しかし、これをうまくやれば毎週の評価で得られるデータが指導にきわめて有益なものとなるのだと請け合いました。子どもたちが何を理解して何を理解できなかったかを毎週確認しないと、指導時間の大半が無駄になってしまうのです。生徒がある概念を理解できたか、ある目標を理解できなかったかをどうしても確認したいのです。今では、教師陣全員がのめり込んでいます。誰もがこの毎週の評価が指導にもたらす価値を理解し、私ではなく教師がシステム全体を運営しているのです。

全国の教育者や保護者が、成績評価の活用方法についてある程度の不満を覚えている。ここで紹介したリーダーたちも同様だが、彼らは評価を減らすことではなく、より深く、正確で、徹底した評価テストが実施されることを求めているのだ。彼らの経験によれば、標準化された評価の問題点は評価が行われること自体ではなく、その質にあるのだという。

彼ら学校長たちは生徒のデータに頼っているが、同時に学校が使命を達成しているかどうかを理解するためにできる限りのことをしている。彼らは頻繁に教室に出入りし、教師と生徒たちの進捗を確認している。「ジュリー・ジャクソンは普通の学校長と同じようには一日を過ごしていません。校長室で電話に応対してつまらないお役所的な問題に対処してなどいないのです」。ノーススターが加盟しているアンコモン・スクールズ・ネットワークの創設者の一人、ノーマン・アトキンスは言う。「彼女はつねに歩き回り、教室に出入りし、授業を見学し、教師を支援し、授業計画についてフィードバックを与えています」

これらの学校を訪れ、ジュリー、リード、ブレット、ジーナらと教室を見学して回ると、教師も生徒も含めた全員が、校長の訪問を予期していることがわかった。この学校長たちは、分析している生徒の業績データやその他の方策などを、教師と生徒たちをその目で見て学んだ内容をもって補う目的で学校行事に参加している。それもすべて、教師全員が生徒に潜在能力を最大限に発揮させられるようにするためなのだ。

こうした学校長たちが皆そうであるように、ジーナも教師の能率に高いハードルを設定しており、少人数の教員指導者とともに部下の進捗をつねに評価している。それには教室から得られるデータに加えて彼女自身の観察結果や教師とのやり取りも加味され、全員が基準を満たしているかどうかを確認しているのだ。私が今まで会った中でも最も心温かく優しい人物であるジーナだが、生徒たちがふさわしい対応を確実に受けているかという点になると、手加減しない。

私たちは大人ですから、大丈夫です。でも子どもたちは非常に傷つきやすいのです。私たちは彼らと保護者たちに約束をしました。そのために障害となるものは、どんなものでも排除しなければなりません。私は教員指導が非常に貴重だと考えていますが、それを経ても最終的に子どもや教師が成長していないのであれば、相性が悪いということであり、その大人はどこか別の場所へ移さなければいけないのです。誰もがこの学校と相性が合うわけではありません。皆に理解してもらわなければならないこと、私の部下たちは皆わかっていることですが、私は優しい人間ですし、部下を愛しています。本当に愛しているからこそ、「これではうまくいかない、あなたはここではやっていけない、ここはあなたにとって最適の場所ではない」と言わなければならなくなっても、彼らは私を厳しいとか理不尽だなどとは思っていないはずです。彼らは、私が子どもたちのためならどんなことでもするとわかっているからです。

ジーナにとって、学校のコミュニティから外へ出さなければならない部下との困難な対話は、きわめて優秀な学校長全員に共通する最優先事項に帰結する。すなわち、優れた人材の発掘と保持だ。「私にとって、最も優秀な教師を保持する唯一の方法は、平凡では許容されないと彼らがしっかり理解することです」とジーナは言う。「周りがちゃんと仕事をしていない中で自分だけが身を粉にして働くのは難しいことです。ハードルが全員にとって高く設定されていると知れば、それによって刺激され、全力で取り組む気になるのです」

前章で見てきた優秀な教師たちと同様、これらの学校も変革を達成するためには何が必要かを教えてくれる。そして成功への鍵は教室レベルでも学校レベルでも、驚くほど類似しているのだ。

優秀な教師も学校長も皆、生徒の学業の道筋を変えるというビジョンを抱いている。皆、力強い達成の文化を築き上げ、その中で生徒や家族が自身の教育に責任を持つようになるのだ。効果的に実行するという努力を全員が行い、そのすべてがそれぞれの役割に反映されていく。皆が教室や学校に従来持たれていた期待をはるかに越え、成功を手にするためにできる限りのことをする。ともに力を合わせ、彼らは低所得地域の子どもたちの道筋を変えるのに難しいことなどないのだと示してくれている。ただ残念ながら、そのためには並々ならぬ努力が必要で、何千もの優秀な学校の発展を促進するのは容易ではないのだ。

教訓③ 成功の再現にはリーダーシップが必要

現在、変革的な成果をあげる学校を構築し、それを複製するのは可能だという認識が広まっている。問題は成功をいかにして再現するか、優秀な学校を何百、最終的には何千と造っていくにはどうすればいいかだ。そのためには何が求められるだろうか。

優秀な学校ばかりの学区をまるごと作るにはどうすればいいかという問題は次章に取っておくとして、ここでは数多くの模範的学校を生み出してきたチャーター・スクールのネットワークの経営陣がこの問題についてどう思っているかを理解することが最も有益だと思われる。そこで以下の人々に質問してみた。現在二四校を擁し、今後五年間で三八校まで拡大しようと活動を続けているアンコモン・スクールズのノーマン・アトキンス、私の夫であるリチャード・バース、ＫＩＰＰ共同創設者のマイク・フェインバーグ、そして現在一九校を擁し、今後五年間で三〇校まで増やすために活動しているアチーブメント・ファースト共同最高責任者のダシア・トールだ。

まず全員が口にしたのは、しっかりとした人材層が必要だということだ。「優れた指導とその増幅」と言うのは、ＫＩＰＰが何十もの学校に広がって成功した背景の鍵を握るマイクだ。「私たちがすることはすべて、そこへ行き着きます」

より多くの優秀な教師を発掘するという最重要事項以外に、ひとつのモデル校を何十校にも複製していくには、非凡な学校長の人材層の開発が必要となる。たしかに、これらのきわめて優秀な学校すべてに共通して目立つのが、学校長の手腕と情熱だ。そのようなリーダーを発掘し、育成するには時間がかかる。ある程度の基本的経験、具体的には変革的教育の経験が欠かせないからだ。劇的に成功する学校のリーダーはほぼ例外なく、自身が教室で低所得家庭の子どもたちを成功させてきたたぐいまれな経験を原動力としている。その結果、彼らは子どもたちの潜在能力に揺るがぬ信念を抱き、貧困家庭で育つ子どもたちの道筋を変えるためには何が必要かを実に深く理解し、その困難を乗り越えるために信望に基づく権威と信憑性を携え、教員たちを率いて大胆な目標に向かって突き進むのだ。優秀な学校を構築するには何よりもまず、学校長としての資質をも備えた、並外れて優秀な教師の人材層が必要だ。「教師と学校長の人材不足は、表裏一体の問題なのです」とノーマン。「TFAやノーエクスキューズ・チャーター・スクールが教えるような考え方や技術を持つ教師の供給を増やせば、彼らは後に教育制度の中で学部長や学校長、教授になっていきます」

ダシア・トールは、アチーブメント・ファーストの成長を実現させた要素が四つあると言う。人、文化、体制、政策だ。その中で入念に考え、意図的に計画すれば、彼女の学校ネットワークを成長させるために必要な体制と文化を作り上げることは可能だと考えている。また、政治状況に全面的な変化があったため、学校を新設するための資金や設備が入手しやすくなっているとも感じている。一番厄介なジレンマは、効果的なリーダーの人材層を開発することだ。「これには時間がかかります」と彼女は言う。「ここだけは加速できずにいるのです」

ＫＩＰＰ、アンコモン・スクールズ、そしてアチーブメント・ファーストはスクラムを組み、「ティーチャーU」を立ち上げた。これは現在ノーマンとニューヨーク市立大学ハンター校がニューヨーク市の学校向けに共同運営している教員育成プログラムだ。さらに、それぞれのネットワークが教師や学校長の募集・育成に膨大な力を注いでいる。

これらのチャーター・システムのリーダーたちが全員奮闘しているもうひとつの関連深く、そして中核的なジレンマが、学校の数を増やしてもなお質を維持するためにはどうすればいいかという問題だ。ノーマンはこう言う。「最初に活動を始めたときは、『優秀な教師を雇えばいい結果が生まれる』と思っていました。学校で面倒を見る子どもが一〇〇人なら、それでもうまくいきます。ですがネットワークが三八校を抱えて目標生徒数が五都市一万五〇〇〇人となると、新たな戦略が必要になってくるのです」

アンコモン・スクールズは共通の技法で教師の育成を実施し、ネットワーク全体で共通言語が使われるようにした。「ネットワークとして実施している中でも一番いいのが、学校同士で視察し合うことです。そうした視察によって生まれる改善計画は実に内容豊富です」とノーマン。「それは、教職員が共通の言語のもと、共通の目標に向かって突き進んでいるからです」

拡大を続ける間も、KIPPはイノベーションと起業家精神の文化を維持するためにはどうすればいいかという問題に長い時間をかけて取り組んできた。これは、単独の優秀な学校には必ず存在する要素なのだ。これを達成するということは何について変更の余地がなく、何について学校長に全面的な決定権があるかを明確にするということでもある。KIPPのすべての学校は、生徒たちを大学と人生での成功に向けて備えさせるという同じ使命を共有している。その使命に向けて進捗をトラッキングする際に用いられる指標（大学入学許可、八年生の修了、生徒の退学率、教師の定着率など）は完全な中央管理のもとにある。他に変更不可の要素としては、KIPPで働くすべての大人が望む、より多くの時間と要件が挙げられる。一方で、KIPPはカリキュラムの選択や学校の価値の決定などはそれぞれの学校長の裁量に委ねている。採用や予算配分も、各学校で管理されている。

何が中央管理され、何が自由裁量かのバランスの維持が、KIPPインフィニティ校で見られるような革新的変化が成功している理由だ。仮にKIPPが中学の英語の授業における取り組みを指図していたとしたら、ジョーと教師たちは今や広く知れ渡っているノンフィクション研究の授業を自由に編み出すことができなかっただろう。この授業により、同校では他の優秀なKIPP校の倍も読解の成績を上げることに成功したのだ。使命に同調し、透明性に努める適任な人材を集めることさえできれば、中央組織が教師や学校長が一学期、一カ月、一日にどう取り組むかを指示する必要はなく、何かがうまくいけばそれは中央からの指示がなくとも広がっていくとリチャードは言う。彼はまた、これこそ優秀な人材を引き寄せ、長期間にわたって保持するための鍵だとも語った。

学校の柔軟性を高めるアチーブメント・ファーストの取り組みについて、ダシアが説明してくれた。変化を促進したのはなんだったのか?「第一に、私たちは結果が大好きです。結果ではなくインプットにばかり注力すると、結果が悪くなることに気づいたのです。第二に、最も優秀な人々は、子どもたちのためになると思うことを自主的に実行する権限を求めます。第三は現実的な問題です。規模が大きくなればなるほど、厳密に管理するのは難しくなります。最終的に私たちは一歩引き、創設当時の成功の要因が、起業家精神に満ちた、なんとしてでもやるという業績重視のアプローチだったのだと思い出したのです。優秀な学校について私たちが理解しているのは学校の現場に強い当事者意識があるということで、その感覚を育てたいと思っています。生徒たちの業績は基本的に学校職員の管理下にあるのです」。これから成長していくにつれ、長い道のりと困難な学習が待ち受けていると公言するのはこれらのチャーター管理組織が最初になるだろう。だが彼らは成功を再現していこうとする私たちの努力に対し、しっかりとした有益な観点を提供してくれる。

すべては基本的なこと

本書の執筆中、フィラデルフィアにあるマスタリー校のひとつを訪ねる機会を得た。マスタリー・ネットワークは近年フィラデルフィアで変革的な成果をあげる学校が増えつつある要因のひとつなのだ。私が訪れたのはシューメイカー校という、二〇〇六年には七年生の数学習熟度が一六%、読解が二〇%の破綻した学校だった[10]。破綻した学校の「転換」に特化したチャーター管理組織マスタリー・ネットワークが、学校の管理を引き継いだ。学校は塗装し直され、校舎のデザインに少しばかり構造的な変更が加えられたが、何よりも重要だったのは、マスタリーが全米でも最も優秀な学校すべてから得た教訓をこの学校に持ち込んだことだった。

マスタリーの生徒の一人で、マスタリーが運営を引き継ぐ前から在校していた地元出身の女子生徒が学校を案内してくれた。「いつも、遊んだりぶらぶらしたりするためだけに学校に来ていたんです」。マスタリー・ネットワークの創設者スコット・ゴードンたちがやってくる前の学校を、彼女はそう説明した。「生徒たちは登校すると身体検査を受けていたし、ケンカはしょっちゅうでした。今は全然違います。私たちには役割と責任が与えられているし、もっと規律があるし、先生たちの教え方も違います。私たちが理解できているか、本気で気にかけてくれているのです」

マスタリーは新たな学校長と教師たちを採用し（約三〇％がＴＦＡのメンバーまたは元メンバーだ）、学内に支援サービスネットワークも構築した。

あらゆる面で、マスタリーの生徒たちは学区全域の平均水準を劇的に上回っている。マスタリーが学校運営を引き継いでから、在籍生徒はそのままに、試験結果が全学年の各科目で平均五二％増加し、一方で暴力は八〇％減少、生徒の退学率も劇的に減少した。マスタリー各校は実際に八年生の数学で学力格差をなくし、二校では読解の学力格差もなくなっている。二〇〇九年には、卒業学年の全員が大学入学許可を獲得した。マスタリーの生徒たちが受け取った奨学金は、二〇〇万ドルを超える。[11]

シューメイカー校で私はスコットと話す機会を得た。彼の最初の就職先は実業界のゼネラル・フーズで、その後退職して高校中退者を看護助手として育成する仕事に就き、その過程でフィラデルフィアの低所得地域に暮らす多くの子どもたちと知り合った。スコットは、とてつもない潜在能力を秘めた子どもたちが思春期に差しかかるにつれて遅れだし、脱落していくさまを目の当たりにした。親しかった子どもの一人が銃で撃たれて半身不随となったのを機に彼は仕事を辞め、マスタリーを立ち上げたのだ。優秀な学校を作ることは「機能的で優秀な企業を作るのと同じことです」と彼は言う。

スコット・ゴードンは控え目で、落ち着いていて、非常に謙虚な人物だ。私との会話の中で彼が一番興奮して感情的になったのは、学校における良質で効率的な体制の必要性について話しているときだった。「理解できませんよ」と彼は言った。「人材育成や優れたマネジメント、明確な目標に注力しない学校がどうしてこんなに多いのでしょうか。優れた病院はそれをうまくやっているんだから、利益がどうとかいう話じゃない。これは教育の問題です。うまくいくとわかっていることを実行するのに、とにかく苦労しなければいけないのです」

マスタリーがフィラデルフィアの子どもたちの将来を変えているのは、必要なことなら何でもするという使命と決意のためであり、どのような優秀な組織を構築するにしても必要とされる基本的な事柄に注力しているからだ。「全部基本的なことですよ」。インフィニティ校をニューヨーク市で最も優秀な学校のひとつに育て上げたジョー・ネグロンは言う。「本当に基本的なことなのです」

こうした成功を増幅させていくのは本当に難しいが、もはやノウハウの欠如が成功への障害となっているなどとは言えない。全米の優秀な学校長たちが、成功は可能だと実証してくれているのだから。

第三章　成功を拡大する——システムを変えるには

学区レベルの取り組み

私たちは、あらゆる地域で十分な教育成果が保証されるという明白な成功には至っていない——今のところは。だが、つい五年前までは人種や経済による学力格差が何よりも解消困難に思えていた多くの都市で、今は歴史的なまでの進歩と改善が見られている。たとえばニューヨーク市、ニューオーリンズ、そしてワシントンDCは、未来に対する無限の希望を感じさせてくれる。生徒の成績を測定する手法が着実に進歩している上に、各都市の事例が互いに似ており、これまで私たちが低所得地域の教室や学校で見てきた成功パターンとも一致しているためだ。これらの都市を含む各地で見られる変化と進歩のスピードから、私はこう確信する。成功は可能だという証明が教室や学校のレベルにとどまらず、学区レベルでも聞かれるようになるのは時間の問題だと。

学区全体のレベルでも成功は可能だという自信を私に与えた瞬間のことは、はっきりと覚えている。二〇〇三年のことだった。ニューヨーク市長マイケル・ブルームバーグと彼が任命した教育総長ジョエル・クラインが、経営および説明責任の原則をニューヨーク市の学校システムに導入するという計画の概要を発表した。その瞬間が忘れられないのは、そうした原則は昔から社会におけるほとんどの分野で成功の基盤であったにもかかわらず、その頃の教育関係者が一般に改革の手段とみなすものではなかったからだ。市長と教育総長は、生徒の失敗と成功に対する責任を目の覚めるような率直さと明快さで引き受け、実際に変革を生み出せる制度という、明確かつ壮大なビジョンを打ち出した。彼らはどのような組織にも通用する効果的な組織構築の原則をニューヨーク市の学校に導入することを演説や政策の中で示した。その原則とは、優秀な人材の発掘、支援、保持を重視し、さらに説明責任、マネジメント、あらゆる階層のあらゆる役割に対する支援の明確な基準を定めることだ。私たちがうまくいくと身をもって知っている原則を、この巨大な学校システムのリーダーたちが受容するのを聞きながら感じた衝撃と期待は、今も忘れられない。

その大胆な新しい取り組みを開始してから数年で、ニューヨーク市は持続的変化に求められる根気と忍耐の見本となった。ニューヨーク市は現在他の地域でも見られるようになっている類の改革にどこよりも早く取り組んできた組織であり、市内の学校システムの大きな規模[1]（学校数一六〇〇、教師数八万人、生徒数一一〇万人）にもかかわらず、教育格差は生徒にとって有意義な方向に埋まりつつあるのだ。今日、ワシントンDCやニューオーリンズで起こっている急激でときには困難な変化を学区規模での改革の最前線と受け止める人は多いが、全米で見られるようになった変革の大半を誘発したロードマップを敷いたのはニューヨーク市だ。

教育総長ジョエル・クラインは当初から、前例のない規模の投資を人材に実施した。彼は着任一年以内に民間から七五〇〇万ドルの慈善寄付金(2)を集め、新たな学校長たちを研修・育成するリーダーシップ・アカデミーを創設した。また、市の低所得地域と高所得地域の学校間で生じていた教師の質の格差を埋めるべく、教員採用にもかつてないほどの投資を実施した。この戦略の大部分は「ティーチング・フェローズ」プログラム（「ニュー・ティーチャー・プロジェクト」という組織が教育現場の変革を目指して才能ある人材を採用するために設立を支援した教員育成プログラム）の拡大と、多くのティーチ・フォー・アメリカ（TFA）のメンバーの採用から成るものだった。同時に、教育総長は自らの職場における幹部チームと職員を刷新した。

就任から数年後、ジョエルは前章で紹介したような変革的学校を増加させるため、変革と起業家精神を触発するように学校システムを再編成した。さまざまな活動を通じて彼は、保護者と生徒たちにより多くの選択肢を与えることに注力した。「私はチャーター派でもなければ従来型学校派でもない。ただの学校派だ」。彼はチャーターを受け入れ、ニューヨークにおけるチャーター・スクールの成長のためにできることは何でもした。加えて、破綻した大規模な学校を、公的教育制度の中で新しく複数の小規模な学校へと分解する方策も受容した。従来型の学校については、予算や採用の権限を可能な限り学校へと委譲した。生徒の成績データを把握する新システムを導入し、組織内の全階層の教育者が利用できるようにもした。現在、各学校は結果に対する説明責任を有し、成功を支えるための教材センターを複数の中から選ぶことができる。いくつかの地域では、保護者が子どもを通わせる公立学校を選べる。

こうしたイニシアティブの多くが賛否両論を呼んだし、すべての学校が成功したわけでも、すべての新たな校長が優れていたわけでもなく、急激な組織変更はときに保護者や教師の間に混乱を生じさせた。それでも、ニューヨーク市が実践している有意義で持続的な改革は他の地域でも必要とされるものであり、以下に紹介するいくつかの場所で見られるようになった。

生徒の学習に関する国際的測定基準として高く評価されている全米学力調査（NAEP）によれば、ニューヨーク市の生徒たちはかなりの進歩を遂げている。NAEPでの一〇ポイントは約一年分の学習に相当するが、二〇〇三年と二〇〇九年を比較すると、ニューヨーク市の生徒は四年生の算数で一一ポイント、八年生の数学では七ポイント点数を上げた。二〇〇二年と二〇〇九年の比較では、四年生の読解の点数も一一ポイント上昇した。[3] さらに言えば、四年生の算数と読解で、現在のニューヨーク市は全国平均とほぼ同水準の成績をあげている。

一方、同時期におけるニューヨーク州の他の地域のNAEP結果は実質的に横ばいだった。ニューヨーク市の子どもたちが他の地域の子どもたちと比べてかなり貧しいことを考えると、この成果はいっそうすばらしい。学力テストの結果からも同様の構図が見てとれる。二〇〇二年と二〇一〇年を比較分析したところ、ニューヨーク市を構成する五つの区が、州内にある他の五七郡のどこよりも算数と英語の点数を向上させているのだ。[4] 二〇〇二年以降、市と州全体の平均点数格差は六五％縮まっている。市の卒業率も大幅に改善している。州発表の統計によると、二〇〇五年から二〇〇九年の間にニューヨーク市は四年間での卒業率を四七％から五九％（八月の卒業生まで含めると六三％）へと改善させた。ニューヨーク市に次ぐ州内四大都市では四七％から四九％、州全体では七八％から八〇％までしか改善していない(4)。

この着実な進歩を受け、ニューヨーク市のリーダーたちは全国の学区で発生しつつある劇的な変化に備えて基礎固めをした。ニューオーリンズとワシントンDCから、低所得地域の教育に著しい改善をもたらしている組織の目覚ましい実例を、もう二つ紹介しよう。

教訓① 成功はシステムのレベルでも可能

「ニューヨーク市の四年生の読解力が向上」

——『ウォール・ストリート・ジャーナル・オンライン』二〇一〇年五月二〇日

「報告　ワシントンDCの学校が都市部の学校の中で最高の読解力」

——『ワシントン・ポスト』二〇一〇年五月二一日

「本日発表のLEAP（ルイジアナ州学力評価プログラム）テスト結果でニューオーリンズの公立学校が著しい改善を見せる」

——『ニューオーリンズ・タイムズ——ピカユーン』二〇〇九年五月二〇日

ハリケーン・カトリーナが直撃する前まで、ニューオーリンズでは何十年にもおよぶ教育の失敗によって、基礎学力のない成人のコミュニティができあがってしまっていた。ある調査によれば、成人の四〇%が六年生レベルの読解力すら持たなかったという。[6] 二〇〇五年に卒業資格試験（学力と知識量を測る、さほど難しくはない試験）を受験して主要教科で習熟度を示したニューオーリンズの高校生は四〇%に満たなかった。自由入学方式の高校に通う多くの（というよりはほとんどの）生徒にとっては、大学で好成績を収めるどころか、入学できる可能性ですらゼロに近かった。全米の低所得地域の多くと同様にニューオーリンズでも、一九九四年に公立学校の九年生だった子どものうち、高校を卒業してその六年後に大学を卒業した生徒は一〇人に一人しかいなかった。この数字には市の受験入学方式の高校生も含まれる。[7] このような教育制度の失敗を痛感させる、ひとつの指標がある。ある高校で代数Ⅱの A 評価を受けた卒業生総代が、州の卒業資格試験の数学科目を五回も落第していたという事実だ。[8]「このエピソードはチャンスがいかに無駄になったか、我々がいかに子どもたちから教育の機会を奪っているかを表面化させるものです」。実業家であり、地域のリーダー的存在であり、州の教育委員長でもあるレスリー・ジェイコブスは地元紙にこう語った。「この学校は、生徒にまったく何の期待もしていなかったのです」。[9] ニューオーリンズの子どもたちを代弁する、影響力ある優れた真実の語り部であり論者として――そしてカトリーナ上陸前の構造をハリケーン後に急速に改善させた影の改革者として――レスリーはカトリーナ上陸のずっと前から教育に警鐘を鳴らし、改革に向けて計画を練り続けていた。

しかし、レスリーが学校を変えるための構造を整備しつつある中でも、地域の人々は状況が変わるという希望をほとんど抱いていなかった。ＴＦＡも設立以来、この地域にメンバーを配置してきた。しかし私たちと地域の人々が確実に起こるとわかっていた唯一の変化は、ほぼ毎年のように入れ替わる教育長の顔ぶれぐらいだった。

希望は、遠く離れたワシントンＤＣでも同様にとらえどころのないものだった。ここでは、公立学校が何十年にもわたって悲劇的な皮肉を体現していた。アメリカの首都の、自由と平等という最も慈しむべき理想のために建てられた数々の巨大な記念碑のそばにいながら、何十万人という子どもたちが優れた教育によって生まれるはずの機会を奪われていたのだ。

二〇〇七年、アメリカ全州の四年生と八年生の読解と算数（数学）の試験で、ワシントンＤＣは最下位だった。[10] その年には、学年水準の数学を習得している八年生はわずか八％だった。[11] その上、四年生の白人生徒と黒人生徒の学力格差もどこより大きかった。中学レベルでは、教科によっては人種別学力格差が七〇％にまでなるものもあった。[12]『エデュケーション・ウィーク』の年間ランキングによれば、二〇〇五－二〇〇六年度のワシントンＤＣの中退率は五〇％を超えていた。[13] だがワシントンＤＣは、あるランキングにおいては上位に入っていた。生徒一人当たりにかけられる金額だ。[14] 生徒一人当たりの支出が全国平均の一五〇％にもなる。

ワシントンＤＣのスタッフたちがＴＦＡの活動資金を集めたり、ひときわ公共心に富む市のリーダーたち（長年の慈善活動を経ても何も変わらない現状にすっかり幻滅して、それ以上の支援をしたがらなくなっていた）と面会したりするために協力していた頃を思い出す。現状の学校システムの中では、生徒の成績が有意義な形で変わる可能性などまったくないと、大半が諦めてしまっていた。

だが数年前、ワシントンDCでもニューオーリンズでも、生徒の成績を改善するための努力を実らせ、加速化するような構造的変化が学校のガバナンスに起こった。ワシントンDCの場合、エイドリアン・フェンティ市長が学校の問題改善を中心的課題に据え、教育委員会に代わって彼が学校の運営権を握ることを市議会で承認させたのだ。市長は教育総長にミシェル・リーを任命し、組織の修復に必要なことはなんでもできるよう全権を与え、その劇的な変化に必ず伴うであろう困難な政治論争を受けて立つと誓った。こうした事態を受け、ミシェルは二〇〇七年の就任時にこう語った。「このような現状を変えるために急進的な改革以外の対応で挑もうとするのは、私たちの子どもたちの尊厳、可能性、創造力に対する侮辱です(15)」

私は長年にわたってさまざまな立場でミシェルとかかわってきており、彼女がいかに変革的な教師であるかを知っていた。一九九二年にTFAのメンバーとしてボルチモアで教壇に立っていたミシェルは、教え子たちの成績を劇的に改善させた。このときの経験が、都市部の子どもたちが持つ計り知れない潜在能力に対する彼女の揺るぎない信念、子どもたちに当然の機会を与えるべく学校システムを再建する運動を開始してすぐに明らかになった信念のもととなったのだ。

教員経験を経て、ミシェルはニュー・ティーチャー・プロジェクトの代表となった。これは元々、学区や州が新教員の採用・研修方法を変える際の支援を目的としてTFAから派生したプロジェクトだ。起業家精神あふれるリーダーのミシェルは、組織を拡大して全国的な教育改革の牽引車となり、その過程で学区がどう機能すべきかについての深い見識を身につけていった。

本書が印刷に回る数週間前、フェンティ市長が民主党の予備選挙に敗れ、それによりミシェルの退任も決まった。暫定教育総長として彼女の後を引き継いだのは、やはりTFA出身者のカヤ・ヘンダーソンだ。改革の持続可能性を予測するには時期尚早だが、ミシェル、カヤ、そして彼女たちのチームがこの数年の間にワシントンDCに導入した取り組みとその進捗は、組織全体を改善していくためには何が必要かについて、豊かな見識を提供してくれる。

ニューオーリンズでは、学校のガバナンスの転換はショッキングかつ悲劇的な出来事によって実現した。ハリケーン・カトリーナが直撃して一〇〇を超える学校が全半壊し、年内の学校再開はないと教育委員会が発表すると、州が介入して市で最も業績が悪い一〇二校を、教育委員会の支配下から外し、成績の悪い学校を改善させるためにハリケーン前から州が構築してきた特別学区「リカバリー・スクール・ディストリクト（回復学区、RSD）」へと移した。以来、RSDはインフラや生徒数が回復するにつれて学校を閉校、統合、変更、開校し、カトリーナが押し流したものとはまったく異なる新たな学校システムを作り上げている。

ワシントンDCとニューオーリンズの学校システムが新たなリーダーの指揮下に入ってわずか数年で、どちらの地域も劇的な変化を遂げてきた。そして今日では、組織の効率を示すほぼすべての指標で急激なプラス成長を達成している。その筆頭が、生徒の学習能力だ。

たとえば、どちらの都市も、全米学力調査で過去に例のないほどの向上を見せている。この数年で、ワシントンDCの四年生における算数の習熟度は、これまで調査が実施されたどの大都市よりも急激に伸びている(16)。他の測定結果も同様の傾向を示している。二〇〇七年から二〇一〇年までの三年間、試験を受けた全学年の全教科において、テスト結果が著しい向上を示した。二〇〇七年のワシントン

DC総合評価システム（DC CAS）では、小学生の算数の習熟度は二九％、英語は三八％だった。二〇一〇年にはそれぞれ四三％と四四％まで改善している。同様に中学レベルでも、読解で約一四％、数学で一七％と二年連続の向上が見られた。[17] 過去三〇年間で初めて、ワシントンDC公立学校連合会（DCPS）における出席率は実質的に改善した。それまでの一〇年間、この学区では地域内で増えつつあるチャーター・スクールに生徒人口の三九％以上を奪われていたのだ。[18]

一方ニューオーリンズでは、RSDが引き継いだ学校の一部で、英語と語学において平均またはそれ以上の成績をあげる四年生の割合が、州の改善率を最低でも一〇倍上回った。算数の改善率はさらに飛躍的だ。[19] 上級生も同様の結果を見せている。八年生を受け入れている学校の三分の二では英語で州平均の三倍から六倍も成績が向上しているのだ。八年生の数学の改善率は、州全体の平均改善率のなんと一一倍にもなる。

RSDはいまや州の模範的学区として、二〇〇九－二〇一〇年度と過去三年間の累計実績の双方で平均以上の成績をあげる生徒の割合を増やしている。[20]「もちろん、ルイジアナ州の他の学校の平均を上回っただけでどうこうという話ではありませんが、これらの学校はつねに平均を下回っていたのです」と微笑むのは州の教育長、ポール・パストレックだ。「それも二、三校どころではありません。劇的に改善している学校が約四〇校もあるという話なんです。誰も本気で関心を持ってくれませんが、悔しいですね――かなり興味深い話なのに」

たしかに興味深い。長年にわたり、教育の変革が不可能だという象徴であったニューオーリンズとワシントンDCは、いまや全米でも最も急速に改善しつつある学区に数えられる。これらの学校システムの進歩が意味するのは、システム規模の成功が本当に可能かもしれないと——誰もがとうの昔に諦めてしまったような場所でも可能かもしれないと認めるべきだということだ。

ニューヨーク市の学校システムと同様、ニューオーリンズでもワシントンDCでも、リーダーが望む状態にはまだなっていない。そしてこれらの場所すべてにおける混沌とした政治状況に鑑みると、今の変化の速度がこのまま続くかどうかはまだわからない。だが、問題がどこよりも固定化してしまったと思われる地域であっても子どもたちには希望があるのだと、私たちは認めざるを得ない。多くの人々にとって、それ自体が天啓にも等しいのだ。

教訓② 必要なのは基本的なこと——優れた組織の構築

ワシントンDCとニューオーリンズでの改革は、ある点ではまったく異なっている。ミシェル・リーがワシントンDCに導入したのは、中央管理型の運営制度と学校長や教師たちへの支援だった。この施策では、学区内の学校長や教師たちはどのような手法と結果が求められているかを明確に理解しており、その目標を導入し達成するべく、緊密な管理と支援がなされている。一方でニューオーリンズの組織では個別の学校長の能力を重視し、大きな裁量を与えると同時に成果をあげる責任を負わせているため、中央本部による管理や支援は最小限に抑えられている。

これらのモデルがどのように展開していくかを予測することはできないし、進歩を見せ始めているどの組織についても勝利を宣言するにはまだ早すぎる。だがそれぞれに違いはあるものの、ニューオーリンズでもワシントンDCでもニューヨーク市と同様、共通の原則を中核として改革を成功させているという事実にはヒントがある。これらの学区は、どのような組織でも成功の原動力になることが証明されている、同じ基本的要素をそれぞれのやり方で追求しているのだ。すなわち、変化の明確なビジョン、達成と説明責任の文化、そして優秀な人材を発掘、選抜、支援、保持することへの注力だ。

子どもの現実を変えるというビジョン

ポール・パストレックは、ニューオーリンズ改革の立役者だ。弁護士であり、NASAの元行政官であり、長年にわたる教育改革者でもある彼は、カトリーナ上陸後間もなくしてルイジアナ州の学校教育長に引き抜かれた。ねらいは単にニューオーリンズの破綻した教育制度を「修正する」ことだけではない。それ以上のことを想定している。ポールが思い描いているのは、ニューオーリンズが他の地域に真似されるような学区になった未来だ。彼は、ニューオーリンズが「世界品質の教育制度」を開発することができるし、実際そうなると信じている。

私は先日、ニューオーリンズでポールと会った。名物料理を楽しめるそのレストランは、ポールの父親の墓石が見える場所に立っていた。私が思うに、ルイジアナの荒っぽい実業界と政界に携わってきた一族の長い歴史が、州の学校に対する彼の野望と、ビジョンを追求するためには多少ことを荒立ててもかまわないと思う心に火をつけたのではないだろうか（ある地元記者は、ポールが「せっかちである……月並みを嫌い、失敗を憎み、本質的に物議を醸すような思い切った改革を急ピッチで進めている」と評した[21]。

ニューオーリンズでの成功は全国ランキングの底辺から浮上することだけではなく、「市内のすべての子どもが一流の教育を受け、それに伴う幅広い機会と選択肢を得られるように」することだとポールは主張する。その第一歩が、彼のビジョンを共有してくれる名高いパートナー、ポール・ヴァラスを雇用することだった。彼がRSDの代表となるべくニューオーリンズへ移る前、シカゴ、次いでフィラデルフィアで教育長を務めていた頃に、私は彼の熱心さと猛烈さを自分の目で見ている。ポール・パストレックは知的な戦略家だが、ポール・ヴァラスはエネルギーあふれる行動指向の人物で、自ら現場でアイデアを実践するタイプだ。この「ニューオーリンズの学校システムの頂点に立つ奇妙な二人組[22]」は、ニューオーリンズがすべての子どもたちの優秀な成績を導く灯台となるのだという、燃えるような信念に導かれて手を結んだ。

ニューオーリンズの二人のポールが抱くビジョンは、カトリーナに一掃されてしまった基礎の上に新しいものを築くことだった。これに対し、ミシェルがワシントンDCで取り組んだのは、「転換」させるプロジェクトだった。ワシントンDCの学校における根深い機能不全という現実を前に、世界品質の教育制度を作り上げるという彼女のビジョンを共有しようというリーダーは少なかっただろう。

着任したとき、ミシェルは倉庫に未整理のまま積み上げられた五〇〇万件の人事記録を見つけ[23]、きちんと給料が支払われていない教師もいれば、とっくに辞めたのにいまだに給料を受け取り続けている教師もいることを知った。学校の補修に関する未処理の作業指示書は中央本部に二万五〇〇〇件も溜まっていた[24]。市内の学校の約半数が年度初めまでに教科書を受け取っていなかったか、間違った教科書を渡されていた。[25]「DCアップルシード」という非営利団体の報告によると、ミシェル着任前、ワシントンDC（特殊教育の入学者数が一万一〇〇〇人以上）では、特殊教育適正手続きのための審理が保留されている件数がカリフォルニア州全体（特殊教育の入学者数が六〇万人以上）よりも多かったという。三〇〇〇件以上の審理が未処理となっていたのだ。[26]ある教育雑誌はワシントンDCをこう評している。「何十年にもわたってマネジメントを無視してきた学校システム。記録は取らず、窓はふさがず、予算は守らず、教科書は届けず、電話には応えず、裁判所命令には従わず、教師の経歴は確認せず、もう何年も、秋の新学期に予定通り授業を開始していない」[27]

こうした現実が、ワシントンDCの子どもたちに公平な教育現場を提供する学校システムの構築を阻む根本的な障害だった。そこでミシェルと部下たちが真っ先に取りかかった仕事が、学区を多少なりともまともに機能させるために欠かせない、最も基礎的な制度を導入し修正していくことだった。それを彼らは「ブラシがけ」と呼んだ。人事記録を整理して更新する。電子メールを導入し、教師と管理者がちゃんとコミュニケーションを取れるようにする。財務記録を監査し、データ化する。そして非効率に配分された資源の膨大な流れを方向修正する。一年で閉鎖する学校の数は二校を超えるべきではないとする否定派を無視し、ミシェルらは圧倒的に入学者数が少ない学校があるという事実に基づき、初年度だけで二三校を閉鎖した。[28]この決定により何百万ドルもの資金が浮き、学区内のすべての学校にきちんと美術と体育の教師、それに保健師も配置できるようになった。

組織基盤の行き詰まりと腐敗のため、効果的なチームが全生徒の成功を保証するという究極のビジョンは消えてしまうかに思われた。だがミシェルは、ワシントンDCの学校が最も根本的な理想の見本になるのだと訴えた。「私たちの公立学校は、生活環境にかかわらずすべての子どもが一生懸命に正しいことをしていれば最高の成績を収め、アメリカン・ドリームを実現できるよう保証するのです」と彼女は語った。

ジョエル・クライン、ポール・パストレックとポール・ヴァラス、そしてミシェル・リーは組織の中の生徒と教職員に大きな期待を寄せ、生徒の優れた成績を保証することへのコミットメントを意思決定の根拠とするべきなのだと、組織内の全員に対して明確に示した。壮大なビジョンを抱く彼らリーダーたちは、従来の組織で長年過ごしてきた人々にとっては目を見張るような目的意識と切迫感を生み出した。

達成と説明責任の文化

卓越《エクセレンス》という共通のビジョンに突き動かされ、彼らリーダーたちは生徒の成績に対する達成と説明責任の文化の構築へと乗り出した。彼らは、生徒の成功や失敗に対する自らの責任を組織の全員が理解すべきだと主張した。組織を変えなければならない、とミシェルは言う。「大人のニーズや好みで動く組織ではなく、子どもたちに対する義務によって動く組織にしなければ」

ワシントンDCで学校教育総長に就任して数週間後、ミシェルは学区内の学校を一校一校訪ね歩いて学校長たちに会い、年度目標について話し合った。年度末までに明確で測定可能な進歩を遂げるという決意をすべての学校長が持っていることを確認し、その目標に対する責任を学校長一人ひとりに負わせ、そのためにどのような支援が必要なのかを聞こうとしたのだ。これはあるいは、明確な目標と優れた管理の中心的役割を理解する者が持つ、自明の本能かもしれない。だが、多くの学校長にとって、上司とこのような話し合いをしたのは初めてのことだった。

私は、活動から三年目に入ったミシェルの幹部チームのうち三人と膝を交える機会を得た。カヤ・ヘンダーソン（最近、暫定教育総長に任命された）はTFAを通じて教壇に立ち、TFAの職員としても働き、その後ニュー・ティーチャー・プロジェクトでミシェルとともに活動し、そして副教育総長としてワシントンDCのミシェルのチームに加わった。教員人材戦略の責任者として組織における教師の資質に関するイニシアティブを監督していたジェイソン・カムラスは、ワシントンDC南東部で八年間教壇に立ち、その際に二〇〇五年全米最優秀教師に選ばれてTFAの中で認知度を高めた。TFAの元教師で事務局長でもあり、市長が組織を再形成するためにミシェルを採用するよりも前に雇い入れたアビゲイル・スミスは、最高変革責任者を務めていた。

彼らが実施してきた変革で、今目にしている成功の要因と思われるものについて尋ねると、彼らは（アビゲイルの言葉を借りれば）こう主張した。「持続可能な文化の変革こそ、この仕事の目標なのです」。彼らはさまざまな方法を通じて、子どもたちのために明確かつ前向きで壮大な成果をあげる責任を負うチームを作るべく働いていた。アビゲイルは言う。「目標に向かって断固とした取り組みが実施される教室や学校、学区を想像してみてください。目標を設定し、進捗を測定し、成功や失敗を省み、それに応じて方向を修正するための理念と体制の両方が整っている場所です。DCPSは当然まだその状態には程遠いですが、三年前よりははるかに近いところにいます」

そのため、すべての教室にきわめて能率の高い教師を配置する責任を負っているジェイソン・カムラスは、データシステムや学習サイクルを構築する活動を率いてきた。ちょうどジョエル・クラインがニューヨークで構築していたような、教師が生徒の成績を向上させるための活動でどのような成果を上げているかを明確化するものだ。ジェイソンはまた、教師が成功に必要とされる技術を確実に伸ばせるよう、教員育成システムを巧みに発展させてきた。

教師の業績と支援モデルを構築するべく、ジェイソンと彼のチームは数々のモデルを参考に（その中にはＴＦＡのティーチング・アズ・リーダーシップの枠組みも含まれる）十数個の対象グループを調査して五〇〇人以上の教職員から意見を聞き取り、それを元に「ティーチング・アンド・ラーニング・フレームワーク（教育と学習の枠組み）」を開発した。これは優れた教育のビジョンを推し進めて習熟のさまざまな段階で求められるすべての技術を説明し、解説するための枠組みだ。彼らはさらにＩＭＰＡＣＴと呼ばれる新たな評価システムも開発した。これは、教師が期待値に対してどの段階にあるかを示すものだ。ＩＭＰＡＣＴの評価は生徒の成績データ、学区の「指導と学習の枠組み」による教員の業績評価、そして教師が学校と地域とどの程度連携して支援を実施しているか、といった情報に基づいている。

教師は、教育専門家によって毎年複数回評価される。この教育専門家はＤＣＰＳが雇い入れて訓練しており、教師をそれぞれの専門分野について観察し、その後対象の教師と個人面談を実施して評価を通知し、フィードバックを伝えるという役割を担う。教師はオンラインのシステムにログインして自らの評価を確認するだけでなく、主な長所や改善点、専門能力開発に向けた次のステップなどをまとめた、個別にカスタマイズされた成長計画を見ることができる。ＩＭＰＡＣＴシステムは早くも全国の注目を集めている。教員の質に関する全米評議会の代表を務めるケイト・ウォルシュは、それを「全米のほとんどの学区で入手できるものより、何光年も先を行っている」と評した(29)。

教師の能率を明確化するこのシステムは、チームが望んでいた文化を促進している。学校長たちは生徒の成績と最も緊密に関連する主要指導戦略を理解するべく、ビデオ映像の観察・評価に大幅な時間を費やした。アビゲイルは言う。「今は、はっきりと概略化された期待値があります。何に対して責任を求められているのか、全員がわかっている。これは、私たちが前進していくための対話の著しい変化だと言えます」。ジェイソンもうなずき、今後待ち受ける困難とチャンスの両方を強調した。「目標に到達するにはまだまだたくさんの課題が残されていますが、今では戦略的に活動することができます。ここにきて初めて、私たちが設定した期待値に到達させるためには教師をどのように支援していけばいいかを考えやすくする、信頼性の置ける実績データが手に入ったのです」

ニューオーリンズでも同様に、生徒の成績に対する責任が重視されているが、形は違っている。ポール・パストレックは、「世界品質の教育制度」というビジョンに沿う高い目標を設定し、各学校の強力なリーダーが成果を上げている限り、設定した高い目標を中心に革新を続けていく権限を与えることが、事態を転換させるための鍵だと考えている。

システムを変えられるなどと信じている人はほとんどいません。この州、この都市は、低い期待という病魔に侵されています。期待値があまりにも低いため、改善を思い描くことが難しくなっている。そしてこの現状の責任を、あらゆるものになすりつけています……ですが私たちが学んでいるのは、高い期待を抱く人もいて、そうした人たちを取り込んで権限を与えれば、成功は可能だということです……人々に革新の余地を与えれば、本当に力のある人々を引き寄せられる。だから州の政策レベルで言えば、問題はハードルを設定し、それを公正かつ正確に測定し、人々に動き回る自由を与えることに尽きます。

カトリーナ以前から（だが以後はより積極的に）、ニューオーリンズ公立学校連合会は教育委員会と中央本部から権力を個々の学校長やチャーター・スクール委員会へと分散させる大胆な改革を実施し、保護者には事実上市内のどの学校でも選べる権利を与えた。簡単に言ってしまえば、ニューオーリンズに残された「中央本部」が学校の進捗の測定・監視に注力する一方、個々の学校長たちは説明責任と引き換えにほとんどの経営意思決定を下す権限を有しているのだ。市は、その学校システムの管理下にある公立学校に自治権と柔軟性を与えた。その権限の中にはカリキュラムの策定、競合的な採用と人員補充、キャンパスにおける基本的支援サービス契約の締結などが含まれる。

ニューオーリンズの学校長や学校理事は、過程ではなく、結果のみで評価される。彼らは生徒の堅調な実績を示している限り、広範な自治権を保持していられる。実績は生徒の成績、出席率、中退率などの要素を加味した公式で測定される。ポール・パストレックが、州の役割を説明してくれた。「私たちは悪い学校を毎年、自動的に閉鎖しています」と言うのだ。「学校を運営する場合には目標が何かをこちらから伝え、そのための道具や資源を与えます。業績が良ければ、こちらからは何も口出しをしません。邪魔はしたくありませんから。結果が出せなければ、誰か他の人間が学校を運営することになります」

過去一〇年の間に、ジョエル・クラインは中央管理された学校経営の戦略と、結果と引き換えにより幅広い自治権を学校に与えるという取り組みを、時と場所を異にして実施してきた。いずれの取り組みも、巨大な組織が壮大な目標を追求する上で効率的かつ効果的であるためには、絶対に必要となる説明責任の文化を構築することに成功している。

人材への注力

私たちが話を聞いてきた並外れて優秀な学校長たちと同様、ジョエル・クライン、ポール・パストレック、ミシェル・リーのように優秀な学区リーダーたちもまた、組織のあらゆる階層に適切な人材を発掘、育成、保持することにかなり注力しなければ変革を達成することはできないという信念のもとに団結している。

ニューオーリンズでは、優れた人材を引き寄せて保持する上で、改革努力が特に成果を上げている。その中でも重要な要素が、大幅に分権化された組織における自由と自治が持つ魅力のようだ。

最近、この都市の進歩を自分の目で見る機会を得て、私は驚嘆した。何年も前にニューオーリンズの学校を見て回り、生徒たちの勉強がどれほど遅れているか、それを変えるための努力がいかにほとんどなされていないかを知って悲しくなったのを覚えている。だが二〇一〇年の秋に再訪して学校を次から次へと見ていくと、まったく異なるレベルのエネルギーと生徒に対する献身ぶりが感じられた。ハリケーンの直撃を機にすばらしい教育制度を構築するという難題と、中央本部からの指図なしに指導ができる機会とに鼓舞された学校長や教師たちが集い、率いている学校を何十校も目にしたのだ。

最近ニューオーリンズを訪れた際、自治がいかに力強いリーダーを引き寄せているかを目の当たりにした。訪問したのは旧フランシス・グレゴリー中学校。ハリケーン・カトリーナによる市の教育制度への影響がくっきりと浮き彫りになった学校だ。かつては七年生から一〇年生までの生徒一〇〇〇人で活気にあふれていた校舎は古く、大きく、一部廃墟となっているがそれでも威厳を保ちつつ、今ではがらんとしていた。高い金網のフェンスに囲まれた校舎は二年近く前に取り壊しが決まったが、嵐に破壊され、空っぽのまま立っている。

グレゴリー中学の校舎が影を落とすフェンス脇、ハリケーンの前は学校の遊び場だった場所に雑然と並ぶ質素なトレーラーで、子どもたちが学び、遊んでいる。教師たちはこのトレーラーを「モジュール」と呼んでいる。一一台の灰色のトレーラーは私には見分けがつかなかったが、金網のフェンスにかけられた看板によれば、それらは三つの異なる学校をまとめて収容していた。三つのモジュールはグレゴリー中学が一時的に再生した姿で、現在は三年生から八年生の生徒数百人を擁する。このキャンパスは、子どもたちが他の学校へと移っていくにつれて徐々にフェードアウトしていく前提で作られた。それぞれトレーラー二台ずつを占めているもう二つの学校は、プライド大学予備校とアキリ・アカデミーと呼ばれている。どちらも小学校低学年を受け入れ、生徒の進級に合わせて「成長」する新しいチャーター・スクールで、隣に立つ大きなカビだらけの校舎がかつて占めていたニッチの一部を埋めている（残るモジュールは三校が共有する食堂、体育館、「メディアセンター」、そして警備センターとなっている）。

プライド大学予備校とアキリ・アカデミーをそれぞれの校長たちと見学していて、二人の厳しい校長たちがこの役割を引き受けたのは、かつてないほどの「自由裁量権」が与えられたためだと気づいた。何年も前、アキリのショーン・ギャラガー校長は、一見極端とも思える行動に出た。元々働いていた公立学校を飛び出して、フィラデルフィアでマスタリー・チャーター高校の創設活動に加わったのだ。そのとき創設された高校は、今ではフィラデルフィアで最も高く評価される公立高校のひとつに数えられている。フィラデルフィアでの教師生活が一三年を過ぎた頃にニューオーリンズで起こっていることを見て、ショーンは再び腰を上げることにした。学校単位にとどまらず、野心的な成果を達成するという責任と引き換えに幅広い自治権を学校長に与える学校システムにおいて働けるという希望に突き動かされたのだ。「ハリケーン以後、官僚制度はもう残っていなかったので、人々が駆けつけて早く学校を開くチャンスが生まれたのです。最初から教育格差をなくせるように考案された学校が作れるのです」

一方、すぐ隣のトレーラーに入居しているプライド大学予備校のマイケル・リチャード校長も、ニューオーリンズが学校のリーダーシップを重視していることを理由にこの役割を引き受けた。ノースウェスタン大学で哲学を学んだルイジアナ生まれのマイケルはシカゴで幼稚園教諭として教員人生を始め、その一年後の二〇〇三年にTFAに参加した。彼はサウスサイド・シカゴの学校で三年間教壇に立ち、その後グアテマラのアメリカンスクールで教えた。どちらの学校でも彼は生徒たちの成績を劇的に向上させ、どのような困難を経験している生徒でも学習力を飛躍的に伸ばせる教師として名声を博した。

ショーンとマイケルがそれぞれの学校を案内してくれた際、使命に燃える教師たちの姿を目にした。彼らは革新のための自治権が与えられるという期待、そして低所得地域でも真に優秀な学区が実現可能なのだとアメリカ中に証明してみせたい者が感じる明白な魅力によって、ニューオーリンズの学校システムに引き寄せられた教師たちだ。州の高い期待に応えるべくニューオーリンズ各地で一生懸命がんばっているプライドやアキリの職員たちのような人々は、何百何千という新人教師や校長たちのごく一部だ。その多くがニューオーリンズ出身者や、革命的で歴史的な変化であると彼らが確信する改革の一端を担うべく全米から駆けつけた人々だ。

ニューオーリンズの学校システムが強固な中央本部を欠く中、TFA出身者のサラ・ニューウェル・ウスディンが設立・運営する非営利団体「ニュースクールズ・フォー・ニューオーリンズ（ニューオーリンズに新しい学校を）」が、成長の管理と資質の保証をするべく介入した。私は、ハリケーン直撃から数週間が経った頃にサラと会った。彼女はその何年も前の一九九二年に五年生を教えるべくルイジアナへ配属され、そのまま現地に住み着いた人物だ。彼女はTFAの活動を率い、その後長年にわたって州のニュー・ティーチャー・プロジェクトに携わってきた。ハリケーン後、サラ自身も、第二の故郷となったこの街が受けた損害と行く手に待ち受ける作業に落胆していた。しかし彼女は力を振り絞り、相当な資金を調達してニュースクールズ・フォー・ニューオーリンズを立ち上げ、改革を実現すべく優秀な「人材」やチャーター・スクール組織を誘致・支援する活動に乗り出した。

この団体は回復学区と緊密に連携し、ニューオーリンズの学校に教師や学校長を誘致している。また、自由入学方式の公立チャーター・スクールを醸成、創設、支援し、責任ある持続可能な質の高い公立学校を支持（そして必要とあらば鼓舞）しているのだ（実際、旧フランシス・グレゴリー中学校で会った二人の校長たちは、ニュースクールズ・フォー・ニューオーリンズの学校創設者「醸成プログラム」に参加していた）。ニュースクールズ・フォー・ニューオーリンズは慈善基金を活用して質の高いリーダーシップと学校の洗練された入念な成長を保証しており、どのチャーターの申請書を州に推薦すべきかを決定する上でどこよりも厳しい基準を設け、高い期待を抱いている（この団体が昨年承認した新学校長の醸成プログラムへの応募者は、申請件数のわずか三％だった）。

サラの支援と指導を頻繁に受け、全米でも最も優秀なチャーター管理団体や学校指導団体がいくつかニューオーリンズに生まれて成長してきた。ニュー・ティーチャー・プロジェクトでは「ティーチNOLA」というイニシアティブを通じ、特別に選出して訓練した四二〇人以上の教師を市内の極貧地域に送り込んだ。この教師たちは厳しい審査と徹底した研修プロセスの結果、二四倍という倍率を潜り抜けて選ばれた人材だ。[30]「ニューリーダーズ・フォー・ニュースクールズ（新しい学校に新しいリーダーを）」という団体もニューオーリンズに乗り込み、ハリケーン後の三年間で二四人の学校長を採用した。[31] TFAもニューオーリンズが秘めた可能性に触発され、組織の成長と慈善家からの支援も受けて、この地域に派遣する教師の数を五〇〇人近くまで倍増した。現在、TFAの教師たちはニューオーリンズの生徒三人に一人を教えるまでに増え、彼らが優れた教育の機会を確実に得られるようにするために必要なリーダーを大勢送り込んでいる。二〇一二年までには、一〇〇〇人のTFAメンバーや出身者から成るコミュニティを作り上げ、さらにTFAから教員人生を始めた学校長たちが少なくとも二五人は市内で働き始めているはずだ。

自治が人材を引きつける

最近ニューオーリンズを訪れた際、現地における人材重視の変革が、何年も前に教師として送り込まれた若者たちの考え方にどれほど影響を与えたかを見て驚かされた。一九九九年にTFAのメンバーとしてニューオーリンズに配属されたアンドレア・スミス・ベイリーは、最初はそこで二年間だけ働くつもりだった。やがて彼女はこの街と教員の仕事が大好きになり、一年、また一年と滞在を延ばした。だがここにとどまることを決断したのは、つい数年前だ。アンドレアは最近、ニューオーリンズに家を購入した。「教師は、自分たちが街で一番人気の職業に就いているのだとわかっているのです」と彼女は言う。「腕のいい教師なら、本当にキャリアを築いていける学校が確実に見つけられます。生活していけるだけの収入も得られます。教師のリーダーシップが、私たちがずっと求めていたような地位を勝ち取れるようになってきているのです。皆、自分よりも大きな何かの一部になったように感じているだけでなく、自分たちが長期にわたって携わっていきたい学校文化の一部になっています」

ニューオーリンズの破綻した学校を転換させることに注力する「ファーストライン・スクールズ」という団体のCEOジェイ・アルトマンは、ニューオーリンズの魅力をこう説明する。「要は人材とリーダーです。問題は、教師やリーダーとしてきわめて優秀な人材の大きなプールを作るための条件は何なのかです。選抜の効果はわかっています。できるだけ優秀な人材を選抜します。それに、育成の効果――人材をどう育成するかも重要です。だがそれだけでなく、職務設計《ジョブデザイン》の効果もあるのです。

これこそ多くの教育者にとって成功が困難である根本的な課題ですが、今のルイジアナはその点で実に幸運です。ルイジアナは、学校長に改革の余地と、重要な仕事に集中する余地を与えるという意味ではどこよりも先を行っているのです」

自治権と優秀な人材の確保の関係は実に興味深い話だった。この取り組みにより、ニューオーリンズは単により多くのTFA出身者を引き寄せているだけではなく、すでに学校システム内にある才能も引き出している。TFA出身者で、現在はニューオーリンズ大学教育学部の准教授を務めるジム・ファーマンは言った。「市内でも最高レベルの学校長だった人々が今も学校を率いていて、それがいまだに市内で最高レベルです。それに、良い学校長から優秀な学校長へと成長した人々もいます。自治権によって機会を与えられたり、より高い期待を抱かれるようになったりしたことが理由です。他にも、ハリケーンの前には学校長ではなかったものの、今は目覚ましい成果を上げている学校長もいます」。彼は、卓越に向けた転換の要因を複数挙げた。その第一が、成功とは何か、実証可能な成果という面で何が期待されているのかを再定義することだった。

担任教師だった頃は、上司が通りかかったときの教室のうるささや、そのとき生徒が勉強しているかどうかでつねに評価されていました。学校長も同じだったと思います。実績は生徒が起こす問題の件数で判断され、学校の評判は主に、学校長が支配力を保持しているかどうかという観点に基づいていました。学校レベルでも教室レベルでも、すべては学習の観点や、理論上は学習が行われるはずの環境が備わっているかどうかで判断されていました。今は、実際の学習に焦点が当てられています。どうやら、学校長たちには過去の定義に基づく成功ではもう不十分だとわかっており、優れた学校がどうあるべきかという手本もより多く存在するようです。優れた学校長はそのことをずっと以前から知っていましたが、ここにきて、規律と管理ではなく、学習と指導に取り組める自治権と裁量権を持てる状況になったのです。彼らの仕事は管理者からリーダーへと転換しています。市内にはその能力を持つ学校長が以前から多数存在しており、現在与えられている自治権により、実際にもっと大きな影響を及ぼせるだけの力を手に入れたのです。

ジムが指摘したその他の進歩は、学校長任命制度の改善（今の校長たちは以前のようにひいきや頑迷さではなく、功績に基づいて選ばれている）、そして学校長に自ら教師を採用・育成し、予算を管理できる権限が与えられるようになったことだ。

ワシントンDCでも、人材を特に重視する傾向が見られる。ミシェル・リーは、教師の一人にこう言われたそうだ。「いいですか、私は評価されるのも、能率に対する高い基準を課されるのもまったくかまいません。その代わり、高い水準の支援と教員育成を実施してください」。「まさにそのとおりですよね」とミシェルは言った。「私たちが作りたい制度は、多くを期待すると同時に多くを提供するものです。教師たちが従来受けてきた支援は断片的で、首尾一貫せず、不明確でした。私たちはそれを変えたいと願っています」

市長の任期が終了する頃、評価制度も支援・育成制度もまだ発生期にあった。ミシェルのビジョンが実現されるのか、されるとすればどのように実現されるのかはまだ不明だが、ワシントンDCの教師と学校経営者の能率に対する彼女の猛烈な注力が生じさせた衝撃波は、首都のはるか外までも広がっていった。就任後数週間のうちに彼女は幹部職員の解雇・採用の権限を主張し、中央本部に大幅な変更を施したのだ。初年度だけで、ミシェルは組織内の学校長一五〇人の四分の一を入れ換えた[32]。

ミシェルはまた、教師陣の能力を増幅させると考えて新たな教員契約を提案した。今では教職員組合に批准されているこの契約は、二〇一二年までに二一・六％の昇給を学区内の教師に約束し、ワシントンDCの教育関係者の平均収入を六万七〇〇〇ドルから、首都圏の教師の最高賃金に近い約八万一〇〇〇ドルへと押し上げることになる。これにより、生徒の学力向上に対するより大きな説明責任と引き換えに、教師は高い報酬を得られるようになった。成果主義の組織に所属する教師は、生徒の試験結果の大幅な向上などの目標を達成すると、年間最大一三万ドルもの給与を受け取れる。この契約はまた、学校長が人員削減を実施する場合に年齢ではなく業績を最重視できるようにしており、排除された教師は組織内にもはや職を保証されないことが明記されている。「双方の合意」の条項では、中央本部によって空いたポストに教師が振り分けられるのではなく、転勤もあり得ることについて、学校長と教師の双方が同意しなければならない。

本書を書き終えようとしている段階ではこの契約による影響のすべてが明らかになっているわけではないが、これによってワシントンDCが教員人材の争奪戦の中で競争力のある魅力的な職場候補になっているのは確かなようだ。同時にこの契約は、十分に生徒の役に立っていない教師を排除できるようにした。契約締結後数カ月でDCPSは、業績不振を理由に教師の四％（二六五人）を解雇している。

ワシントンDC、ニューオーリンズ、ニューヨークの取り組みはそれぞれ異なるが、改善しつつあるこれらの組織はすべて、同じところに賭けている。組織の全階層において献身的かつ能力ある人材を引き寄せ、育成することだ。優秀な教室や学校から学んだことに照らせば、これはよい兆しと言えるだろう。

ニューヨーク市、ニューオーリンズ、そしてワシントンDCでの努力と成果は、組織規模での改革に必要な要素のヒントを与えてくれる。特定のガバナンス構造が改革の必須条件であるかどうかを判断するには時期尚早だ。しかし、よりよい結果への道のりがどこから始まるのかは確実に言える。教育を通じた変革のビジョンと、有意義な変化を追求する優れた組織を築くという、長く困難な取り組みへのコミットメントから始まるのだ。

教訓③ あらゆる所に変革的リーダーシップを

組織全体が転換しているすべての場所に共通する特徴的かつ主導的な要因が、変革的リーダーシップであり、低所得地域の子どもたちの人生を変えることが自らの責任であり教育そのものであると認識し、その目的を達成するためには何でもするという決意を抱くリーダーの存在だ。

ニューオーリンズで、ポール・パストレックとポール・ヴァラスはまさにこの変革的リーダーシップを発揮しており、ニューオーリンズ中の教室や校舎へ同じようなリーダーたちを引き寄せ、保持する組織を作り上げた。ワシントンDCのエイドリアン・フェンティ市長は、教育が市の貧困の連鎖に対抗する最大の手段であるべきだと自ら主張し、同じく変革的リーダーであるという理由からミシェル・リーを選んだ。それを受けてミシェルは変革的なリーダーたちで自分の周りを固め、リーダーシップを学校や教室に引き寄せ保持する組織を整備した。そうした改革がどこよりも長期間にわたり積極的に実施されてきたニューヨーク市でも、変革的リーダーシップをあらゆる階層で目にすることができる。

教育とは人生を変えること

最近、私は全米で最も厳しい教育環境のひとつと思われる場で、目からうろこが落ちるような経験をした。組織全体を転換させるという困難で複雑な課題にとって、変革的リーダーシップこそが要だと証明してくれるエピソードだ。私が訪ねた相手はカミ・アンダーソン。ニューヨーク市の巨大な組織の中でいまだに中央管理されている第七九学区で、落ちこぼれ寸前の子どもたちの支援を引き受けているTFAの元メンバーだ。彼女が担当する学区で成功が可能ならば、どこでも可能だろう。この学区の青少年は、どこよりも支援を必要としている。学区で学ぶ九万人の生徒のうち六万人が二二歳以上で、その多くが十代で妊娠したり、服役歴があったり、薬物中毒歴があったり、家庭内で精神的苦痛を受けていたりと、特殊な問題を抱えているのだ。

教育総長に就任して四年目、ジョエル・クラインは第七九学区の責任者としてカミを任命した。カミの起業家的リーダーシップと妥協を許さない取り組み方が、組織の転換には欠かせないと考えたのだ。カミは、生徒が資源を利用可能になったり試験結果をよくしたりするだけが教育ではないと主張する。彼女にとって、教育の役割とは、生徒を最初に乗っていたものとは違う人生の道筋に乗せてやることだ。

私はカミが頻繁に実施する学校訪問の一部に同行した。その日彼女が訪れたのは、パッセージ・アカデミーという学校だった。これは少年司法部が運営する「保安施設」内の学校で、未決囚、判決手続き中、出廷手続き中などの生徒たちを教えている。裁決手続の流れの中で送り込まれてくるため、生徒たちはつねに入れ替わる。パッセージ・アカデミーは一年に約二〇〇〇人の受け入れており、大半が八年生と九年生で、一日の生徒数は大体四〇〇人。在校期間は平均三〇日だが、わずか数日で去る生徒がほとんどで、丸一年在校する生徒はごく少数だ。生徒の三〇％が刑務所に送られ、七〇％が名目上は地元の、以前通っていた学校に戻ることになっている。

学校の入り口で金属探知機を通り、独房のような施錠された小部屋を通過する間、カミは第七九学区の責任者となって直面した事実について教えてくれた。最初は学区内にいくつ学校があるのかさえ誰も知らなかったほどで、生徒数の把握などできているはずもなかった。職員の数でさえ誰もわかっていなかった。生徒の勉強におけるニーズが何か、それがどの程度満たされているかといった一番重要な質問は聞かれることすらなく、当然答えられてもいなかった。

カミが目にしたのは、諦めの文化だった。それは学区内の生徒が直面する甚大な困難によって正当化されてしまっていた。「一二％かそこらの生徒が卒業するだけでも――その数字でさえ正しいのかどうか知りようがなかったのですが――すごいことだ、そもそもその子どもたちは学校にさえ行けなかったかもしれないのだから、と皆が言うのです」とカミ。「もちろん、ゼロよりも多少はあったほうがいいに決まっていますが、現実として、私たちはほとんどの子どもを落第させてしまっていたし、今もその状態が続いているのです。『誰も面倒を見たがらない子どもたちを引き受けているのだから、結果はどうあれ褒められていいはずだ』などと大人が自分に言い聞かせるようになったらおしまいです」。私は、そんな意見を聞いたときのカミの反応が想像できるくらい、彼女のことをよく知っている。彼女は低い期待を軽く受け止めるタイプではない。高い基準とリーダーシップを実践する彼女を初めて見たのはもう一〇年近く前、TFAのニューヨーク地域で事務局長を務めてもらったときだ。

カミのリーダーシップに満ちた厳しさと、最も支援を必要としている子どもたちが最も支援を受けるべきだという決意は、彼女が一四人の大家族で育つ中で生まれた。きょうだいのうち九人は養子で、その多くが、カミの担当する第七九学区の学校で取り組んでいるような困難を経て家族の一員となった。うち二人は今でこそ優秀だが、パッセージ・アカデミーのような自ら望んだわけではない環境の中で卒業証書を手にしたのだ。

カミが教育業界に入ったのは、一九九三年にロサンゼルスでTFAのメンバーとなったときだ。彼女は学校補助金を受けずに三八人の六年生を教えた。学区内で最も成績の悪い学校で、生徒たちの多くは「問題行動」を理由に前の学校を退学になっていた。教室にすばらしいリーダーシップを持ち込んだTFAの初期の教師の一人として、カミは生徒たちとともに目を見張るような成果を上げた。この数々の評価において、カミの教え子たちは学区内のどのクラスよりも目覚ましい学力を見せた。この成功により、彼女は学区で唯一、全米サリー・メイ年間最優秀教師賞の候補となった。このときの経験からカミは、途方もない困難に直面している子どもたちであっても成績を劇的に向上させることはできるという確信を強め、成功に何が求められるかについての理解を深めた。

第七九学区は、生徒たちが学校と人生における成功への準備をした上で卒業していく場所になるだろう。カミの説明に耳を傾けながら、これまでに会ってきた他の優れた組織リーダーの同意の声が聞こえてくる気がした。教育とは人生を変えることだと彼女は信じている。

とてつもない障害にぶつかってきたこの学区の生徒たちは、人生における選択肢を手に入れるために欠かせない資質を身につけられるようになるだけでなく、競争力、自信、そして成功したいという切迫感を持たせるような、変化と立ち直りの経験を必要としているのです。高校を卒業しておらず、高校卒業証書が証明する批判的思考・話術・文章能力を持たずに十代で親になったり前科を持ってしまったりした若者が人生で手にする選択肢は、非常に限られています。十代で親になったり前科を持ってしまったりしても、優れた識字能力、数学能力、高度な思考力（加えて困難に直面してもやり通す能力）を身につけて高校卒業証書を手にしていれば、無数の選択肢が手に入ります。すべての子どもたちに扉を開いてやるために、教育が欠かせないと私は信じています。第七九学区の子どもたちにとって、それは人生を大きく左右する要素なのです。

何枚もの分厚い金属の扉がブザーの音とともにがちゃりがちゃりと開閉する。そこを抜けてパッセージ・アカデミーに向かいながら、カミは苦労して身につけた第七九学区の教育長としての理念を教えてくれた。「極度の困難に見舞われた子どもたちが必要としている学業的、社会的、精神的な支援をもっと多く得られて、低い期待という不要物がもっと少なくなれば、著しい成績の向上は間違いなく達成できます。私たちは卓越したレベルを期待することで、彼らを信じているのだと示してやらなければなりません。失敗ばかりを経験してきた若者にとっては、それが何より大切なのです。自分でさえ自分を諦めてしまったときに、大人が信じてくれるということが」

カミは、若者が第七九学区のような場所に来る羽目になる理由を説明してくれた。何も達成できないのだと思い込ませるような大人に出会ってしまう者、いくつか判断ミスを犯したために深刻なトラブルに巻き込まれてしまう者、家庭で重大な悲劇に見舞われる者、そうした困難すべてに襲われる者。「それでも、到底克服できなさそうな状況にあっても、ここの若者の多くが並々ならぬ決意と希望に燃えて状況を変えようとしています」とカミは言う。「一四、五歳、あるいは二一歳の彼らは大体において自分が何者なのか、他人は自分のことをどう思っているのか、そして今後自分はどうしたいのかを率直に悩んでいます。彼らの多くが、ほんの少しの手助けさえあれば、もう一度やり直せるのです。私たちはそのチャンスを逃さず、彼らを新たな道筋に乗せてやらなければなりません」

カミも、巨大な船を旋回させている他の学区リーダーと同様、生徒の道筋を変えるというビジョンから物事を始めている。彼女は第七九学区の生徒たちに変革的な勉強経験を与え、それによって人生における選択肢が無限に広がるよりよい生徒、よりよい市民へと変わっていってほしいと願っている。それが大胆な目標であり、実現には何年もかかるだろうことも、彼女は理解している。

そしてミシェル、ポール、ジョエルと同様、カミが第七九学区にやってきて真っ先に取りかかったのも、自分と同じビジョンと信念を持つ人材から成るチームを構築することだった。カミはいくつもの学校を閉鎖または再編し、それまで学区内で雇用されていた教師は約半数しか再雇用しなかった。同時に中央本部の構成も変え、規模を縮小し、資源や人材を学校にいる生徒たちに振り向けた。「生徒たちを教師で囲み、教師たちを学校経営者で囲み、管理者は生徒たちが成功することを期待し、その手助けをするためのビジョンと技術を兼ね備えていなければいけません」と彼女は言った。

目標を徹底的に追求する

しかし私がカミの学校を訪問した際、彼女が最も注力していたのはもうひとつ、同じくらい重要な優先事項だった。新たに迎え入れるリーダーたちに、どのような責任を負ってもらうかを正確に理解させることだ。ミシェル・リーがしたように、カミも就任後の数カ月ですべての学校長たちと膝を突き合わせ、それぞれの責務や目標を明確に定義した。ミシェルと同様、カミも学校長たちが部下の教師たちと目標設定の話し合いを持ち、いつ何時でも教師たちの目標に対する進捗を把握して積極的に支援することを求めている。「何を目指しているかについては絶対に明確でなければならないのです」。データ収集の専門家二人を酷使し、カミは各校の各プログラムにつきデータ「ダッシュボード」を作り、成績や出席率など、生徒の成功と失敗の主な特徴を捉えられるようにした。「生徒が学んでいるかどうか、どの程度学んでいるかといったことが、私たちの決定のすべてを方向づけるべきです」カミは言った。「生徒たちは『そのうちGED（一般教育修了検定）に合格できるよ』などという言葉を聞きたいわけではないのです。彼らが聞きたいのは、『今きみはこの段階にいる。がんばれば、次は

この段階まで行ける。そうしたら次はこの段階で、ここまで来ればGEDを取れて、そうすると大学

に入るのに役立つんだ』といった言葉です。いろいろな意味で、私たちがやっていることはとても単

純です。私たちは成功がどんなものか見てみたい。成功を測定する方法を手に入れて、進歩を遂げる

方法が明確だと感じたいのです」

カミは、教師だけでなく生徒に対しても説明責任を負わせる文化をつくった。生徒が主な目標に対する自分の進捗度を測定できる「成功メーター」手法を導入したのだ。カミは、収監された生徒とのあるやり取りを教えてくれた。その生徒はこう言ったという。「こういうのは全部、怪しいと思ってた。でも自分のメーターがどの目標に対しても五〇％よりずっと下になってた。だから自分にこう聞かずにいられなかったよ。『うじうじするのをやめてこのメーターを押し上げるのか、それとも来週の金曜日にここへ来てまた五〇％以下の数字を見るのか』って」

本章で紹介した他のリーダーたちと同様、最も重要な基準に照らした自分の組織の現状には、カミもまったく満足していない。だがいくつか見られる成功の早期指標を喜ぶことはできる。昨年、七〇〇〇人近い第七九学区の生徒がGEDプログラムに登録した。この学区では、市内の他の生徒たちより勉強が遅れた生徒を以前よりもはるかに多く受け入れているが、GEDに合格する生徒の数は、カミの就任以来三倍にまで増えている。昨年度受験した生徒のうち合格したのは八〇％。二〇〇六年は六〇％で、州全体の合格率は四七％だった。カミは、学区全体で生徒たちに現実的な進路を提供できる魅力的な短期コースも開発した。そのひとつである准看護師養成プログラムは九〇％の合格率を誇り、修了者にはニューヨーク市の病院での採用が保証される。この他に「ソーラー・ワン」という

組織と提携して開発された「グリーン・コンストラクション（環境に優しい建築）」の修了証書を取れるプログラムもあり、生徒たちは新興の就職市場で一歩先へ出ることができる。

第七九学区の例は、最も困難な局面でも進歩が可能だと証明してくれる。どの組織にも通じる基本的な構成要素が、破綻した学校システムを転換させるにあたっても鍵となることを証明してくれる。何より、第七九学区は変革的リーダーシップの力を見せてくれる。ブルームバーグ市長、クライン教育総長、部下の学校長と教師から成る指揮系統の一部として、カミは貧困とそれに伴うすべての困難に、負けると決めつけてしまう必要はないという信念に基づいて行動している。彼ら変革的リーダーたちは、効果的な組織の構築に十分な労力を投入すれば、教育が貧困に勝利することは可能だとわかっているのだ。

真に必要なことは何か

学校システム全体を変えようとしているリーダーたちは、子どもたちが潜在能力を発揮できる組織という、明確で求心力のある、意欲的かつ壮大なビジョンをしっかりと語っている。また、組織内の全員が足並みをそろえて効果を発揮できるような管理と支援と説明責任のシステムを導入している。さらに、優れた人材の採用と育成を、組織の最も重要な、最も注力すべき要素として位置づけている。同時に、彼らの選択を見れば、私たちが議論に時間を費やしているアイデアや介入の多くが、実は成功への鍵ではないことが見て取れる。

私は以前、ミシェル・リーが就任後の数カ月で実行したことに懸念を示していた教育業界の重鎮と会ったことがある。「彼女の指導計画はどこにあるんだ？」と彼は聞いた。ミシェルは新たな指導計画を示していなかった。それは、ワシントンＤＣの学校が遅れているのが指導計画のせいではないと考えていたからだ。この質問を投げかけた人物は、新任教育長の職務には必ずカリキュラムの改革が含まれてしかるべきだと考えていたが、ミシェルからすれば、新しいカリキュラムなど、組織の文化を完全に変えてからでなければ、導入しても無意味だった。つまり、生徒のやる気と学習を保証するべく組織内の人々を管理し、鼓舞し、支援する方法を変えなければならないのだ。

ジョエル・クライン、カミ・アンダーソン、ミシェル・リー、ポール・パストラックのような変革的リーダーは、変革的学校のシステム全体を構築するために長期的に何が必要となるかも示してくれる。彼らの優先順位のつけ方を見れば、他の改革努力の限界を知ることができる。この点に関して、次章では、過去二〇年間にわたり教育の改善に多大な努力がなされてきたにもかかわらず、なぜ総じて顕著な進捗が見られていないのかを考えていこう。

第四章　特効薬とスケープゴート——なぜほとんどの改革が挫折するのか

「未来の学校」

六二〇〇万ドルをかけて美しくデザインされた、その名も「スクール・オブ・ザ・フューチャー（未来の学校）」が、二〇〇六年にフィラデルフィアで開校した。マイクロソフトの教育技術専門家から成るチームが発案したこの学校は、教育の革命として歓迎された。その計画は胸躍るような内容だった。生徒全員にノートパソコン、革新的な時間割、「二一世紀」型の授業構成、オンライン講座やインターネットの情報源。

関係者らのエネルギーは前向きで、伝播性があった。学校が建ちもしないうちから、全国展開の可能性について語る者までいたほどだ。そのとき私が考え、マイクロソフトの役員に問いかけたことがある。その学校を考案している人たちは、成功の真の要因を把握するために、低所得地域で（当時はまだ少なかった）優れた業績を上げている新設校を、少しは見学しているだろうか。

どうやらしていなかったようだ。少なくとも現時点までの同校の成果は、かなり期待外れだ。二〇〇九年のペンシルベニア州の評価によれば、同校の一一年生のうち数学の習熟基準に達したのはわずか八％（市全体は三二％、州全体は五六％）だった。読解では二三％（市全体が三八％、州全体が六五％）だった。そして技術革新を基盤とするこの学校でおそらく最も衝撃的だったのが、科学の習熟基準を満たした生徒がわずか二％しかいなかったことだ（市全体は七％、州全体は四〇％）。唯一の明るい話題が作文能力で、市全体よりも成績が良かったのはこれだけだった。この科目では六六％が習熟基準を満たし、フィラデルフィア全体の結果（六四％）をかろうじて上回った。(1)

豪華な設計、何千万ドルもの投資、そして最先端の技術を誇るこの「未来の学校」が、取って代わるはずの学校に惨敗しているのはなぜだろう。最近この学校を訪問してみてわかった。改革という使命や、その使命に基づいて行動するためのリーダーシップ、チーム、文化、効果的なマネジメント、生徒への特別な支援がなければ、学校に革命をもたらすはずの技術は、実際には悪影響となってしまうのだ。先端技術は力強い学校を構成するために本当に必要な中核的作業から学校設計者たちの注意をそらすだけでなく、生徒たちの気も散らしてしまった。私が見学した授業では、教室の後方から見ていると、教師がその日の授業を大声で進めようとする中、教室中のほぼすべての生徒がネットサーフィンをしたり、コンピュータゲームに興じたり、友だちとチャットをしたりしていて、中には壊れたコンピュータを直そうとしている生徒も数名いた。ひどい光景だった。子どもたちがさらされている危険がこれほど高くなければ、滑稽にさえ見えたかもしれない。

他の数多くの介入を検討していく中で、この例を省みることは有益だ。ほんの数例を挙げると、チャーター・スクール、小規模校、少人数クラス、年間授業日数の増加はいずれも、この国の教育制度を救済する方法として歓迎されている。これらは、優れた組織の構築と運営に通じた、変革というビジョンに邁進するリーダーが用いれば有効だろう。だがそうでない場合、これらはエネルギーを浪費してしまうリスクを伴うのだ。

教育改革に膨大な労力と資源が投入されてきたにもかかわらず、この二〇年間、総合的に見て学力格差が縮まっていない理由の一部は、この国の政策立案者や有力者が手っ取り早い解決法を見つけることばかりに気を取られているからだろう。変革的教育という大枠の考えを受け入れてそれを実践するというきわめて困難な仕事に取り組むのではなく、ひとつの「特効薬」的な解決策からまた別の解決策へと次々に飛びついているのだ。

同様に気になるのが、大規模な制度上の問題があることが明らかなのに、多大な労力を費やしてどこかの団体に責任をなすりつけてばかりいることだ。私たちはこれを、「スケープゴート（いけにえのヤギ）探し」と呼んでいる。実のところ、この国の制度はもともと、生徒の社会経済的背景によって予測される道筋を変えるには何が必要かを把握せずに設計されたのだ。その結果生じた制度上の問題を省みれば、制度内の特定の人々だけを責めるのはおかしな話だ。第一そんなことをしていたら、今まさに必要な、問題への深いかかわりとリーダーシップを持つ人々を苛立たせ、過小評価されているように感じさせてしまうだけだ。

特効薬の危険性

学力格差に対する切迫感のため、私たちはそれを解消できる手っ取り早い解決法を求めてしまう。だが最も優秀な教室、学校、チャーター管理組織、そして学区から学んできたのは、そこに近道などないということだ。

資金が多ければいいというものではない

数年前、ある大統領候補者を学校見学に案内する機会があった。訪問先はノースカロライナの片田舎にあり、貧困基準前後で暮らす生徒たちが記録的な成績をあげていたＫＩＰＰガストン予備校だった。この学校は質素そのものだ。国内の最も優秀なチャーター・スクールの多くと同様、ガストン予備校の校舎も必要最小限・最低限のもので、生徒一人当たりの予算は従来型の学校よりも少ない。

二〇〇一年にＫＩＰＰネットワークの三つ目の学校として開校したＫＩＰＰガストン予備校の生徒は八六％がアフリカ系アメリカ人で占められ、全生徒の六五％以上が無料または割引給食の対象者だ。当初は中学校として開校したものの、すぐに五年生から十二年生までを受け入れる施設へと発展した。その成果は見事なものだった。開校後初の高校卒業学年となった二〇〇九年と、翌二〇一〇年の最上級生たちは、全員が大学入学を果たしたのだ(2)。

私は、学校開設の先駆者となったティーチ・フォー・アメリカ（ＴＦＡ）出身者のケイレブ・ドランとタミー・サットンに大統領候補者が質問する様子を眺めていた。彼は、この学校が近くにある別の学校と同程度の資金でこれほどの成果を達成したことが、どうしても信じられなかったのだ。ケイレブは辛抱強く、公費の配分が少ないので実際は同程度どころか、他の学校の八五％しか支出がないのだと説明を続けた。

午前中ずっと、候補者の疑念は強いままだった。だが昼食時、その疑念がひょっとしたら薄れてきたかもしれないと思えた。ケイレブとタミーが昼休みに生徒の保護者を数名学校に呼び、非公式な話し合いの場を設けていたのだ。保護者たちの話を聞くと、学校が本当に貧困の連鎖を断ち切っていることがはっきりとわかった。保護者たちは、子どもたちにどのような変化があったかを話していた。学校に遅刻しないよう、今では子どもたちのほうが親を起こしに来ると言うのだ。ある保護者は、学校のおかげで安心して老後が送れるとも語った。

帰りの飛行機に乗り込むと、候補者が言った。「今回の訪問は本当に大きな影響を私に与えてくれました」。私が驚くと、彼は続けた。「これが資金の問題ではないのかもしれないなど、思いもよりませんでした。本当に大事なのは、子どもたちを信じるということですね」

政治家、保護者、そして学校長たちはしばしば、資金調達を最重要課題に挙げる。実際、ＫＩＰＰガストン予備校から数キロ離れたところにある中学校を訪問したとき、候補者と学校職員との話題は、不十分な資金についての懸念に終始していた。

限られた資金はたしかに学校の活動を制限してしまうし、州によってはそれが他の州よりも大きな障害となる場合がある。たとえば、カリフォルニアが生徒一人当たりに費やす予算は他の一部の州と比べて半分程度にしかならず、どのような学校の校長も、成果をあげるにはもっと資金が必要だという点で意見が一致している。優秀なチャーター・スクールの多くでも、州から割り当てられる予算でやっていくのは非現実的だと考え、他の資金源を見つけるために多大な労力を割いている。

しかし、資金こそ「答え」だと考えるのは往々にして間違いだということが、多くの学校や学区を見ているとわかる。より多くの投資を学校に注ぎ込むことが必要なのは事実だが、中には同じ予算で劇的な成果を上げている学校もある。そして多くの場合、最も効果的な学校は、最も効果的でない学校よりも少ない予算でやりくりしているのだ。

一九七〇年から二〇〇五年の三五年間で、インフレ調整後の生徒一人当たりの支出は倍増している。[3]だが、その間の全米学力調査の点数改善にはむらがあり、SATの点数にも特筆すべき伸びは見られていない。[4]コンサルティング会社マッキンゼー・アンド・カンパニーが実施した学力格差に関する調査によれば、アメリカは学校の支出における費用対効果（数学の成績を基準に測定）で、OECD（経済協力開発機構）加盟国中最下位だということだ。[5]

世界品質の人材制度や技術制度を開発し、生徒たちが変革的成果をあげるために要する支援を提供するにはどれだけの投資が必要なのかを考えれば、非常に優れた成果を大きな規模で得るためには教育への投資を増やすことが重要だと言えるのかもしれない。「生徒一人当たりの支出」ではなく「優秀な生徒一人当たりの支出」を計る能力を身につけていくにつれ、うまくいく手法を実践するためにかかる本当の費用がもっと明確になってくるだろう。さらに、今ある資金の配分も、より賢く行わなければならない。現在の資金配分制度では、最も不利な状況にある子どもたちの特殊なニーズに応えるべく資金を上乗せするどころか、均等に配分することすら一般的にはされていないのだ。

タミー・サットンが教師としていかに変革的成果を上げているかを知るべくＫＩＰＰガストンの彼女の教室を訪れた際、低所得地域の教育に注力が必要だとタミーが自ら説明してくれたことを思い出す。長い一日が終わったあと、彼女は簡潔にこうまとめた。「私は、隣の裕福な地域の子どもたちが与えられるものと同じ教育をうちの生徒たちに与えようとはしていません。もっと多くを与えようとしているのです。うちの生徒たちは余分な困難を強いられているのですから、同じだけのインプットでは同じ結果は得られません」。とは言え、資源不足が現状の言い訳にはならず、より多くの資源がつねによりよい結果を生むわけではないことは、はっきりさせておく必要がある。

チャーター、バウチャー、学校規模などの構造的変化の限界

この何年かの間に私は、教育改革に深くかかわっていて学校システムの再構築こそが答えだと確信している人々と、数え切れないほど議論を交わしてきた。彼らの主張には、反論の余地がない。ニューオーリンズとニューヨーク市の例に見られるように、構造的変化は改革の大きな推進力となり得る。結果に対する説明責任を求めることと引き換えにインプットに関する権限をリーダーに与えるという変化、あるいは教育費をどこに投じるかという選択肢を保護者に与えるという変化が、決定的な手段となり得る。ワシントンＤＣで市長と教育総長がそうした大胆な施策を追求できるようになった風潮の一因が、成長を続けて学区内の生徒を三分の一近く吸い上げたチャーター・スクール活動が生み出した、市場の圧力だった。(6)

だが、私たちが活動する各地域で見てきたのは、こうした変化の及ぶ範囲は限られるということだ。

進歩への障害となるすべての政策を明日解除したとしても、変革的学校を運営する能力のあるリーダーを育成できていなければ、子どもたちにとって有意義な形で実際に教育的成果を変えることはできない。

チャーター・スクール活動の例を考えてみよう。これまで見てきたように、学校のガバナンスのチャーター・モデルは、「憲章《チャーター》」で合意された一定の成果に対する説明責任を引き受けることと引き換えに、学校を学区の規則や管理から解放するものだ。第二章で説明したとおり、チャーターは、生徒に役立つ学校を作り出す献身的なリーダーに機会を与える上で、重要な役割を担ってきた。しかしその機会を有効活用できる能力とリーダーシップの育成にも同程度の注力がなされなければ、チャーター活動全体が望ましい結果を生むことなどできない。アメリカでは五〇〇〇を超えるチャーター・スクールが運営されており、一五〇万人を超える子どもたちの教育を担っている。[7] その有効性には、並外れて優秀なところから悲惨なほど失敗したところまで、幅広い差が見られる。スタンフォードで実施されたある調査によれば、全国のチャーター・スクールの三分の一以上が、地元の同等の学校よりも「著しく質の低い」教育を実施しているという。[8] 調査の大半で、平均的に見ればチャーター・スクールの業績は従来の学校を上回るところまでは至っていない、との結果が出ている。

チャーター・スクールを都市部の教育を救済する特効薬と見なす者は、ＫＩＰＰやアチーブメント・ファースト、マスタリー、アンコモン・スクールズなどのネットワークが生み出した優秀なチャーター・スクールから誤った結論を導き出している。自由が重要な推進力であることは確かだが、学区管理からの自由は必ずしも成功につながらない。それはむしろ、学校経営陣の質と、与えられた自由を彼らがどう活用するかにかかっているのだ。チャーター法を擁護してきた者は往々にして、子どもたちに幅広い選択肢を与えるために必要な投資を実施し、支援を構築するために十分な労力を注ぐことをしない場合がある。

ニューオーリンズで長年にわたって教育的改革を擁護してきたレスリー・ジェイコブスは、教育を改革するチャーター・スクールの力をその目で見てきた。だが、彼女はチャーター・スクールこそが成功を推進する「憲章《チャーター》」だとみなすことに対しては警告を発する。「学校の成功は、一〇〇%がリーダーと教師の資質にかかっています」と彼女は言う。「チャーター・スクールはひとつの作用点に過ぎません。教育者の質が高ければ、自治権を持つチャーター・スクールは、従来の学校システムでは達成が難しいであろうやり方で成果を上げられます。一方、教育者の質が平均以下だと、普通の学校より大きな責任を負っている分、チャーター・スクールでは指導の質が平均よりさらに悪くなる恐れがあります」

レスリーはその観点から、ニューオーリンズの破綻しつつある従来型の公立学校を、リーダー人材の育成なしにチャーターへ「転換」させようとする圧力の高まりを嘆く（レスリーは学校側にそれをうまく拒否させた）。レスリーは破綻した学校を応援しているわけではないが、単にチャーターが与える独立性だけでなく、強力なリーダーと懸命な努力が優れた学校を作り出すことを知っているのだ。彼女はこう言う。

「質はなくてはならないものですが、それを保証するには時間がかかります。カトリーナ上陸後の一年で、私たちが認可したチャーター申請は四四校中わずか六校でした。それらの六校には成功するためのリーダーシップと人材と計画があったからです。質に対するコミットメントには、長期的視野が必要です。私たちは時間をかけて高品質な新しいチャーターの運営者と、必要不可欠なリーダーシップとを育成しました」

保護者が子どものために公立または私立の学校を選べるようにする財源を提供する政策イニシアティブであるバウチャー（無料券）、または「学校の選択」制度も、同様の主張を裏づける。指定された学校が明らかに生徒の期待に応えられていない場合に新しい学校を選ぶ権利を低所得の保護者に与えるという政策に、異を唱えるのは難しい。保護者が公立学校を自由に選べるニューオーリンズやニューヨーク市の一部では、保護者による選択が成果に対する学校の説明責任を高め、保護者に力を与え、教育に関与させることを私はこの目で見てきた。とは言うものの、バウチャーが子どもとその家族に変革をもたらせるのはそれが使える場所に本当に優れた学校がある場合に限られ、そうした学校を作り出すには懸命な努力が避けられないのだ。

バウチャー制度が生む市場圧力によって学校間に競争が引き起こされ、それが子どもたちの成果を改善していくだろうという高い期待にもかかわらず、バウチャーの成功を示す経験的証拠にはややばらつきがあり、よい結果が出ている所でも漸進的な影響しか示唆されていない。ミルウォーキーでは、約二万人の生徒が税金を使って約一三〇ある私立校のいずれかに通っている。だが二〇一〇年四月に実施された調査では、バウチャー制度の生徒と通常の学校に通う生徒の成績に差がないことがわかった。(9)ワシントンDCのバウチャー制度について米教育省が実施した調査でも、やはりバウチャーが生徒の成績に影響を与えるという決定的な証拠は見つからなかった（ただ、バウチャー制度を利用した生徒が高校を卒業する確率は著しく上昇することが判明した[10]。さらに、保守派のシンクタンク、マンハッタン政策研究所が二〇〇三年に実施した調査によれば、付加的メリット、具体的にはバウチャーによる競争の高まりに直面した学校がそうではない学校と比べて大幅に改善したことが報告された[11]。つまり、アメリカの教育制度を救済する鍵として一部に擁護されているバウチャーはある程度の有意義な影響は与えているが、その成果は私たちが求める改革には程遠いということだ。

組織の再構築への取り組みによって教育的成果を変えようとしたもうひとつの努力が、二〇〇〇年代前半にビル・アンド・メリンダ・ゲイツ財団がおよそ二〇億ドルを投じた「小規模校」イニシアティブだ。その理論は、より小規模でより自治権のある学校のほうが、生徒を見失いがちな大規模高校よりも生徒の役に立てるというものだった。この財団からの資金注入により、二六〇〇の「小規模校」が真新しい組織、あるいは既存の大規模高校を小規模なものに再編した形で作られた[12]。

現在、私が訪問する都市部の大規模高校の多くがかつてひとつだけだった名前を三つか四つに増やし、それぞれが異なる専攻を持つ学校に分化している。たとえば、第一章で紹介したアトランタの優秀な教師、モーリス・トーマスは、「セーレル技術・工学・数学・科学校」という学校で働いていた。これはセーレル学校の敷地内で食堂と体育館を他の「小規模校」三校と共有している小規模校だ。

小規模校の概念には魅力的な要素が多い。学校の資質がリーダーシップに多大な影響を受けること、そして大規模な学校の複雑さをすべて管理できるほど実力のあるリーダーがいないことを考えると、現時点では優れた小規模校をたくさん作るほうがたしかに簡単かもしれない。その反面、たくさん造った小規模校に送り込めるほど大勢の優れたリーダーを見つけるのも大変だ。しかし、どのような構造的介入にも言えることだが、変革的学校の構築へのより真剣で困難な取り組みと構造改革が組み合わさったときに初めて、小規模校は生徒の学習経験を変革させられるようになるのだ。ちょうど、私たちがポート・ヒューストン小学校、ニューヨークのＷＨＥＥＬＳ、サンノゼのＫＩＰＰハートウッド校、ニューアークのノーススターで見てきたように。

実際、ゲイツ財団が自らのプログラムについて実施した調査によれば、小規模校活動の結果は残念なものだった[13]。「単に既存の学校を小さい単位へと分解するだけでは、望んでいた成果が得られないことのほうが多かった」。ビル・ゲイツは小規模校活動を振り返り、こう続けた。

　学校の規模と構造だけを変えたのでは、大学への即応性を劇的に高められないのは明らかです。成績を劇的に改善させた学校は、構造の変化に加えて、教室の中での変化も重視していました……概して、最も優れた成果をあげる学校は、多くの定評ある改革をすべていっぺんに実施する傾向がありました。小規模な学校を作り、授業時間を長くし、よりよい関係を築く。だが同時に、厳しいカリキュラムに沿った大学即応性基準を設定し、それを支える指導ツール、それを教える有能な教師、進捗を追跡するデータシステムの整備も進めたのです[14]。

教室の規模、カリキュラム、先端技術、社会科見学などの限界

構造改革を「答え」として受け入れる者がいる一方、教室単位での教育的介入に注力する者もいたが、ここでも結果はやはり残念なものだった。たとえば、クラスの少人数化は長年にわたり、アメリ

カの病める教育制度に対する万能薬としてもてはやされてきた。過去一〇年間で、連邦政府からの何十億ドルもの教育補助金（第Ⅱ編）のうち、なんと年間五七％までが「クラスの少人数化」に向けられたのだ[15]。

もちろん、強力な教師がいる教室であれば、少人数クラスは生徒の学習に非常に有効なものとなる。しばしば引き合いに出されるテネシーの調査では、クラスの少人数化に伴うきわめて好ましい結果が報告されている（調査では教師一人当たりの生徒数が一三人から一七人の教室と、二二人から二五人の教室とを比較している）[16]。だが、有能な教師の人材層を拡張させる根本的な変化なくしてクラスの少人数化を州や連邦の政策にしてしまうと、そこには望まぬ結果が生まれてくる。

一九九六年に、カリフォルニアで教室規模を劇的に縮小させる計画が発表された。しかし、優秀な教師をもっと多く採用または育成するための効果的な努力が並行してなされなかったため、この政策はカリフォルニアの子どもたちにとって役立つものにはならなかった。州が政策の効果を測定するために採用したコンソーシアムによれば、クラスの少人数化と成績の向上の間に、明確な関連性は見られなかったという[17]。組織にかかる費用を大幅に増加させたことも、生徒の学習という観点ではまったく見返りがなかったのだ。

教室規模と同様、多くのカリキュラムの改革（プロジェクトに基づくカリキュラム、標準化されたカリキュラム、全体を読みながら部分を学んでいく「ホール・ランゲージ」法に対して部分から全体を読めるようにしていく「フォニックス」法を用いた識字カリキュラムなど）はこれまでも、現在も、成功への鍵であると謳われている。そして、場合によっては、適切なカリキュラムがよい影響を示したこともある（学力格差を埋めるために必要な変革的影響のごく一部にしか過ぎないが)[18]。とは言え、どれほど優れたカリキュラムでも、質の悪い指導を克服することはできない。そして、ときには、質の悪い指導を底上げしようと入念に書かれた台本が、優れた指導を抑え込んでしまうこともあるのだ。

私たちは教師のための強力な資源やカリキュラムについて研究し、構築に注力し続けなければならないが、優秀な教室や学校は、特定のカリキュラムが成功を特徴づける要素ではないことを明らかにしている。カリキュラムの周囲に目的意識のある高機能な組織の基本要素を整備しない限り、カリキュラム単独で生徒の学習を変革させることはできない。

先端技術によって強化された学習にも同じことが言える。失敗した学校に対する答えとして先端技術に目を向ける者は多い。実際、学校の機能を改革することは必要であり、次章で説明するとおり、先端技術も（必要とされる枠組みの中に置かれれば）、高機能な制度を構築する上で有益な道具となる可能性を秘めている。だがやはり、技術革新は、それが変革的教室や学校の「代わり」ではなく、その「ために」使われて初めて有益となるのだ。

全米教育評価センターが二〇〇九年二月に実施した調査では、教育ソフトウェアが生徒の学習によい影響を与えていないことが判明した。調査結果のさらなる分析によると、調査結果にはソフトウェアプログラムを定期的に使用した場合の有効性よりも、学校や教室規模での使用不足が反映されている可能性があり、先端技術が解決策の一部となることはあっても、万能薬にはなり得ないことが改めて証明された。

私は、先端技術をまったく用いていなくてもきわめて優れた学習環境を見たことがあるし、教師の板書が自動的にプリントされる「スマートボード」、画面に映し出されるパワーポイントのプレゼンテーションやビデオや画像、生徒が使えるノートパソコンといった大量の先端技術を活用しているにもかかわらず、おそろしく劣悪な学習環境も見たことがある。教育における他の数多くの介入と同様、さまざまなハイテク機器は良い教師をさらによくすることができるが、同時に能率の悪い教師をますます悪化させてしまう。私はそれをスクール・オブ・ザ・フューチャーの教室で目撃した。アップルのスティーブ・ジョブズがうまいことを言っている。「より人間的、より組織的、より政治的な問題を先端技術が解決できると考えることには希望的があるが、実際はそうじゃない。僕たちは根本から問題に取り組まなければいけない。それは人材と、その人材にどれだけの自由を与えるか、そして最高の人材を引き寄せるための競争にかかっている」。「これに関してはとても痛切に感じているよ。コンピュータに任せるくらい単純なことなら良かったのにね[19]」

近年さらに一般的な固定観念が、生徒が学校で過ごす時間を増やすことだ。きわめて優秀な教室や学校で見てきたように、低所得地域の子どもたちに均等な機会を与えるには、もっと多くの時間が必要だ。そのため、きわめて優秀な教師や学校は、授業日を長くする方法を編み出してきた。また、生徒たちがそれまでに学習した内容を夏休みに忘れてしまう「サマー・スライド（夏の衰退）」も実に大きな問題であることがわかっている。授業日や学校年度が与えられる以上の期間、安全な育成場所を低所得地域の子どもたちに提供するには、それなりの理由があるのだ。

とは言え、政策立案者たちが授業日の長い優秀な学校を見て、時間の多さこそが答えである、あるいはこれが唯一かつ最強の答えだから他の変化はいらないなどと結論づけたりするのを見ると心配になる。わかりきったことかもしれないが、この国の政策立案者や有力者たちが実際よりも答えを単純化しようとする場合があまりに多いのには本当に驚かされる。

数年前、私はアメリカ最大級の学校システムの、就任してまだ一週間目の新教育長に会った。彼が説明してくれた変革の計画は、三つの政策に分かれていた。そのひとつが、膨大な学校システム全体でもっと多くの社会科見学を実施することだった。KIPPモデルを見て、その成功の理由はKIPPが生徒たちに、他の低所得世帯の生徒たちの多くが手に入れられないような新たな機会を提供しているからだと結論づけたのだそうだ。たしかに、KIPPは生徒たちが毎年度末に大学や全国的に重要な場所を社会科見学に訪れる報奨制度を設けている。これはKIPPのすばらしい特徴ではあるが、何十万人もの子どもたちの教育に責任を負うこの教育長が、生徒たちの半分も卒業に至らない――ましてその成功を保証することもできていない――学校システムの最も重要な三つの政策のうちひとつが社会科見学だと結論づけるのを聞くのは悲しかった。

世界中に他にもいるであろうモーリス・トーマスやクリス・バービックやミシェル・リーのような優れたリーダーたちは、すべてについて合意するわけではないはずだ。彼らの政治的立場は異なるかもしれない。だがニーズの高い地域で生徒たちにとって変革的な成果を達成した教育者として、彼らは皆、成功の要因がどれか「ひとつだけ」ということはないと知っている。近道などない。どんな分野でもそうだが、著しい変化と大きな成果を生むためには、長く困難な、努力の物語が求められるのだ。

最新の特効薬――すべての子どもに優秀な教師を

最近の調査では、教師――きわめて優秀な教師――が、学力格差に影響を与える巨大な力点であることが示されている。ある調査によると、小学校二年生のグループが上位四分の一に入る優秀な教師に三年連続で教わった結果、全米で八三パーセンタイル値の成績を収めたとのことだ。こうした進歩により、この生徒たちは公平に大学に手が届くようになり、大学の奨学金もねらえるようになる。だが同じような二年生のグループが下位四分の一に入る質の悪い教師に三年連続で教わると、彼らは全米で二九パーセンタイル値の成績となり、落ちこぼれる可能性が高い層に入ってしまうのだ[20]。また別の調査では、低所得世帯の生徒が上位五％に入る教師のクラスで学ぶとたったの一年で一年半分の学習を終えた一方、下位五％に入る教師に教わった生徒たちは同じ期間でたったの半年分の勉強しか終えられなかったと言う[21]。教室改革の世界では、これほどの規模の影響はなかなか見られない。きわめて優秀な教師は、私たちが見てきたように、変革的になり得るのだ。

多くの慈善家や政策立案者たちが出した結論は、当然のごとく、すべての生徒に必ずきわめて優秀な教師をつけることに注力すべきだというものだった。たとえば、ビル・ゲイツと彼の財団の首脳陣も、効果的な指導に多大な注力をして小規模校イニシアティブから手を引いた。

優れた指導は強力な教育の最重要項目です。他の要素はすべて、この最重要項目を中心に回っている。これが、当財団が過去一〇年にわたる教育に関する活動の中で得た主な結論です。ただ、そこが始点ではなかったことは、認めざるを得ません。私たちの学校での活動は、高校を小さくするところから始まりました。中退率を減少させて生徒の成績を向上させるために関係改善を図ろうとしていたのです。私たちが活動した学校の多くで目覚ましい改善が見られましたが、残念な結果に終わった学校もあります。成績が最も改善した学校では、構造的変化以上のことを成し遂げました。教育も改善したのです。(22)

ゲイツらは、力強い教育が優れた教育制度の譲れない基盤であることを理解している。だが、指導方法の改善に注力する者の多くが、三七〇万人の変革的な教師を生み出すことこそ私たちが直面している課題だと考えている。すべての子どもに必ずきわめて優秀な教師がつくようにする必要はたしかにあるが、他の変化なしにこれだけに取り組むと、教育方法の改善努力までもが残念な結果に終わる恐れがある。これまでの章で示してきたように、大きな枠組みを総点検せずに、三七〇万人の教師が高い水準で指導を実施する道筋を想像するのは難しい。変革的ではない学校で変革的な教師になれる人材は、非常に稀有なのだ。

TFAは、稀有なリーダーたちの比較的小規模な部隊を派遣することができるという贅沢な立場にある。そしてデータに基づく選別システムの開発に膨大な時間と労力を費やし、採用した人材に対する研修と教員育成方法をつねに改善し続けてきたおかげで、TFAの教師たちが及ぼすプラスの影響が、ときにはベテランの教師たちをもしのぐことが独自の調査で明らかになった。だがこうした努力があってもなお、平均的に見るとTFAの教師たちはいまだに、真に有意義な方法では生徒たちの道筋を変えられずにいる。多大な努力によって少しずつ改善してきてはいるが、それでも目標の達成には程遠い。その有効性の正規分布曲線は、まだ幅が広すぎるのだ。私は、ＴＦＡの規模を拡大することの重要性を強く信じている。メンバーが二年間の任期中によい影響を及ぼしているためだけでなく、二年間の活動が彼ら自身の考え方やキャリア・パスにも影響を与えるという長期的意義を持つためだ。だがその一方で、ＴＦＡでの経験は、教師の育成にひたすら注力していけばこの国の教育制度を「正す」ことができるのだという、身の引き締まるような観点をもたらすべきだとも思う。

そして、まだ発見されてはいないが特効薬となる教員育成方法や優秀な教師の保持方法があるだろうと思い込むのは見当違いだ。例を挙げれば、より長期の事前研修、新人教師が正規の教職に就く前に一年間実習生として派遣される教員研修制度、または教室でより長い時間を過ごした教師に対する報奨制度などが大きな影響を生むという証拠はない。

勉強がはるかに遅れている生徒が、きわめて優秀な教師に必ず複数年にわたって教わることができるようにすることが課題であることは事実だ。だが現在、ＴＦＡでも上位四分の一に入るような教師たちと同じくらい効果的な教師陣を発掘し、選別し、育成し、支援し、保持するには本格的な組織変更が必要となる。これまで見てきたように、この偉業を成し遂げている学校の数がアメリカ中で増え続けているのは、それらの学校が目標達成に必要な変革的使命を引き受け、文化、説明責任の制度、管理体制、人材層を構築しているからだ。

そう、最終的には、子どもたちの人生は彼らの成績向上を手助けする担任教師たちによって変容していく。教師への注力は正解だが、優秀な教師の人数を大幅に増やす最も有望な手段は、組織全体を変えることだ。学校規模の目標、リーダーシップ、文化、人材育成および人材管理体制を充実させ、教師たちが成功しやすくするのだ。ただ残念ながら、そこへの近道はない。

アメリカの学力格差はすさまじい。生徒の成績を一〇〇点満点で測るとしたら、黒人と白人間の学力格差はおよそ三五点差になる。一方、本章で述べてきた戦略のほぼすべてが与える影響の最も楽観的な調査結果だけを見たとしても、学力格差はせいぜい一点、二点、三点程度しか縮められない。複数の調査によれば、最大三〇％もの劇的なクラスの少人数化を実施しても、三五点の格差がじわじわと五点縮まる程度だ。[23] ずばぬけて大きな影響を与えられるのは、やはりきわめて優秀な教師だ。上位四分の一に入る教師がたった一年で三五点の学力格差を約一〇点——およそ三割——縮められるのはわかっているし、上位四分の一に入る教師が四年連続で教え続ければ、格差が完全に埋まることもわかっている。[24]

本章でこれまでに紹介した数々の介入手段は、環境整備と変革的学校を運営する組織の能力構築に向けた包括的な取り組みの一環として実施されれば、学力格差に対する強力な手段であることが証明されるだろう。現在私たちが測定しているのはこうした介入手段自体の力というより、教育の不均衡を生む組織的問題を是正する能力だ。これらの介入手段が機能する大枠の構造を変えられれば、その影響を劇的に増幅させられる可能性が高いのだ。

現地のリーダーシップを引き出す

本章で紹介した概念やイニシアティブはそれぞれ、貧困の影響に対抗してすべての子どもたちに均等な機会を与える教育制度を作るための重要な力点になり得る。チャーター・スクールのイニシアティブは、持ち込まれる提案の入念な吟味、求められるリーダーシップと人材の確保、そしてうまくいっていない学校を実際に閉鎖すること、こうしたことに十分注意が払われて初めて成功する。授業日数の増加とクラスの少人数化は、地元のリーダーたちが変革的教育をもたらす大きな戦略の基本的かつ総合的な要素としてこれらの概念を受け入れて初めて成功する。すべての子どもに必ずきわめて優秀な教師がつくようにする努力は、変革的で管理の安定した学校を構築しようという他の努力と併用して初めて成功する。教育にもっと多くの資金を投入することは、当然ながら、それを賢く使うリーダーシップと能力を確保して初めて効果を生むのだ。

　包括的改革の枠組みから単発の解決策を抜き出すことは、一つのきっかけにはなり得るが、人材の採用と育成、文化の構築、質の高い管理運営といった、効果的な組織運営に伴う長く困難な努力から地元リーダーの目をそらさせ、別の新たな任務に向かわせてしまう恐れを生じる。学力格差を埋めるためには、慈善家や政策立案者たちは自らのイニシアティブが地元の能力開発努力を殺《そ》ぐのではなく、それに貢献するよう注意しなければならない。重要な鍵は、地元リーダーたちに、より大きな計画の一部として成功の責任を感じてもらえるようにすることだ。これまでの各章では、変革的教育に向けたビジョンと、結果を出すためにはなんでもするという柔軟性を兼ね備えた、献身的なすばらしい地元リーダーたちの基本的な役割を見てきた。しかし政策立案者や有力者たちはしばしば、質の高い運営を保証するために何が必要かを考えもせずに、新しいアイデアを押しつけようとするのだ。

とは言え、明るい面もある。地元リーダーたちのリーダーシップと純粋な献身によって、善意に満ちた優秀なアイデアが生徒の成績を変えた例があるのだ。小規模校の例を見てみよう。ビル・ゲイツが結論づけたように、このイニシアティブは総体的には残念な結果に終わった。だがニューヨーク市の小規模校は特殊な成功例として傑出している。一部の観測筋は、市内における四年での卒業率を過去五年間で二桁成長させたとして、ニューヨーク市の小規模校の成果を高く評価している。ゲイツ財団が出資するＭＤＲＣという権威ある調査グループは、古い大規模高校か新しい小規模高校に無作為に割り当てられた生徒の進捗を追跡し、新しい小規模校の生徒たちが卒業する可能性のほうが約七％高かったことを突き止めた。これは「規模で言えば、ニューヨーク市における白人生徒と有色人種生徒間の卒業率格差のおよそ三分の一に相当する」[25]

アメリカの多くの地域では、小規模校イニシアティブは、ただ大規模校を分割して各校に新たな名称と紋章を与え、以前と同じだけの人員と構造を監督するために増やした学校の分だけ学校長を追加採用したに過ぎなかった。一方で、ニューヨーク市のジョエル・クラインは変革に対するビジョンを持ち、破綻した大規模校を分解して新たに小規模校に置き換えることがいかにビジョン実現に寄与できるかをじっくり考えていた。彼はゲイツ財団から受けた資金援助をビジョン実現への鍵ととらえ、改革の実施と望ましい結果の確保に責任を負うグループを求めた。

そのグループ、「ニュー・ビジョンズ・フォー・パブリック・スクールズ（公立学校に新たなビジョンを）」は、ニューヨーク州で長年におよんだ教育機会均等を求める訴訟のリーダーの一人であったロバート・ヒューズ弁護士が運営する組織だ。ニューヨークにおける小規模校イニシアティブに何が関与していたかという彼の説明を聞くと、それが誰かの「応急処置」などではなく、小規模校の約束が必ず履行されるようにするリーダーシップと能力に対する包括的な決意によるものだったことがわかる。ロバートは、「学校創設の仕組みは、皆が考えるよりももう少し複雑です」と説明する。

彼の組織は、生徒数四〇〇人未満の小規模で居心地のいい学校を造るためにデザインコンペを企画した。「多くの提案が落選しました」とロバートは言う。彼らは学校の構造を変える提案を奨励し、要求した。そしてそれらの変化に対する明確なビジョンと根拠を設定し、厳密なカリキュラムを組み入れ、生徒たちに高い期待を設定し、わかりやすい指標に沿った成績目標を持ち、進捗を追跡することを求めた。ニュー・ビジョンズは新しい小規模校において「完全に新たな学校の文化を確立できるよう」、新設校の職員たちに段階的な導入を期待したのだとロバートは言う。

さらに、ニューヨーク市教育局との連携により、ニュー・ビジョンズは、学校設計チームが幅広く包括的であり、市民団体や保護者、オーガナイザー、地域拠点の組織、博物館、社会福祉機関、その他多くの団体により構成されるべきだと主張した。それらの活動すべての核心に位置するのが、何か新しいものを生み出すための自治権を持ち、発言を行動に移す責任感を持つ現場リーダーの貢献だ。

とりわけ、ニュー・ビジョンズは結果を期待した。高い卒業率と出席率の目標達成を学校に求めたのだ。「鍵は一に成果、二に成果でした」とロバートは言った。「チャーター・スクールであれ学区校であれ、最高の学校がそうであるように、私たちも新しい学校を成果重視で編成したかったのです」

こうしてニューヨーク市では、他の多くの地域とは異なり、クライン教育総長が生徒たちの変革に必要だとわかっているすべての基本的要素を手に入れるための力点として、小規模校イニシアティブが使われた。クライン教育総長もブルームバーグ市長も、学校の変革のためには組織そのものが変わらなければならないと理解し、生徒のニーズを満たすための革新を奨励するのではなく、規則の盲目的な遵守を学校に求めていた従来の戦略を、賢明にも放棄した。学校再生に向けた努力への学区の介入に学校長たちが苦情を申し立てると、市教育部は「自治区」をつくった。そこでは、学校は成果に対するそれまでより重い説明責任と引き換えに、改革を実施する自由を与えられたのだ。

現場でのリーダーシップと献身の重要性を示す同様の要素が、やはり善意に基づく一連の政策改革に伴うもの――教員免許の取得経路の拡大だ。全国の各州法が、学区が教育学部以外の学部出身者の中から教師を採用し、育成するためのプログラムを策定できるようにしている。その法律のおかげで、ＴＦＡは機能できるようになった。ＴＦＡの教師は全員、免許取得の代替経路を通じて採用されている。それがなければ、学部や大学院で教員としての教育を受けていない人材を通常の教師として配置することはできなかっただろう。そして、新たな経路の大多数が、従来の教員教育制度に匹敵する成果を上げている。しばしば引き合いに出されるマセマティカ・ポリシー・リサーチと教育科学研究所の調査によれば、生徒の成績に対する影響という観点からは、代替経路と通常の免許取得経路との間に差は見られなかったそうだ。[26]

代替経路は生徒の成績に好ましい影響を与えられるが、地域リーダーが活用しなければ、目標は達成できない。代替経路は、才能ある教員候補者を募集し、高い基準に基づいて教師を選抜し、研修と育成に注力するために学区とその協力者らによって活用されて初めて機能するのだ。効果的な実施に対する注力がなされなければ、既存の組織をただ複製するだけになってしまう。

私はこの観点から、他にもある最新の政策（能力給の導入）についても熟考してみた。学校や学校システムを運営する者なら誰でも、最高の人材を引き寄せて保持する形で人件費を使えるよう、教員への報酬に柔軟性を持たせることが理想だとわかっている。だが、教育組織が学校長に対し、中央で決定された指標を達成する教師にごくわずかしか特別手当を与えないような中央直轄方式を押しつける場合、資金は最も効果的な方法では使われていないことがあまりに多く、最悪の場合、予期せぬ結果が生まれてしまう。現状に合った組織を設計し実施することに本気で注意を払わなければ、教師は自分がなぜ賞与をもらえたのか、あるいはもらえなかったのかすら理解できないかもしれない。そして、学校長たちは最高の教師たちが絶対去らないよう報酬を的確に活用することができないかもしれない。たとえば、単発のわずかな特別手当も悪くはないものの、家を購入できるほどの安定した経済力を与えて教師のキャリア・パスを変えるほどではないことを学校長たちはわかっている。だが、中央管理組織ではそれが考慮されていないことがあまりに多すぎるのだ。

特定の改革を擁護する政策立案者や企業経営者、教育者、慈善家たちは、変革的教育の実施に何が必要かを理解し、努力の限界を自覚した上でイニシアティブを策定しなければならない。中央の政策決定者は、地域リーダーが必ず変革的教育に全力を捧げるようにし、目標を達成するために必要な自由度と支援を与えるためにはどうすればいいかを検討するべきだ。さもなければ、いいアイデアが望ましい結果を生まないどころか、地元リーダーが強力な組織の構築に伴う長く困難な取り組みをせずに、新たな人材の誘致に方向転換してしまうことにもなりかねない。

責める相手を間違えるな

教育改革に関する全国規模での議論においては、ひとつの特効薬から別の特効薬へふらふらと渡り歩くことだけでなく、さまざまな団体を責めることにも多大な労力が費やされているように見受けられる。親が変わりさえすれば、子どもたち自身が変わりさえすれば、教育者や組合が変わりさえすれば、教育問題は解決できるのに、という考え方だ。だが、特効薬的対策が最終的には教育格差の解消に不十分であることが証明されるのと同様、こうしたスケープゴートも、不当な責めを受けているのだ。

生徒と家族が問題なのではない

二〇〇五年、ファイ・デルタ・カッパ〔全米規模の教育専門家組織〕とギャラップによる世論調査で、低所得地域で低い成績を生む三大要素は保護者の関与不足、家庭生活としつけ方、そして生徒自身の無関心であると世間が考えていることが明らかになった。たしかに、世間一般だけでなく全米でも最も博識で影響力のあるリーダーたちの多くでさえ、都市部や地方の公立学校における成績の悪さの根本原因が保護者や生徒のやる気不足だと考えている。私は多くの会合に出席してきて、さまざまな世代の多様な経済的・人種的背景を持つ人々が同様の見解を述べるのを聞いてきた。だが、高い期待と支えになってくれる組織があれば、子どもたちと家族は非常に強いやる気を見せるのだという確かな証拠を、多くの優秀な教師や学校が示してきたのだ。

数年前、世間が学力格差の原因と解決候補策を理解していると思うかどうか、ＴＦＡのメンバーたちに聞いてみると、なんと九八％がそうは思わないと答えた。世間が学力格差の責めを誤って保護者に負わせているというのが、低所得地域の生徒と家族たちとともに二年間働いてきたメンバーたちの共通認識だ。

ＴＦＡのメンバーが保護者を軽んじているというわけではない。彼らは、生徒の保護者の大多数が実際に関心を持っているし、手を差し伸べて教育過程をどうやって支援するかを示す教師や学校には非常に敏感に反応することを知っているのだ。低所得地域の保護者たちは彼ら自身が学校であまりよい成績を残せなかったり、教師や学校に高い期待を抱くまでの信頼や手段を持たなかったりする場合が多い。そのため、学校システムに対して萎縮してしまい、積極的にかかわろうとはしない場合が多いのも当然だ。しかしこれまでの各章で見てきた優秀な教師や学校は、良質なコミュニケーションと関係構築によって保護者のやる気と協力が引き出せることをつねに発見してきたのだ。彼ら教師や学校はまた、稀に親や保護者が協力的ではない生徒がいた場合でも、成功はまだ可能だと気づいた。変革的教育という使命を負った教師は、そうした状況を克服すべき難関がひとつ増えたとはみなすが、諦める理由としてはみなさない。

都市部や地方の学校で一部の教室を訪問して、生徒たちにやる気がないと結論づけるのはもちろん可能だ。私でさえ、モーリスが教えていた学校で別の教室に入ってその結論に達した可能性はあっただろう。それでも、モーリスの生徒たちは全国でも最も努力する高校生の部類に入る。そのことからも、生徒が問題なのではないとわかるはずだ。生徒は、努力するよう教師や学校に鼓舞されれば、難局を乗り越えるべく立ち上がる。これまで見てきたように、学業の成功によって生まれる利益の明確で恒常的な証拠がない地域では、これがいっそう重要な任務となるのだ。

教育過程から切り離されたかのように思える生徒や保護者を見て、彼らが問題だと結論づけるべきではない。教師や学校が変革的使命を引き受け、生徒と保護者にもそれを引き受けるよう刺激することがいかに重要かを認識すべきだ。たしかに、TFAのメンバーはほぼ例外なく、教師自身の期待が成績に与える影響は他のどの条件よりも強いと報告している。「教室で期待値を高めるたびに、生徒たちも成績を上げてくれました」と語るのは、フェニックスで一年生を担当した教師だ。「私の教室で、君ならやれると言われて生活態度か成績、またはその両方が一八〇度転換しなかった生徒は一人もいません」。調査に応えて、ルイジアナのジェファーソン郡の教師はそう言った。

この教師たちは、機会さえ与えられればかかわりたいという家族の意思について、同じような意見を持っていた。イースト・パロアルトで二年の任期を終えようとしていた七年生の英語と社会科の教師は、こう言った。「『まったく無関心』な保護者が責任をなすりつけられるという話をいつも耳にしますが、無関心などということは絶対にありません。事前通知をしていなかったある会議の日、保護者が夜九時まで教室の外で列を作っていたことがあります。保護者はいつでも私の自宅まで電話をかけてくるし、子どもの様子を見に学校に寄ります。『さほどかかわろうとしない』ように見える保護者は皆、酌量すべき事情（身体障害、仕事の都合がつけにくいなど）がありました。本当に『まったく無関心』なのは、ごく少数なのです」

子どもや保護者と直接働いてきた人々は、生徒と家族のやる気や取り組みが果たす役割について、世間一般が考えているものとは異なる分析を実施している。ミーガン・ブルッソーとクリス・バービックは、これらの要素を成功への最大難関には挙げないだろう。目標と必要な支援を与えられれば、生徒たちはもっと恵まれた環境にある生徒の大多数よりもいっそうの努力をするのだ。

教師が問題なのではない

教育の不均衡が存在する理由についてTFAが展開する持論を、「現在の貧しい地域の教育者がより裕福な地域の教育者たちほど関心を持っていなかったり、あるいは彼らほど能力が高くなかったりするため」だと考えている者は多い。だが実際には、それは私たちの持論ではない。最大の問題は、低所得地域の教師や学校長たちが本来あるべき状態よりも能力が低かったり、やる気がなかったりすることではないのだ。最大の問題は、低所得地域の教育者たちが他の地域の教師たちよりもはるかに多くの困難に取り組むことを求められているにもかかわらず、変革的なやり方で教育・指導を実施するための研修や教員育成も受けていなければ成功を保証するための監督・支援もなく、変革的教育を促進する環境にないことだ。

恵まれた地域の学校や、さらに言うならほとんどの組織と同様、低所得地域の教師たちの間には能率の配分があることを私たちは見てきた。都市部や地域の一部の教育者には並外れた才能があり、やる気がある。効果的な研修、監督、支援を受け、好成績の文化で働けば、一部は能率の高い教師となり得る。残りは監督や支援方法が変わっても能率が悪いが、それは彼らが十分に努力しないためか、効果的な指導を実施するために欠かせない特性や学力的な強みを持っていないためだ。「教師」の質に関する、一般化され過ぎた議論は、生徒たちのために賢明に努力する何十万もの教育者にとっては、まさに士気をくじくものに違いない。

変革的教育の提供に成功したいなら、ひとつだけはっきりしていることがある。私たちは組織のあらゆる階層で、教育者たちの深い取り組みとリーダーシップを呼び起こさなければならない。教師たちを責めるのではなく、教育制度における最大のニーズに献身的に取り組むその決意に対して低所得地域の教師たちを称賛し、教育界に存在する制度上の不備に対する責任を引き受けるべきだ。私たちは教師たちと協力して、教師に対する期待を変化させると同時に、教師を研修、監督、支援、育成する制度を強化し、組織から排除するべき教師がいる場合にはそうするべきなのだ。

教職員組合が主な問題なのでもない

アメリカの学校に変革を求める学校長、政策立案者、慈善家たちの間で、教職員組合はしばしば不満の理由となり、進捗不足の責任を負わされることも多々ある。組合員の利益を保護しようという組合の積極的な姿勢が、そうした批判に油を注いだ。つい最近まで、ニューヨーク市には悪名高い「ラバー・ルーム（ゴム部屋）」と呼ばれるものがあった。一部の教師たちが長たらしくて途方もなく費用のかかる解雇手続の完了を待つ間、仕事もせずに給料を受け取り続ける教員転属センターだ。その間、市は子どもたちの教育に使えるはずだった何千万ドルもの費用を負担し続けている。どの教師が継続的に生徒たちの成績を向上させており、どの教師がそうしていないかを明らかにする形で生徒の成績データを収集・追跡することを拒否している組合も一部には存在する。中には、教師の業績を解雇の判断基準にするという考えを拒否し、有能な教師を（たまたま一番勤続年数が短いというだけで）子どもたちや保護者から奪っている組合もあるのだ。もちろん、組合にも言い分がある。学区管理機関が人道的かつ思慮深い方法で機能できないことを示してきた歴史的経験に基づいて、こうした方針があるというのだ。その言い分はある程度の真実に根差してはいるが、その姿勢が子どものためを一番に思い、教育の資質を念頭に置いているとは考えられない。

これほど複雑で組織的な問題について組合を責めるのは不公平だし、生産的でもない。そんなことをすれば協力者やパートナーとして必要なグループを追い詰めてしまい、最終的には結果を出せなくなる。効果的な学校や学区長との交流の中で見聞きしてきたのは、組合の契約や規則を再検討する必要はたしかにあるが、団体交渉による規則が改善への主な障害となってしまう前に、大幅な改善を実現するのは可能だということだ。私たちは、高いところに生った果実ばかりに注力して、達成可能な勝利をおろそかにしがちなのだ。

学区における組合加盟率が高かろうが低かろうが、契約が団体交渉であろうがなかろうが、全教師数の九九％が教員評価制度で「可」と評価されている。そして解雇率は皆無に近い(27)。こうした事実を踏まえると、教師の能率を向上させられない理由が組合にこそあるのだという主張するのは難しい。実際、まだ長期在職権《テニュア》を獲得していない教師でさえ滅多に解雇されないのだ。問題の大部分は、契約が団体交渉であろうとなかろうと、高い業績をあげる組織では一般的に実施されているような教員評価制度を、学区が導入していないということだ。

組合を解決策の一部として受け入れれば、変化におけるパートナーとなり得るのだという兆しは見え始めている。米国教員連盟（ＡＦＴ）はワシントンＤＣの学校で、画期的な教員契約の交渉をした。教員報酬を教室での成績と直接関連づけ、能率の悪い教師の解雇手続を簡素化し、学校長には教師の採用に対する権限を与える内容だ。ニューヘイブンでは、生徒の進捗を考慮した教師の業績評価制度を共同設計し、承認した。そして最近、ＡＦＴはコロラドで革命的な法案を支持した。次章で詳しく述べるが、これは教師の評価を生徒の成長と関連づけ、能率に基づいて長期在職権を付与または「剥奪」できるようにし、解雇においては業績を第一の判断要素とするものだ。学区や学校が変革的使命を成功させる能力とリーダーシップを確実に持てるようにするために必要な組織的変化。まさにその組織的変化を組合が支援できるという兆しが、これらの例からは見えてくる。

これらの例は楽観的でいられる理由を提供してはくれるが、やるべきことはもちろんまだまだある。教育の卓越と平等というビジョンを実現するためには、責任のなすりつけ合いをやめ、生徒たちのために最終的に必要となる支援を与えてくれる相手と協力すべく努力を続ける以外に選択肢はないのだ。一部の組合交渉を特徴づけてきた膠着《こうちゃく》状態から先へ前進する可能性を秘めた変革的使命を引き受けることには大きな意味がある。変革的教育に尽力するには教師の研修や育成にもっと注力し、一日の授業時間や年間の授業日数を正式に延長し、教師や管理者の長くなった勤務時間に対してはその分の給料を支払い、学校のリーダーシップと文化を改善させる必要がある。説明責任についても、私たちが本当の意味で変革的使命を受け入れず、またその実現に必要な支援も提供せずに変革的成果の実現を要求しているのだと、多くの組合が今も信じている。

就業規則の変更も重要ではあるが、最終的にその変更が実施されたときに、教師の育成や評価方法を実際に変えるためにはさらにどれだけのことを成し遂げなければならないのかがわかるだろう。現在の学校の多くで、教師たちはあったとしても年にたった一度のぞんざいな視察しか受けていないことを思い出すべきだ。教師たちがより能率を上げるための建設的で有意義なフィードバックや指導は、あったとしてもごくわずかだ。最終的に、私たちが思い描く世界を実現するには就業規則の変更も必要だが、それだけにはとどまらない。

一％分の解決策一〇〇個

二〇一〇年に『ニューヨーク・タイムズ』の一面に登場した記事はチャーター・スクールの失敗と成功の繰り返しを報じており、完全な失敗から劇的な成功までの実例が挙げられていた(28)。記事が投げかけた核心の問題は、「なぜ?」だった。他の学校をはるかにしのいでいる——一握りではなく、ほぼすべての生徒が難しい内容を理解し、優れた読み書き能力、算数能力、思考能力を示している——学校で、成功の鍵となったのは何なのか。スクール・オブ・ザ・フューチャーのように魅力的な校舎もハイテク機器もないのに好業績を上げているアンコモン・スクールズのリーダー、ブレット・パイザーは簡潔に、アンコモン・スクールズの劇的な成功が「どれかひとつの大きな要因」によるものではない、と言った。「一％分の解決策が一〇〇個あるんです」

都市部や地方の子どもたちが人生の道筋を変える可能性のある教育を受けている地域では、特定の「特効薬」を選ばず、成功に欠かせない要素をすべて備えた組織の構築を目指す、困難な努力を選んだリーダーたちの姿が見られる。成功への鍵は、チャーターやカリキュラム、学校で過ごす時間、資金、指導プログラムにかかわる単発の任務ではない。成功への鍵は、きわめて優秀な組織を際立たせる力強いビジョン、文化、説明責任、マネジメント、そして現場のリーダーシップと能力なのだ。

第五章　変革を加速する——連携と支援の仕組みづくり

三つの優先事項

この二〇年間の教育改革の取り組みの中で、私たちは多くを学び、成し遂げてきた。低所得地域でのの教育改革が実現可能であり、実現しなければならないこと、努力すれば力強い成果が保証できることを学んだのだ。多くの成功例があるだけでなく、今では成功の増幅が実現可能だと示す証拠もある。そして私たちは、システム全体の改革に何が必要かを理解し始めている。しかし、これまでの取り組みは、問題の規模にまったく対応できていない。変化の速度を上げるには何が必要なのだろう？　学力格差を少しでも縮めるために、これからの数十年で挑戦すべきことは何だろう？　次世代のリーダーたちが実行するどのような活動が、教育の不均衡を終わらせることになるのだろう？

教育を変革的なものにできるとわかっている以上、私たちは子どもたちや家族のため、母国のため、そして全体の幸福のため、それを実現するためにあらゆる手段を講じなければならない。どんな組織にも通じる、成果をあげるための原則を用い、安直な解決策や言い訳を排除しなければならない。

今の私たちには、この活動を実践する上で以前よりも強固な基盤がある。各学年や教科で生徒が何を学び、できるようになるべきかを定めた大胆な学習基準を州が開発・採用するようになったため、私たちがめざす教育的成果がより明確になってきたのだ。そして、評価の厳密さと信頼性は高めていかなければならないものの、教えられた知識や批判的思考力を生徒が身につけたかどうかを測定する能力は、著しく改善している。

この基盤に基づいて私たちが次に重点を置くべきなのは、優秀な教師や学校長、そしてかつてないほど見事な変化を遂げた組織が教えてくれたことから導き出される三つの優先事項だ。まず、第一級の人材育成制度の構築によって教育制度の能力を構築しなければならない。都市部や地方に優秀な学校を作る際の最も中核的な実現要素が「人材」であることは、本書の前半で見てきた。その一方、学校を改善しようと決意した組織リーダーとの対話からは、成功に欠かせない「人材」が不十分であることが彼らの最大の障害だということも判明した。第二に、変革的教育が可能であることとそれによって何が生じるかを理解している政策立案者や政治リーダー、支援者たちの数を増やさなければならない。そうすれば、教育者たちが業績を上げられるような環境が整備され、ニューヨークやワシントンＤＣ、ニューオーリンズで見られるような、システム全体の改革のチャンスが劇的に増えるはずだ。最後に、問題の大きさを考慮すると、私たちは教育イノベーションの新世代を育み、この活動をより増幅可能で持続可能なものにしていかなければならない。

教育界にリーダー人材の層を作る

変革的学校を構築する上で成功を経験してきたほぼすべての学校や学区のリーダーたちが、活動における最優先事項に「人材」を挙げている。強力かつ多様なリーダーたちを教育の世界に引き込み、貧困の影響を克服するために教育の力を活用する決意と能力を持つ教師や学校長、学区長へと育てるにはいかに根本的に異なる思考法が必要かを、彼らはつねに力説している。

人材をめぐる競争

ティーチ・フォー・アメリカ（ＴＦＡ）の設立から五年目だっただろうか、私はある大規模な教育者団体を相手に、学校システムは実質的にＴＦＡがやっているのと同じことをやるべきだという自分の信念を語っていた。すなわち、積極的に人材を発掘し、高い基準に照らして教師を選抜し、彼らの研修と育成に注力すべきだということだ。それを聞いた聴衆の一人で、教育の大義を推進するために多大な努力を払ってきたある改革派のリーダーが立腹して言った。「どうしてそんなことをやらなければいけないんだ？　会計事務所はそんなことをしていない。軍需の請負業者だってそんなことはしていないぞ」

私は突如として、問題の核心に気づいた。この国の教育指導者のあまりに多くが、他の分野の優秀な組織が成功を保証するためにどんなことをしているのか理解していないのだ。最も優秀な会計事務所は、もちろんそれを実行している。ＴＦＡは全国の大学で、経営学部の学生を奪い合って会計事務所と真っ向から競合しているのだ。最も優秀な軍需の請負業者も、間違いなくそれを実行している。私たちは彼らとも、同じ数学や科学の秀才たちを奪い合っているのだ。最も優秀な法律事務所は、最高レベルの法学部卒業生たちを積極的に発掘（接待も）している。トップレベルの大学は、最も優秀な学者や研究者に接触している。人材を巡る競争はどのような組織でも成功の基本的要素であり、教育が例外であってよい理由などどこにもない。

私は最近、ニュー・ティーチャー・プロジェクトの代表ティモシー・デイリーとＣＥＯアリエラ・ロズマンと話をした。二人は最も貴重と言ってもいい資源――人材――に対する学校システムの無関心さを示す例を無数に見てきた。ニュー・ティーチャー・プロジェクトが一九九〇年代後半に学区と協力して活動を始めた頃、ほとんどの人事部門は教員採用に関しては「手に入るものなら何でもいい」という態度だった。自分たちが必要とする教師を生産するのは教育学部の仕事だという観点から、学区は優れた候補者を探す努力をほとんどせず、応募者の審査も最低限しか実施しなかった。採用過程では成果をあげるために必要な能力を持っている教師を特定することよりも、空いたポストを早く埋めることが重視されていた。採用した人材の大卒時の成績平均点（ＧＰＡ）などの、教師の質に関する最も基本的な予測指標ですら追跡していなかった。新人教師が能力を高めるための支援や教師の業績評価のためには、まったくと言っていいほど努力をしていなかった。ＴＦＡが連携する人事担当者の報告先がほとんどの場合において給与や福利厚生といった手続を担当する業務部であって、授業の成果に責任を持つ学区幹部ではないことに、私はいつも驚かされた。現在、この分野においては多少有望な展開が見られるようになってきたが、目標とする状態にはまだ程遠い。

人材を優先しなかった結果どうなるかは、フィラデルフィアのスクール・オブ・ザ・フューチャーの陥った状況を見ればわかる。誰が見ても非常に特殊な環境であるが故に特殊な能力を持つ教師を慎重に選ぶべきだったのに、開校のわずか数週間前まで職員が決まってすらいなかったのだ。採用にあたっては組織内の他校で異動を希望している教師の中からあわただしく人材を選んだだけで、学校の特殊なニーズに合った人材を積極的に探すことも、学校独自のビジョンや価値観に共感して応募してきた人材の中から選ぶこともしなかった。

ティモシー・デイリーは、ある学校の事務室を訪れたときの話をしてくれた。ちょうど新たに採用された校長が業務を引き継ぐわずか数日前だ。ティモシーは校長室に学区の人事担当者がやってきて、空いた教室を学区内の他の学校すべてで門前払いをくらった教師で埋めていく様子を観察していた。新しい校長がやってくると人事担当者は、学校の人員配置をしておいてあげましたよ、と言った。実際に彼がやったのは、学校が抗議できないのをいいことに、問題のある職員を押しつけただけだったのだ。ジョンズ・ホプキンス病院、アップル、米国海軍、GE（ゼネラル・エレクトリック）など、どのような分野であれ、優秀な組織ならば、人員の特定と選出をこれほど軽視することは絶対にない。そして、私たちが見てきたように、それは優秀な教育組織であっても同じことなのだ。

ティモシーがニュー・ティーチャー・プロジェクトで実施した「ザ・ウィジェット・エフェクト」という調査は、学区が教師をあたかも交換可能な部品であるかのように扱っていることを浮き彫りにした。調査によれば、学区は「優れた指導と良い指導、良い指導と普通の指導、普通の指導と悪い指導を区別できていない。教師の優秀さ――生徒の成績を改善させる上で学校では最も重要な要素――は測定も記録もされず、有意義な形で意思決定に反映されることもない」[1]。人材育成の流れのあらゆる段階――募集、採用、配属、育成、報酬、長期在職権の付与、保持、一時解雇、矯正、免職――を検討し、この調査は、教師の業績が考慮されるのは矯正と免職の段階のみだったという結論に至った。その二段階にしても、業績低迷を理由に解雇されたベテラン教師は、調査対象となった学区の半数以上で過去五年間に一人もいなかったのだ。質の低い教師が看過されているという問題と併せて、調査では優秀な教師が称賛されることが稀だとも報告されている。

幸い、今では以前より多くの学区が強力なリーダーを発掘・育成し、教室や学校に引き留めるという大変な仕事に取り組んでいる。一〇年前には、質の高い教師陣を育成するための包括的戦略を開発する責任者など、どこの学区にもまずいなかった。だが今は、人材への多大な注力をもって組織を構成する学区が増えている。そうした学区は、才能ある人材を教職に引き寄せるという点で成功している。教師のイメージや地位を考えればそんなことは不可能だという迷信を覆したのだ。複数の学区がニュー・ティーチャー・プロジェクトと連携し、社会人を中途採用し、教室へ引き込む「ティーチング・フェローズ」プログラムを策定した。教育の不均衡に対して行動を起こすよう教師候補者に呼びかける、積極的な人材募集とマーケティング戦略のプログラムだ。候補者は高い基準に照らして慎重に選抜され、正規の教員として配属され、免許取得の代替経路を通じて教員資格を得る。ティーチング・フェローズ・プログラムは、効果的なリクルーティングを行えば、適任の多様な人々が教壇に立つ機会に飛びつくことを全国各地で証明している。

たとえば、二〇一〇年のニューヨーク市では一万人以上がティーチング・フェローズに応募したが、成功を予期させると学区が感じた人柄に基づいて選ばれたのはたった八％だった。フェローズ参加者の大卒時ＧＰＡは平均三・三で、二三％がプログラム参加時点で上級学位をひとつ取得していた。[2] さらに、二〇一〇年の合格者の三七％がアフリカ系またはラテン系アメリカ人で、その比率は全国の教員総数における一二％を大幅に上回った。[3] シンクタンク「アーバン・インスティテュート」が二〇〇七年に実施した調査によると、ティーチング・フェローズ・プログラムとＴＦＡを通じて、ニューヨーク市は低所得地域の学校と高所得地域の学校間で、教師の質の格差を大幅に縮めることに成功した（ＳＡＴの点数、大学専攻の選択、教職試験の初回合格率などの項目に基づく）[4]。ティモシーは、ニュー・ティーチャー・プロジェクトが学区との話し合いの際に観察してきた変化について教えてくれた。まず、成功に必要とみなされる性格を備えた人材を積極的に発掘、選抜することを重視するようになった。次に、それまで人材が十分に配置されてこなかった学校に能力の高い教育者を引き寄せる方法がさらに重視されるようになった。現在、一部の学区では、採用した人材がその役割をどれだけ適切に果たしているかを注視し、最高の教師を長期にわたって保持できるよう、適宜、報酬や支援を提供するようになっている。私たちは正しい方向に向かって進んでいるが、やるべきことはまだまだたくさんある。

「マネジメント人材指向」を身につける

もし「マネジメント人材指向」を身につけたら教育業界がどれほど変わるか、想像してみてほしい。

「マネジメント人材指向」とは、ベストセラー『ウォー・フォー・タレント』（エド・マイケルズ、ヘレン・ハンドフィールド＝ジョーンズ、ベス・アクセルロッド著、マッキンゼー・アンド・カンパニー、渡会圭子訳、翔泳社、二〇〇二年）で世に広まった言葉だ。この本は、今の世の中で最も貴重な資源は人材だという考え方を提示した。従業員の力量を伸ばすのは管理職や企業幹部の責任だという信念、さらにはそれこそが成功に貢献する最も重要な要素であると主張している。きわめて優秀な企業や社会福祉組織の特徴の研究にキャリアを費やしてきたジム・コリンズも、その名著『ビジョナリーカンパニー2　飛躍の法則』（ジェームズ・C・コリンズ著、山岡洋一訳、日経BP社、二〇〇一年）で同様の意見を述べている。「『人こそ最も貴重な資産である』という古い格言は結局のところ間違っていた。最も貴重な資産は人ではない。貴重なのは適切な人材だ」。コリンズによれば、他より抜きん出て成功を収めるのは「適切な人材をバスに乗せ、不適切な人材をバスから降ろし、次いで適切な人材を適切な席に割り振れる組織だ」。はっきりさせておくと、コリンズが強調するように、優秀な人々の発掘と育成に対する多大な注力は「企業」の考え方ではない。それは「卓越」の考え方であり、病院からスポーツチーム、非営利団体から学校まで、あらゆる種類の組織に通じるものなのだ。(5)

マネジメント人材指向を持つ学校システムは、リーダーとなり得る潜在能力を秘めた才能あふれる人材を積極的に――実際に探しに出かけていって――採用し、教職に誘うだろう。椅子にふんぞり返ってどんな人材が来るか待ってなどいないはずだ。全米教育統計センターのデータによれば、二〇〇七年－二〇〇八年、教師のうち最下層の高等教育機関を卒業した者の割合は、最上層を卒業した者の割合の推定二倍にものぼったという。(6) コロンビア大学ティーチャーズ・カレッジの前学長アーサー・レヴァインが教員教育プログラムに関する二〇〇六年発表の報告書で指摘したところによると、小学校教師志望の学生は、SATと大学院進学適性試験(GRE)の点数が全国平均よりもはるかに低かったそうだ。(7) TFAは独自の調査で、成績だけが優れた教育者への道筋ではないと発見したが、とはいえ平均して成績が最低レベルの層から教師を採るべきではないという点については誰もが同意するだろう。つまり、学校システムは最高の候補者を誘致すべく教育学部で積極的に採用を実施すると同時に、求める力量と多様性を備えた候補者を同じ数だけ見つけられるよう、必要とあらば教育学部以外へも採用の枠を広げるべきということだ。

マネジメント人材指向があれば、学校システムは教師の育成にも関与する権利を主張するだろう。教師の業績について学区が説明責任を問われるからであり、生徒の成功を保証するために教師が何をするべきかについても学区が一番理解しているからだ。これは第二章で学んだように、KIPP、アンコモン・スクールズ、アチーブメント・ファーストがニューヨーク市立大学ハンター校で「ティーチャー・U」を立ち上げて実行していることで、受けた授業ではなく、教育現場における能力の証明に基づいて修士号を付与するものだ。学校システムが人材育成を外注する場合もあるだろう。だが発注するのは人数の確保ではなく、能力の確保だ。現在ルイジアナで実施しているように、教員を養成する外注先の人材育成における実績を強く求めるのだ。

そうなると、教育界は根本的に変わってくる。学校や学校システムは、効果的運営と支援のあらゆる原則に基づいて行動させるべく、学校長や学校規模のチームを育成するようになる。教師に明確な目標を持たせ、その達成のためにもっとできることはないか定期的に検討するように仕向け、教師一人ひとりの育成ニーズに合わせた指導や職業訓練を実施するのだ。学校や学校システムのリーダーは、教師の誰が最も優秀か知ることを最優先事項としてとらえ、そうした教師を保持するためにさらなる責任や裁量、評価、報酬を与える。学区は優秀な教師を教室に引き止めつつ、徐々に影響力を増して学校や組織を率いる立場へと移行していけるようにする、明確で魅力的なキャリア・パスを定める。こうしたリーダーたちは組織の中で昇進し、新しい役割に就いて新たな責任を引き受けていくたびに、それぞれのリーダーシップの段階で成功するために必要な研修や育成を受ける。

教育においては、「教師の質」と「学校長の質」が二つのまったく異なるものであるかのように語られる場合が多い。だが第二章でダシア・トールやノーマン・アトキンス、その他の優秀なチャーター・ネットワークのリーダーたちが教えてくれたように、この二つは実は密接に関係している。もちろん、学校長の役割は生徒の成績を保証するだけにとどまらないので、優秀な教師が必ず優秀な学校長になれるわけではない。だが、優れた指導が優れた教育的リーダーシップの基礎を成す経験であることは間違いない。教室でのたぐいまれな成功は学校長に何が実現可能かという確信を与え、教師の効果的な選抜と育成に役立つ効果的な指導方法についての見識を深めさせ、並外れた成果以外は認めないという自信や影響力を与える。実際、生徒のために変革的成果を生み出している学校のほぼすべてが（本書で紹介した学校も含めて）、元々非常に優秀な教師だった人物によって運営されている。

教師が成果を上げられず、改善の見込みもない場合、マネジメント人材指向の学校長はその教師を組織から排除するという決断を下すはずだ。優秀な組織ならどこでも、管理職が能率の悪い従業員を解雇する決断を下すのと同じだ。非効率な人材を排除するにあたって組合規則が障害となる場合、学区は生徒を質の悪い指導から守ると同時に教師の権利も守る、よりよいプロセスの具体的な提案を行う。年に一度でも視察を受ければ運がいいほうで、その視察の後で有意義なフィードバックがもらえればなお幸運だという教師が、校長の解雇権限の強化に懸念を示すのも当然だろう。多くの場合、生徒と教師の双方にとってより役立つ教員育成と評価の新たな制度を構築するためには、学区経営陣と労働組合は一歩譲らなければならない。

変化を加速するには、強力なリーダー層を構築するという難しい仕事を最優先しなければならない。州や地方の政策立案者の間では「人材」の重要性に関する認識が高まりつつあるようだが、その認識が実践能力の乏しい学区に対する「手っ取り早い」指令に変換されることだけは避けるべきだ。よりよいメンタリング・プログラム、昇進コース、能力給などはどの学校システムにおいても「マネジメント人材指向」に欠かせない要素となるが、それを州や連邦レベルで強制するという誘惑は退けなければならない。変革的教育の支援に必要な人材育成制度の一貫したビジョンの一部として実施されるのでなければ、こうした戦略はほとんど効果をもたらさない。私たちが求める強力なリーダー層を構築するために必要なのはトップダウンの命令ではなく、学区規模の能力開発なのだ。

内部の学習サイクルを確立する

成すべきことの多くは、学校にある。学校長はそのために現在よりもはるかに効果的に職員を採用し、選抜し、育成していく能力を身につけなければならない。同時に、その点について学校システムが学校をより効率的に支援してくことも重要だ。そのための重要な一歩が、効果的な教師やリーダーの何が他と違うのか、そしてそうした教師やリーダーをもっと大勢選抜し、訓練し、育成するにはどうすればいいかを示す情報をとらえて知識を深めることだ。

それこそ、ＴＦＡがメンバーを採用・育成してきた経験が役に立つ分野だ。「根本的な出発点は、自らの判断や選択を評価して人材の能率を上げられるように、情報の閉ざされたループを作ることだ」と言うのは私の同僚にしてＴＦＡの代表であり、私が知る中ではこのテーマについて最も優れた考えを持つマット・クレイマーだ。マットは経営コンサルティング会社マッキンゼー・アンド・カンパニーを経て私たちの一員となった。前職で果たしてきた多くの役割の中には、ニューヨーク市教育部やＴＦＡへのコンサルティングが含まれている。マットは、私たちの組織内にその学習ループというものを構築する手助けをしてくれた。「つまり、まずはある人物を採用する場合にその人物について知っている事柄から始めるんだ」とマットは説明する。「次に、その人物の成功を支えるために行ったことを記録しておく。そして、その人物がどの程度成功したかについての情報を集める。そうやって情報を管理するシステムができあがったら、より戦略に役立てられるよう結果を活用していける。自分がやることとそれがうまくいくかどうかが、しっかりと関連していなければならない。それが効果的な組織の基礎になるものだ」

組織全般にとってきわめて重要なこの学習サイクルは、効果的な人材育成制度には欠かせない土台だ。これを使って、学区や学校は自問することができる。人材の選抜方法から支援方法まで、実施している施策の中で何がうまくいっていて、何がうまくいっていないのか。どの施策が生徒の学習という成果を生んでいるのか。マットが言うように、「学んでいることを踏まえることで、成功するために何が必要かを真に明確化できる。理論があるならそれを実験し、思考を発展させること。そのサイクルが、すべての始まりだ」

こうした考え方は、ミシェル・リーやジェイソン・カムラスがワシントンDCの公立学校システムに導入したものにも通じる。「まず、人材面のすべての意思決定の判断材料にするため、業績についてのデータが必要です」とジェイソンは教えてくれた。「最高の採用ルートがどこにあるか、教師の選抜がうまくいっているかどうか、長期在職権付与や昇進の判断をどう下すべきか、人材保持のためにはどんな戦略が求められるかといったことを知るためには、この透明性が欠かせません。公正かつ客観的な指標に照らして誰が最も効果的で誰が最も非効率かを知らなければ、組織として優れた判断を下すことはできないのです」

ＴＦＡでは組織内部からの学習を推進するべく、人材配置や人的資源にかなりの長期的注力をしてきた。たとえば、指導した生徒の成績データを教師別に毎年見直し、採用時にその教師について収集した情報と比較する。これにより、教師の有効性に関する予測材料について理解を深めることができる。たとえば、応募者の成績の平均点（ＧＰＡ）からは、生徒の学習をどの程度予測できるだろうか（累積ＧＰＡはある程度の予測材料となるが、大学生活後半のＧＰＡのほうが、前半のＧＰＡよりも予測材料としては有効だ。これを応募者に対する評価に織り込むと、ＧＰＡの予測値が著しく改善する）。低所得地域における経験は、どの程度の予測材料となるだろうか（初期の結果からは、予測性は見出せなかった。だがさらに研究を重ねた結果、特定の経験が成功を予測させ得ることがわかった）。応募者の経験、気質、能力、知識のどの要素が、教師としての有効性に最もつながるのだろうか。こうしたことの研究が、ＴＦＡの選抜モデルを毎年改善させてきた。

私たちは、研修と支援の制度にも同じような学習ループを取り入れてきた。生徒を劇的に成長させる教師がいると、その行動が他の教師とどう違っているのかを調べる。苦労している教師の能率を改善するために、最も優秀な教師から学べることは何だろうか。これは突き詰めると、本書の第一章で触れた、ミーガン、モーリス、プリシラの教室を訪問した際に私が学んだことだ。私たちは優秀な教師が仕事に取り組む方法にパターンを見出し、それによって次のメンバーを訓練し、支援する際に役立てている。

私たちはまた、TFAの研修プログラムの中でどの要素がメンバーの成功に貢献しているのかも知りたいと考えている。数学の教授法に関する特定のオンライン講座が、新人教師の行動やその教え子たちの成績にどのような影響を与えるだろうか（このパイロット実験の予備結果は堅調で、現在はもっと多くの数学教師にこの実験を実施している）。教材をどのように配布すれば、教師が教室で取る行動に実際に、そして最も効果的に影響を与えられるだろうか（TFAには三五人程度のメンバーを支援する、「プログラムディレクター」と呼ばれる教員指導者がいる。彼ら教員指導者と教師一人ひとりとが支援ツールや資源を共有するのが、教師の能率に最も影響を与えられる手段のひとつだということがわかってきた）。

学区の担当者はしばしば、TFAが具体的にどのような採用基準を設けているのか、あるいはティーチング・アズ・リーダーシップの手法（教師のどのような行動が生徒の劇的な成績改善と最も深く関連しているのかに関する現時点での私たちの仮説を集約したもの）を採用してもいいかと聞いてくる。これらは出発点としては役立つかもしれないが、学区が本当にやるべきなのは、自分たちの学習ループを作ることだ。その過程に参加することで、状況に特化したよりよい見識が生まれ、長期的な活動の成功に欠かせない取り組みが構築されていくのだ。

人材層の多様性を高める

ＴＦＡで最も優秀な――成績を最も大きく進歩させた――メンバーたちの人種、民族、社会経済的背景は、実に多岐にわたる。また、そうした教師たち自身が教え子たちと似たような人種、経済的背景で育ってきた場合、彼らが与える影響はいっそう強いものになり得る。よい成績と人生における成功との関連について言葉で伝えることに加え、彼ら自身が実例となることで生徒たちに対する説得力が増すのだ。そのうえ彼らは、成績向上を目指す中で経験する不安と戦う生徒たちの相談相手としても特に適している。努力しながらも、人より多くの困難に直面したり、成績がよくなると自分が故郷を捨てることになるのではないか、友達との関係が悪くなるのではないかという不安を覚えたりする生徒たちの相談に乗るのだ。もちろん、生徒たちと同じ人種、民族、経済的背景を持つ教師たちが、そうした共通点にばかり依存し、すばらしい教師になるための努力を欠くことがあってはならない。だが生徒と同じ背景を持つ教師に備わった付加価値を考慮すると、ＴＦＡのみならず教育業界全体は、人材面における人種的、経済的背景の多様性を確保するよう努めなければならない。

これは、非常に困難な責務だ。なぜなら、教育の不均衡というまさにその問題自体が、多くの教師にとってキャリアの出発点である大学で展開されているからだ。全米で最も入学が難しい公立・私立大学三四〇校において、卒業生のうちアフリカ系アメリカ人はわずか五％でラテン系は六％、低所得地域出身者は一七％しかいない(8)。ＴＦＡはこれらを含む多くの学校で積極的に募集活動を実施している。一般的な見方に反して、私たちは昔からのエリート校だけを重視したりせず、そうした学校出身の応募者を優先したりもしない。積極的な人材募集活動のおかげで、ＴＦＡに集まるアフリカ系やラテン系の応募者の比率は、ほとんどの選抜性教育機関の最高学年における比率とはまったく異なっている。二〇一〇年の新メンバーのうち三二％が有色人種であり、うち一一％がアフリカ系、七％がラテン系だ。二八％がペル奨学金〔低所得者向けに米教育省が支援する連邦補助金〕を受けており、二〇％が身内で初めての大学進学者だ。だが、最適な多様性を達成するまでにやるべきことはまだたくさんある。そして私たち（に加えて教育業界全体）には、この国で有色人種や低所得地域出身のリーダーがもっと大勢生まれ、教育の不均衡問題を解決するためにその能力や見識を活かせるようにするために、やるべきことがたくさんあるのだ。

低所得地域の子どもたちを受け入れる教室や学校、学校システムで成功し、改善するところが増え続けている現状を注意深く観察すると、強力なリーダーシップ――生徒の成功に妥協なきビジョンを持ち、そのビジョンを共有するよう他人を刺激する能力を持ち、生徒たちを人生における別の道筋に乗せるためにはどんなことでもする勇気と忍耐力を持つ人材――こそ、有意義な変化に欠かせない触媒だということがわかる。こうしたリーダーの発掘、選抜、育成への取り組みに関して教育業界はあまりにも長い間、あまりにも消極的でありすぎた。教育においても全国トップクラスの人材を獲得するためのリーダー育成の仕組みを構築することは可能だが、そのために必要な取り組みについて普通に考えていてはいけない。国内各地で局所的にすでに成功している方法を増幅させることにより、優秀な教師の多様で質の高い部隊を作り上げることができるのだ。

政治的リーダーシップと支援運動

これまでの各章では、変革的成果を実現できるよう教育者に力を与える上で政策の変更が果たした役割を見てきた。ニューオーリンズ、ワシントンDC、ニューヨーク市での進歩は、ガバナンスのかつてない変化によって実現した。前進するにあたっての課題は、システム全体が破綻したために生じたチャンスをつかむことだけでなく、そのような機会を積極的にもっと多く創り出すことだ。

政策の役割

政策立案者たちは長年にわたり、子どもと家族に役立つためには政策による命令やプロセス要件が必然的に求められるという前提のもと、よかれと思って行動してきた。したがって、この国の教育方針は大体において、教育者が取るべき行動をすべて義務化しようとするトップダウンの要件の寄せ集めになっている。だが、優秀なチャーター・スクール管理組織や改善する学校システムなどから私たちが学んできたことを思うと、組織内の人々を細かく管理する努力を通じて子どもや家族にとって有意義な成果を上げられるなどとは想像もできない。変革的教育を増幅させるには、生徒にとってよいことをしていけるよう教育者に権限を与えつつ、結果に対する説明責任を求める必要がある。また、たとえば第一級の人材育成制度の構築の促進、あるいは一日の授業時間や年間授業日数を延長できるようにする政策変更なども必要となる。州によっては、今よりもはるかに高額の財政投資を要するところもある。これらの取り組みが、次の「特効薬」になってしまっては困る。そのためにも、強健な地元組織を構築する活動から地元リーダーの注意をそらすのではなく、彼らに権限を与える形でこれらの取り組みを設計しなければならない。

連邦レベルでは、全面的な政策変更によって、私たちが求める変化を加速させる流れがもたらされた。「落ちこぼれを作らないための初等中等教育法（NCLB法）」には多くの欠陥があり物議を醸したが、教育に関する全国規模での対話、特に低所得地域と高所得地域の生徒間の学力格差に関する議論を軌道修正してくれたのは確かだ。アメリカにおける学力格差の真の重大さは、何十年間も不明瞭なままだった。私たちの関心の大半がアウトプット（生徒が実際にどの程度学習できているか）よりも、むしろ不公平なインプット（資金、図書館の蔵書数など）に向けられていたためだ。基準、評価、説明責任を要求することですべての生徒が受ける教育の質を上げようと、二〇〇二年に施行されたこの法案は、生徒の成績を毎年改善させることを求め、改善指標を達成できなかった学区には罰則を設けた。

この法案は国内の学区における教育に関する議論の内容を変え、私たちの関心を生徒の目に見える成績向上へと引きつけた。説明責任と高い期待という二大目標を掲げたNCLB法は、全国のほぼすべての優秀な、あるいは急速に改善しつつある教室や学校、学区の陣頭に共通して見られるような、成果重視で達成主義のリーダーシップに価値を置く環境を促進したのである。

だがNCLB法施行後の数年で、全国規模のイニシアティブは地元のリーダーシップによる貢献を引き出さなければ著しい進歩は実現できないということがわかった。多くの州が、NCLB法を受けて基準や評価を緩くした。つまり、テストを簡単にして結果がよく見えるようにしたのだ。シンクタンク「エデュケーション・セクター」の報告では、生徒の成績、卒業率、教員免許の取得、学校の安全などの項目で改善の水増しが横行していることが判明した。報告によれば、「すべての測定項目において、パターンは同じであった。相当数の州が、柔軟に基準が設定できるのをいいことに学校の進捗を誇張できるよう基準を変え、それによって法案の基準では厳密な審査の対象となる学校の数を抑えていた」(9)(もちろん、こういった反応こそ政策立案者たちがさらにトップダウンの命令を下す口実となり、悪循環へとつながるのだ)。

二〇一〇年、オバマ大統領の「トップへの競争」政策は、変化に対する地方や州レベルでのより強いコミットメントを求めた。オバマ政権は、改善している学校システムでうまく機能した原則を州、地方、組合、非営利団体など、あらゆる組織が一致団結して受け入れた州に対して、四三億ドルの助成金を用意した。助成金を受け取るには、州は子どもたちが各学年の各科目で何を学んで何ができるようになるべきかの全国共通基準を受け入れ、あらゆるレベルで学習ループを構築できるデータシステムに投資し、必要な教師・リーダー人材を引き寄せて育成できるように人材改革を行い、最も成績の悪い学校を方向転換させることに特に注力するという説得力のある計画を策定しなければならないのだった。

これほど全国規模で取り組んでいても、教育者たちが変革的教育を実施するために必要な支援を提供できる政策環境へと移行するのは難しいだろう。教育者たちの賛同も得られないままに単発の

「解決策」を一方的に押しつけるという望まぬ結果に、どうしてもなってしまうのだ。これまで見てきた限り、最も有望な道と考えられるのは、教育の不均衡が解決可能な問題だということを深く理解し、解決するために何が必要かを理解し、求められる変化のために立ち上がる信念を持つ政治リーダーや支援者、組合幹部をもっと大勢生み出すことだ。

変化のための連携

近年、少し前なら思いもよらなかったような新しい協力関係や取り組みが見られるようになってきた。二〇〇九年にコロラド州議会にひとつ空席ができたときには、マイケル・ジョンストンが三四歳の若さで議員に選出された。低所得地域の子どもの可能性に対するマイケルの信念は、一九九七年にＴＦＡのメンバーとしてミシシッピデルタへ派遣されたことも一因となって育まれた。議員に選出される前、マイケルは自らが創設した高校のリーダーを務めていた。その高校では生徒の大半が無料または割引給食の対象者だったが、当初五〇％だった大学進学率を一〇〇％まで改善させ、卒業生の全員が四年制大学に入学を認められるという快挙を成し遂げたのだ。生徒たちの努力と成果に刺激を受け、マイケルはもっと多くの教師や学校長たちが同様の成果を上げられるよう道を切り開きたいと考えた。

民主党のマイケルは一人の共和党員と手を組み、ある法案を共同提案した。学区が強力なリーダーの人材層を構築し、学校長が変革的な学校を運営するのに必要な教師陣を構築できるよう権限を与えるための基礎を成す変化を生む法案だ。数カ月後に可決されたその法案は教員評定と長期在職権を生徒の成績向上に関連づけ、学校長に生徒の成績と教師の育成に対する責任を持たせ、学校長の意思に反して教員採用を強要する慣習を絶ち、学区が解雇を実施する場合には「最後に採用された教師が最初に解雇される」という因習に従わなくてもいいようにするものだった。ある論説で、マイケルと共同提案者はこう説明している。「調査によれば、生徒の成績を改善させる上で最も重要な学校基盤の要素は二つある。教師の優秀さと学校長の優秀さだ……しかし、優秀な教師や学校長とは何かという定義については、いまだに合意されたものがない。今回の法案は、生徒たちがどれだけ成長しているかによって教師や学校長の優秀さを測るという定義づけを求めるところから、法案手続きを始めるものである[10]」

マイケルが構築できた幅広い支援者同盟には「スタンド・フォー・チルドレン」〔特に公立学校の質の改善を目指す団体〕や「ホベネス・イ・パドレス・ユニドス」〔有色人種や移民の青少年の権利を守り、学校から牢屋へという道筋を絶つ活動に取り組む団体〕のような擁護団体の他にも、人権擁護団体、企業組織、労働組合（米国教員連盟は支援を表明したが、全米教員協会は反対を表明した）などのさまざまな団体が含まれている。これだけ広範な同盟をもってしても、法案の可決は厳しい闘いだった。生徒の成功や失敗に対する教師の責任をめぐる議論は、従来の政治組織に新たな亀裂を生んだ。教師、組合、政治リーダーがこの問題の両側に分かれた。そして、生徒の成績に基づいて教師を評価することに反対していたある民主党議員が州議会で発したこの言葉によって、議論は落ちるところまで落ちた。「パンを焼く事業を経営していて、虫だらけの小麦粉が届けられたがそれを使わなければいけなかったとしよう……それでいい商品など作れないだろう?[11]」法案の提出によって大人と子どもの利益間に生じた意見の不一致と緊張の度合いは、恵まれない地域の子どもたちの可能性を直接目にして理解してきた、揺るぎない信念を持つ政治リーダーの存在がいかに重要かということを、いろいろな意味で示した。

この事例は、子どもたちの立場に立った精緻な政治的支援と、破綻した現状を維持しようとする凝り固まった政策から脱却するための幅広い基盤を持つ同盟の必要性を浮き彫りにする。この法案に関しては、マイケルたちのリーダーシップに加え、公聴会がいつどのように設定されるかを左右し、議員たちに世論調査の結果を示し、署名を集め、何十人という法案支持者の証言を管理でき、法律制定手続の深い知識を持つ支援者も欠かせなかった。

一方でこの事例は、政治的手腕と同盟の構築が教育制度の改革に役立てられるとどれだけのことが可能になるかを示す希望的指標となった。だがもう一方では、こうした変化を全国規模で実現するための政治的リーダーシップや支援基盤を手に入れることがどれほど難しいかを思い出させる事例でもある。この国を正しい方向へ動かすためには、このような勝利があと何百も必要なのだ。

政治リーダーの新世代

マイケルは、成長をもたらす概念を構築するために必要となる政治的リーダーシップの、鮮明な実例を提供してくれる。変革的教育の推進力に対する理解、大規模な変化を実現する重要性についての揺るがぬ信念、そして賛否の分かれる変化を支援する幅広い同盟を作り上げる能力によって彼が生み出した法案は、現職および過去三人のコロラド州知事を触発して「この提案は、コロラドの教育改革に対する期待をこの上なく高めてくれる」と論説で言わしめた。(12)

私たちは何が問題か、何が可能か、教育の不均衡に対する戦いに勝つには何が必要かを理解している政治リーダーのもっと大きなコミュニティを作っていかなければならない――それも共和・民主の両陣営から、そして政府のあらゆる階層からだ。未来のリーダーたちがマイケルのように低所得地域で教師としての優れた実績を持つ人物であることを保証すれば、その政治的コミュニティを成長させられる可能性はある。だが教育問題に対して欠くことのできない信念と勇気を持つ人々を立候補するよう鼓舞し、支援していくには、まだやらなければいけないことが多い。国内で最も積極的な政治活動委員会（こうした団体は関心が特化している場合が多い）の伝統にのっとり、私たちも最大の潜在能力を秘めた候補者を育て、選び、支える強力な組織を構築しなければならない。「教育改革を目指す民主党員《デモクラッツ・フォー・エデュケーション・リフォーム》（ＤＥＲ）」というグループが、このモデルの比較的新しい例を示してくれる。受賞経験もある元教育ジャーナリストのジョー・ウィリアムズが率いるＤＥＲは、教育改革のために立ち上がる意志を持つ地方や国会の議員候補者のために資金や支援を取りまとめるグループだ。ときにはそのスタンスが民主党内における既得権に疑問を投げかけることもある。このグループは現状を打破するための政治的支援を行うのだ。

ＴＦＡはそうした政治リーダーの主たる供給源にはなれないし、なるべきでもない。だが、出馬要請を引き受ける元メンバーがますます増えてくるにつれ、ＴＦＡが有力な貢献者となるだろうと私は確信している。私たちは政治的活動を制限されているが、「リーダーシップ・フォー・エデュケーショナル・エクイティ（教育機会均等のためのリーダーシップ、ＬＥＥ）」という別組織で、ＴＦＡ出身者たちがこの活動に取り組んでいる。内国歳入法第五〇一条（ｃ）四〔非営利団体の事業所得を免税する条項。市民団体や社会活動団体の地域従業員団体に適用される〕

に該当する非営利組織であるLEEは、党派を問わず、政治、政策、擁護活動に関心のあるTFAの出身者に直接資金や機会、支援を提供している。

LEEが支援した元メンバーの一人が、兵役後にTFAに参加したカール・サラゴサだ。彼はフェニックスで八年生の社会科を教えていた。カールが担当した生徒たちは学校で一番成績が悪く、その多くが三年生程度の読解力しか持たなかった。多大な努力と、従来の慣習とたびたび衝突した手法（生徒の保護者に自分の電話番号を教えたために処分を受け、生徒の家庭を訪問するという習慣を中止させられた）を用い、カールは生徒たちの読解力をたった九カ月間で約二年分も引き上げた。生徒たちは、州が定めた社会科の学習内容を習熟していることを示したのだ。

TFAでの二年の任期が終わりに近づき、カールがその学校でそのまま教え続けようかどうしようかと悩んでいたところ、学校長が、この学校では社会科の指導を打ち切ると通達してきた。どうしても教師としてとどまりたいなら数学か理科の教師で採用できるかどうか検討してみると言われたが、これ以上いてほしくないと思われているのは明らかだった、とカールは言う。

次にしたい仕事が定まらないまま、カールはバーテンダーの仕事に就いた。そしてすぐに昇進し、間もなくフェニックス地域でレストランチェーンを運営するようになった。だが本人いわく、「僕はつねに子どもと教育のことばかり考えていたし、話していました」

自分の学区が州によって「破綻している」と判定されると、カールは問題に対処するためにできることがないかと、学校の理事会に出席することにした。だが、理事会のすべてが「計算のやり直し」に終始していた、とカールは語る。理事たちはひたすら数字を計算し、生徒のグループをいくつも切り離し、「州のやり方ではなくてこういうやり方でデータを見れば我々は最下位ではなくて下から二番目だ、と言って本気で大喜びしていた」のだそうだ。「数字のゲームだと思っていたんですよ。まったく信じられませんでした」

かつての教え子たちのことを思い、カールは理事への立候補を決意した。そして、自分の不信感を有権者に伝えた。自身の信条を、彼はシンプルにこう説明する。「子どもは皆勉強することができる。言い訳は許されない」。彼の考えでは、問題は教師の質よりもむしろリーダーシップと説明責任の欠如だった。約二万票が投じられた選挙で、カールは二六票差で勝利した。

一回目の会議から、彼は意図せずして波風を立てた。理事会には、おおむね総意のもとに理事長を選出するというしきたりがあったのだが、カールは他の理事たちも理事会の役割や学区の未来について自らのビジョンを語ってほしい、そうすれば誰を支持すればいいか決められるから、と発言してそのしきたりを破ったのだ。

理事たちは憤慨したが、カールはひるまなかった。学区の方向性に関する全員のビジョンを明確にできると思われる一〇の質問を用意していたのだ。教師はどのように評価されるのか？　説明責任の構造は？　同僚たちが質問に答えようとしなかったのでカールは理事長候補に名乗りを上げ、自分でその一〇の質問に答えた。他の理事たちは全員、カールに反対票を投じた。

カールは波風を立て続け、学区内のすべての学校を訪問し、教師や経営者と関係を構築して彼らの懸念に耳を傾け、何が成功していて何が失敗しているのかに学区は注意すべきだと主張し続けた。生徒の成績に影響を与えるために学区が何をしているのかという根本的な質問を数年にわたって投じ続けた結果、理事会の仕事は劇的に変化した。「僕が着任した頃、会話のほとんどが――本当に、ほとんどの会話が――コピー機だの契約だの、そういうことについてでした。今はそうではありません。今ではすべての会議が、生徒の学習を向上させるために僕たちが学区として何をしているかということについてです。それが第一なのです。そして今、九校中七校が『優良』判定を得るまでに改善しています。読解の改善率は、州平均の四倍になりました。この成長ぶりは祝福に値するし、教師たちも誇りに感じていると思います。うまくいっているのです。この結果に異論を唱えることなどできませんよ」

カールは、今後数十年にわたって学校システムのあらゆる階層で求められるような政治的リーダーシップの典型例だ。全国の優秀な教室や学校、改善している学区などで成果を生んでいる要因が何かという理解によって見識を深めた政治リーダーが、学校理事会や州議会、国会の場には必要なのだ。

州や地方の支援基盤を作る

マイケルやカールのような政治リーダーの数を増やすべく活動しつつも、低所得地域の教育において何が可能かをわかっている人々の影響力を増幅するための支援基盤も拡大していかなければならない。私はコネチカットで、効果的な支援の影響を個人的に体験した。アチーブメント・ファーストの学校に教師と学校長の人材層を作ろうと活動していたダシア・トールが、ＴＦＡの存在は彼女のネットワークを成長させるために重要だと考え、コネチカットに支部を置くことを検討してほしいと要請してきたのだ。

ところが、数々の政治的障害により、コネチカットへの進出は難しかった。たとえば、コネチカットの州法では他の州とは異なり、ＴＦＡメンバーが教えながら教員免許を取得することができなかった（ＴＦＡのメンバーは地方で免許取得の代替経路を通じて教壇に立つことができ、通常の教育学部の学位を持っていない人間でも免許取得に取り組みながら教えられる）。コネチカットの政治的状況に関する深い知識も人脈もない組織としては、この州で活動する上で最大の障害がそれだった。

ありがたいことに、コネチカットには「コネチカット・コアリション・フォー・アチーブメント・ナウ（アチーブメント・ナウのためのコネチカット連合、ＣｏｎｎＣＡＮ）」という非常に優秀な地元の支援団体があり、私たちのために支援を取りつけるべく、州議会の主だった支持者と手を組んでくれた。ＣｏｎｎＣＡＮの使命は、教育に関心を持つ市民が州の教育制度における賢明な公共政策を支援する市民運動を推進し、それによってコネチカットの公立学校を改革することだ。ＣＥＯのアレックス・ジョンストンとＣＯＯのマーク・ポーター・マギーが共同で率いるＣｏｎｎＣＡＮは、コネチカット初のＴＦＡメンバーたちが短期の教員許可証で教壇に立てるよう、州議会で法案の可決を後押しした。これは私たちにとって貴重な暫定的対応策で、これを適用している間に免許取得問題を解決する長期的戦略を遂行することができた（私たちの研修・支援プログラムの有効性が実証されたため、今ではコネチカットでもＴＦＡの教師が免許を取得できるようになった）。

ＣｏｎｎＣＡＮは毎年、成果を高める改革案を可決させるための組織的キャンペーンを展開している。ＴＦＡがコネチカットで活動してきた四年の間には、強い影響力を持つ市民団体リーダーや低所得地域の家族たち（州や地方の教育政策によって得るものや失うものが一番多い子どもたちがいるにもかかわらず、彼らは昔からほとんど意見を聞かれてこなかった）を、ＣｏｎｎＣＡＮが巧みに動員する様子を目の当たりにしてきた。たとえば、生徒の成績データを公開して透明化するという切望された法案が州議会の対立によって計画倒れになりかけたとき、ＣｏｎｎＣＡＮは一万五〇〇〇人のメンバーを動員し、法案が可決されるべきだと主張する大量の電子メールを政治家たちに送りつけた。法案は可決された。また別のときには、政治的によく知られている法案が、議会の会期最終日にまったく関係のない政治的なもめごとのせいで却下されてしまった。この法案はコネチカットにおける教育改革運動の鍵となる条項を複数含んでおり、その中にはこの州におけるＴＦＡの未来にとって非常に重要な、新教員免許についての条項もあった。翌朝、ＣｏｎｎＣＡＮはメンバーによる苦情の連続放射を開始し、法案を支持する議員たちを促して法案を復活させ、特別議会の会期中に可決させた。本書の執筆中にも、ＣｏｎｎＣＡＮは最近の「マインド・ザ・ギャップ（格差を思え）」キャンペーンを通じて三つの大きな法案を勝ち取った。州の教員認定の規定を総点検する法案、生徒の長期的成績データを公開する法案、そして、州の予算が八〇億ドルの赤字であるにもかかわらず、優秀な公立チャーター・スクールの拡充に二〇〇〇万ドルもの資金を確保する法案だ。

残念ながら、恵まれない地域の子どもたちにとって何が役立つかということに対する理解と、地方や州政府に行動を起こさせる政治的手腕とを結びつけられる組織がある地域は少ない。私がよそで見つけた組織でＣｏｎｎＣＡＮに最も近いのは、ニューオーリンズでレスリー・ジェイコブスが持つ並外れた政治的影響力ぐらいだ。ニューオーリンズの学校が転換できたのはハリケーン・カトリーナが「原因」だと考える者は多いが、変革の基礎はそれよりもっと以前から形成され始めていた。ハリケーンは、実際にはすでに始まっていた変革を加速しただけなのだ。第三章で見たとおり、「教育の鬼」[13]レスリー・ジェイコブスは、大胆な行動を取るべく州議会を備えた。彼女は州の教育委員会における立場から警鐘を鳴らし、議員や知事との密接な関係を利用して、地域が変化を求めていたような環境を作り上げたのだ。その後レスリーは、生徒の機会を増やすような決断が下されることを保証するためだけの組織「エデュケート・ナウ！（今、教育を）」を自ら立ち上げた。エデュケート・ナウ！はニューオーリンズの生徒の進捗に関する最新の状況について、良い情報も悪い情報も両方提供する。また、ニューオーリンズで展開するさまざまな改革に対する計画的支援も提供している。

アメリカの学力格差を縮めるにあたっては、前述したような変化をコロラドで起こす際に重要な役割を果たしたスタンド・フォー・チルドレン、ＣｏｎｎＣＡＮ、エデュケート・ナウ！のような組織が何十も必要となる。ケイティ・ヘイコックの「エデュケーション・トラスト」が子どもたちのために全国規模で提供しているような、豊富な政治的知識に基づくひたむきな支援が地方レベルで必要だ。ケイティの組織は教育の不均衡のひどさを明るみに出し、成功の可能性を示し、法案を形成している。いずれも、すべての子どもたちのために優れた教育を粘り強く求めるためだ。これら現場の支援組織の活動で特に希望を持たせてくれるのは、彼らが地域内で、また地域そのものを巻き込んで、支援を触発しているということだ。学校の有効性についてだけでなく、学校に関与する方法についても地域に教えるよう主張することで、こうした組織は教育の機会均等運動が多様かつ地域の利益を代表するものになるよう保証しているのだ。有効な政策変更の例が数えられるほどしかない今の現実世界から、そうした例が無数にあって地方や州や連邦レベルでチャンスを生み出す理想の世界へ至る道筋に必要なのは、もっと多くの若くて実力あるリーダーたちに、教育上の不利益が実際に解決可能な問題であるという確信、その問題を解決する方法の理解、そして地域支援を集めて効果的に立法手続きを進めるために必要な政治的手腕を身につけさせることだ。

変革の軌道を変えるイノベーション

今の教育界では、どうやらすべてが一番面倒な方法で実施されているようだ。手作業でできるものなら、手作業でやってしまう。ミシェル・リーが二〇〇七年にワシントンDCにやってきたときに目にした状況がいい例だ。何百万件もの乱雑な人事ファイル。電子記録はなし。学校システムが教師や他の職員と直接やり取りできる電子メールシステムもなし。どこで進捗が見られるか、あるいは見られないかを特定するために教室や学校からのデータを照合・分析する手法は、最も原始的な方法のみ。しかもこれが例外的な状況ではなかったのだ。ニュー・ティーチャー・プロジェクトのティモシー・デイリーは、二〇〇九年に「ザ・ウィジェット・エフェクト」で調査対象になった一二学区のうち九学区までが、まだ人事記録を紙で保管していたという。現在、私が訪問する教室の大多数が、何十年も前の教室と同じ構成（教師一人につき生徒三〇人）で、教師は同じ技術を用いている（プロジェクターを使う場合もあるが）。

この国の教育制度は、他のどの分野の組織ともほとんど同じで、効果と効率を劇的に上げる方法を見つける必要がある。これからやるべきことがどれだけたくさんあって、その活動がどれほど大変かを考えると、努力をより生産的かつ持続的なものにしていくためには、手に入るツールをすべて最大限に活用するしかない。全員——保護者も、子どもも、教師も——が生徒の学習と成長を実際に目で見て追っていけたら、私たちの働き方はどれだけ変わることだろう。現代の技術があれば、その世界は十分に実現可能だ。生徒が自分の進捗を追跡できるようにすることの絶大な効果は、最も優秀な教室で目の当たりにしてきた。裕福な地域にとっても貧しい地域にとっても言えることだが、現在の保護者と生徒は概して、求められる学習と習熟の基準に照らして自分たちがどの段階にあるのかをわかっていない。この情報を入手可能にすれば、生徒と学校にかかる重圧や支援を調整していける。また、それによって、破綻した学校が閉鎖されたからと地域住民が学区に抗議するのではなく、学区が破綻した学校を運営し続けていることを地域住民が抗議する社会を形作っていくこともできるのだ。

ＴＦＡの最高の教師たちは、少なくとも職について間もない頃は、自分たちが優れた文化の構築者ではあるが、優秀な「教師」ではないと口にする。これは彼らがビジョンを設定し、そこへ向けて生徒たちのやる気をかきたてるのはうまいが、どのような概念にせよ、それを最も効率的かつ効果的な方法で教える達人にはまだなっていないという意味だ。教師たちが生徒に学習内容を理解させられるよう、私たちが教師たちに提供できるツールを想像してみてほしい。生徒たちがコンピュータゲームに夢中なのであれば、その技術を利用して数学や理科、読解の能力さえも高める手助けにすればいいのではないだろうか？

このアプローチが持つ潜在力を私自身経験したのは、ＴＦＡの支持者の一人が新しい教育ソフトを持ってきて、当時四歳半だった私の長男、ベンジャミンに試させてもらえないかと頼んできたときだった。息子はまだ読書に興味を示していなかったが、このコンピュータソフトに二カ月間熱中し続けた結果、二年生レベルの読解力を身につけた。特定の教育的介入にすべての子どもが同じように反応するわけではないが（このソフトに関して言えば、私の他の息子たちはさほどのめり込まなかった）、子どもの学習を進められるソフトで教育構造の改革の基礎を築けるようなものがあれば、試してみるべきだろう。

言うまでもなく、子どもたちが社交・対人能力を発達させるべきである時期にコンピュータやオンライン学習に依存しすぎる危険性はある。そしてこれまでの章で見てきたように、学校が動機づけとなる使命やリーダー、教師を欠いていれば、技術は効果を生まない。とはいえ、コンピュータ学習技術の有効活用の例が増え続けている事実のすばらしい点は、実際に指導法に違いを生み出せる力がこれらのツールにはあるということだ。一人の教師が二〇人、あるいは三〇人、場合によっては四〇人もの生徒を担当している従来型の教室では、生徒一人ひとりの強みや弱みを特定するのは非常に難しい。より高機能な技術によって実現した学習モデルは、まさにその作業をやってくれる。ソフトを使えば何十もの学習目標に対する生徒の進捗を追跡し、生徒が習得した概念はさっさと終えて次に進んだり、助けが必要な分野では追加の練習問題を出したりできるのだ。

カスタマイズされた教育

実際の教室における指導の差別化というテーマを中心に、改革に取り組んでいる者もいる。ニューヨーク市で実施されているパイロットプログラム、「スクール・オブ・ワン（一人の学校）」は、一人の教師が何十人もの生徒を教えるという汎用型のモデルに疑問を投げかけるものだ。ＴＦＡの出身者でニューヨーク市教育部の人事部門元最高責任者ジョエル・ローズが立ち上げたスクール・オブ・ワンは、生徒一人ひとりに毎日カスタマイズされた時間割（「プレイリスト」と呼ばれる）を与え、そこにさまざまな学習法を取り入れている。個人指導、少人数グループでの共同作業、講義形式による従来型の授業、先端技術を用いた指導などだ。一日の終わりに、生徒たちは評価項目を記入する。毎日の成果のデータはその後、生徒についてすでにわかっている学習傾向や教室で利用可能な教材の寸評といった情報と組み合わせられ、その生徒の翌日の時間割作成に役立てられるのだ。生徒一人ごとに指導方法を変えるだけでなく、スクール・オブ・ワンは教師の価値と有用性も最大限に活用する。従来の方式だと、教師は一年の間に、その学年のすべての科目内容を生徒全員に教えなければならない。スクール・オブ・ワンでは、教師は指導内容のうち特定の一部分について責任を負い、場合によってはさまざまにグループ分けされた生徒たちに、特定の授業をそれぞれ年度内の異なる時期に教えることもある。先端技術はビジュアルかつダイナミックな方法で教えると一番伝わりやすい内容を教える際に活用され、その間に教師たちは統合や分析といった高度な能力に集中するだけでなく、生徒の個別ニーズや特定の生徒の誤った理解に注力することができる。

もうひとつの革新的かつ前途有望なモデルが、ロケットシップ・スクールズ（宇宙船学校）だ。この学校は、生徒一人ひとりに合った指導を提供するオンライン学習システムを取り入れている。今も進化を続けているこのソフトと教師の混成モデルは教師の時間と費用を節約し、教師が生徒とともにより高度な目標に注力できるようにするものだ。カリフォルニア州サンノゼにある主力校は、開校初年度とその翌年にして早くもカリフォルニア全域の低所得地域にある小学校の中で成績上位に躍り出ている。この学校ネットワークは今後急成長し、低コストで高機能なモデルを全国の何十もの地域に届けていく構えだ。

先端技術には教育を改善する潜在力が膨大に潜んでいるように思えるが、子どもたちによりよい、そしてより効果的な教育を提供するためには、技術的解決策以上のことを考えなければならない。先端技術、学校設計、研修システムなどを活用すれば、教育イノベーションの余地はいくらでもある。たとえば、少数のきわめて優秀な学校では、高所得地域と低所得地域の子どもたちを敢えて一堂に集めるという実験を実施している。ロサンゼルスでTFA出身者のブライアン・ジョンソンが運営しているラーチモント・チャーター・スクールズは、現在は二つの六年制学校（間もなく八年制に移行予定）のネットワークとして高所得地域と低所得地域の生徒たちを一堂に集め、年齢混合を特徴とするプロジェクトに基づく構成主義カリキュラムを提供している。二〇一〇年九月、ラーチモント・スクールズはロサンゼルスで最も優秀なチャーター・ネットワークとなり、二つの学校がどちらも、学区内の八〇〇を越える公立学校の中で上位三〇位以内に入った。

教育分野における社会起業家精神を促進することでこうした改革を加速化しようと決意する組織や慈善家たちは、ますます増えてきている。全国規模のベンチャーフィランソロピー団体「ニュー・プロフィット・インク」は、低所得アメリカ人の社会的地位に影響を与えられる革新的組織を拡大するため投資している。ニュー・プロフィットが貴重な資金やその他さまざまな形での支援を提供した団体の中にはTFA、KIPP、アチーブメント・ファースト、ニューリーダーズ・フォー・ニュースクールズ、スタンド・フォー・チルドレンなどが含まれる。「ニュー・スクールズ・ベンチャー・ファンド」、「エコーイング・グリーン」、「マインド・トラスト」といった団体も、それぞれが初期段階の改革を見出し、貴重な立ち上げ資金と支援を提供している。

教育において改革が不十分である理由はたくさん挙げられる。歴史的に、学校システムは低所得地域の子どもたちに対する教育の問題点を解決しなければならないという重圧をほとんど感じてこなかった。学校への社会経済的要素の影響に対する私たちの思い込みと、弱い説明責任制度がその要因だ。さらに、研究や育成に対してはほとんど注力してこなかった。近年、これらの分野で実現してきた進歩はうまくいけば勢いを増し、まったく新たなイノベーションの時代を迎えるだろうが、鍵はつねに、先駆者の育成だ。直面する問題の具体的性質を理解する医師が医学分野のイノベーターの大半を占めているのと同様、教育分野の先駆者も、変革の可能性とその実現方法を理解している教育者だろう。私たちは彼らの起業家精神を応援し、初期投資や友情、その他の支援をもってその活動を後押ししなければならない。

教育の卓越と平等というビジョンを実現するには、変革的学校を普及させるために必要な教育リーダーの人材層と、その成功につながる環境を作り出す政治リーダーシップと支援基盤、そして彼らの努力の有効性と効果を高める新たなイノベーションが必要となる。どの段階においても、成功は変革的教育の教訓を習得した人々にかかっている。そこで核心的な問題が出てくる。そうした人々を発掘し、育成するにはどうすればいいのだろうか。

第六章　未来へのインパクト――社会変革の基盤としての教育

息子のベンジャミンは八歳のときに、学校新聞の記事を書くことになった。誰かが取り組んだ問題について本人に取材するという任務を与えられた彼は、ティーチ・フォー・アメリカ（ＴＦＡ）を始めたときのことについて私に取材することにした。私はどうやら息子にその話をしたことがなかったらしく、彼はすべてがどんなふうに始まったのかを聞けると喜んでいた。ベンジャミンは真面目にメモを取った。話し終え、私は取材が終わったと思っていた。息子は話を聞いて興奮していた。だがそこでこう言ったのだ。「もうひとつ聞きたいんだけど」

「わかんないんだよね」と息子は言った。「これがそんなに大変な問題なんだったらさ――ほら、子どもがちゃんとした教育を受けられないってことが――どうして大学を出たばっかりで、問題が解決できるような経験が全然ない若い人たちに頼むの？」

何も考えず私は口を開いた。「ベンジャミン……」それが苛立った声に聞こえたに違いない。息子はすかさず言い返した。「しょうがないでしょ、記事を書かなきゃいけないんだから。聞かないとだめなんだよ！」

私は思わず笑ってしまった。私たちの活動がどれだけ常識はずれに見えるのかを、息子の質問によって改めて気づかされ、衝撃を受けたのだ。たしかに、この活動を始めて二〇年、私たちがどういうことをやっているのかを人々に理解させるために活動初日に費やしていたのと同じだけの時間を、私は今でも費やしているような気がする。八歳の息子は、その問題の核心にまっすぐ切り込んできたのだった。

そこで私はベンジャミンと膝を交え、彼の質問に可能な限り答えようと試みた。まずは、自分の考えを伝えるところから始めた。経験が貴重なのは確かだが、未経験にも力があるということ。何が「不可能」かまだ知らず、無限のエネルギーがある未経験のうちだからこそ、若い人たちは他の人たちがとうに諦めてしまった問題に取り組んでいけるということ。そのエネルギーをよい方向へ導けば、大きな違いを生み出せる可能性があるということ。未経験の人々は、世界の仕組みがもっとよくわかるようになってしまった人々には不可能に思える目標を設定し、達成できるのだということ。

この上なく凝り固まってしまった社会問題に取り組むためには若者の理想主義こそが求められる場合もあるという考え方を、ベンジャミンはたぶん理解してくれたと思う。もっとも、低所得地域での教育に成功した経験が、いかに教育の不均衡に長期的影響を与えられるような形で未来のリーダーたちを育てているのかを説明する前に、彼は取材終了を宣言してしまったが。

災害を乗り越え変革を起こす

現在ニューオーリンズの優秀な学校のひとつで校長を務めているトッド・パーヴィスがＴＦＡのニューオーリンズ部隊に加わったのは、二〇〇三年のことだった。ラングストン・ヒューズ小学校に配属されたトッドが授業を教えていた過密教室は、壁が三方にしかなかった。四方目は壁ではなく、床から三〇センチほどの高さに設置された、高さ一五〇センチほどしかない本棚の仕切りだった。小柄な二年生や三年生は、廊下から本棚の下をくぐって教室に入れることに気づいた。「見学者が来ると、それが注目の的になりましたね」とトッドは語る。

近隣の学校が混乱に陥っていたため、教室の過密状態はこれ以上管理しきれないという状況にまでなっていた。トッドが勤務していた学校は「破綻しつつある」学校だったが、是正処置の対象となる基準はかろうじて上回っていた。そのため、基準を下回る近隣の学校に子どもを通わせている保護者が子どもの転校先として選ぶ学校になったのだ。実際には基準未満の学校とトッドの学校との学力格差はほとんどなかったのだが、それでもなお、受け入れ態勢の整っていない学校に次々と生徒たちが転校してきた。「身動きひとつ取れないくらいでした」

教師になって三年目の新学期が始まって間もないある金曜日、トッドは接近しつつある嵐について報じた地元の新聞記事を教材に、優先順位づけと「本筋」について五年生に教えていた。記事の「本筋」は、ハリケーンが進路を逆行してフロリダに向かうと予想される、というものだった。その週末、トッドが翌週の授業の準備をしていると、TFA時代の仲間で仲のいい友人から不安を覚えるメールが届いた。「ここから離れたほうがいいんだろうか?」というのだ。トッドはそのとき初めて、ハリケーン・カトリーナがニューオーリンズに向かっており、レイ・ナギン市長が全員ただちに街を離れるようにと伝えていることを知ったのだった。トッドと数人の教師仲間は、ルイジアナ州のマニーという小さな町にある友人の実家に避難した。

そこからの数日間を、トッドはショックと悲しみではっきり覚えていないと語る。電話が通じなかったので、朝から晩までただ恐怖のうちにテレビを見つめることしかできなかった。「教え子の一人、五年生の女子が水の中を歩いている姿をテレビで見たんです。小さい子を二人——妹たちを抱いていて、太ももまで水に浸かっていました。恐ろしい光景でしたが、生きていることがわかって本当にうれしかった」。それから四、五日が過ぎ、Tシャツ二枚と短パン一着しか持たず、ニューオーリンズに戻ることもできないと気づいたトッドは、戻れる日まで友人や両親のもとで過ごそうと考えて車を北へ走らせた。

その間、私も、全国に散らばる仲間たちも、同じようにテレビに釘づけになっていた。ニューオーリンズのスタッフがメンバーの安否を確認しようと右往左往している間（最終的には全員の所在が確認できた）私たちはニュースを見つめ、この国の公共インフラの不備のせいで何万もの家族が故郷の町を離れなければいけなくなる様子にひどく心を痛めていた。多くの国民と同様、TFAの仲間たちも手を差し伸べる方法を探していた。

私は、ヒューストンでKIPPの学校を運営しているKIPP共同創設者のマイク・フェインバーグに連絡した。ニューオーリンズのＴＦＡメンバーが教えていた子どもたちは、ルイジアナ州全域に限らず、他の各地域にまで散っていた。その多くがバスでヒューストンへ運ばれ、アストロドーム〔ヒューストンにあるドーム球場〕を含む各地の避難先へ連れて行かれたのだ。ＴＦＡがニューオーリンズのメンバーをどう配置換えしようかと決めあぐねていると、マイクがあることを思いついた。彼が一年間自由に使える空き学校がヒューストンにあったのだが、ニューオーリンズでＫＩＰＰ校を開校するべく準備を進めていたチームがやはり四散してしまっていたのだ。居場所のなくなったＴＦＡメンバーを動員して生徒を募集し、その生徒たちを教える気があるのなら、校舎と管理機能は提供しようとマイクは申し出てくれた。

それからほんの数日のうちに、トッドをはじめとして全国に散らばったニューオーリンズのＴＦＡメンバーたちは、ＴＦＡのスタッフから電話を受けていた。ヒューストンのアストロドーム内やその周辺で寝泊まりしているニューオーリンズの子どもたちのために学校を始めるべく、ヒューストンに向かっている教師のグループがいると伝えられたのだ。「そのグループに入りたいですか？」とスタッフに尋ねられ、トッドや仲間たちは一も二もなく参加登録した。ラングストン・ヒューズの生徒の何人かは確実にアストロドームにいるはずだと思い、トッドはそれ以上無力感を覚えているのに我慢できなかったのだ。学校はすぐにでも開校するとのことだったため、トッドと友人たちは車に飛び乗ってヒューストンまで二〇時間休まずに運転した。トッドは、教師を何人か下宿させてくれるという一家のソファに寝床を確保した。「その家族には運よく大学適齢期の息子がいたので、服を貸してもらえたんです」とトッドは言った。

到着翌日、トッドを含む二八人のTFAメンバーと八人の元メンバーは、アストロドームの通路を歩き回り、彼らの新しい学校「ニューオーリンズ・ウェスト」に入学する子どもたちを集めた。それからわずか一〇日の内に、ニューオーリンズで開校を予定していたKIPP校の学校長になるはずだったゲイリー・ロビショーの指導のもと、NOW大学予備校が開校したのだった。

開校当初から、NOW大学予備校は想像を絶する困難に立ち向かう子どもたちを受け入れる学校だった。幼稚園から八年生までの四〇〇人の子どもたちは、それまで身近にあったものをすべて奪われてしまったのだ。大半が住居もなく、後の調査では多くが心的外傷後ストレス障害（PTSD）に苦しんでいたことも判明した。だがゲイリーやトッドと同僚たちは、どれだけひどい環境であろうと、そのせいで子どもたちの可能性を損なうような結果には絶対にさせないと誓った。そこで、彼らは記録的なスピードで指導要領を作成し、実施した。それが後には、彼らの誓いをかなえることになった。

生活が大きくかき乱されたにもかかわらず、NOW大学予備校の平均的な生徒は「スタンフォード一〇」実力テストの結果では初年度に読解で一五パーセンタイル値、算数で二七パーセンタイル値も成績を上げている。トッドのクラスでは八五％がテキサスの学力評価テストに合格した。これはニューオーリンズからヒューストン全域に散らばった他の子どもたちの合格率の倍以上であり、ハリケーン・カトリーナの被害を受けなかったヒューストンの生徒の大半にも引けを取らない結果だった。

生徒たちを学業的成功に導くという経験はトッドの考え方を変え、彼の生き方も変えた。優秀な成績をあげるという生徒の潜在能力を目の当たりにしたときにTFAの教師の実に多くが体験する変革的経験について、トッドは自分の教師時代を回想しながらこう語った。

ヒューストンであの一年を経験したことが、今もこうして学校にいる本当の理由です。（ハリケーン前の）ラングストン・ヒューズで教えていた最後の年のことを思い出すと――何も変化をもたらすことができていませんでした。組織自体が完全に破綻していたんです……。学校長はとても努力家で献身的でしたし、職員もかなりいい人材がそろっていましたが、それでも何も変わっていなかった。ＮＯＷは可能性に対する僕の感覚を呼び戻し、生徒に対する期待を本当に取り戻させてくれました……僕たちは毎日困難に直面していましたが、すばらしい子どもたちを相手に仕事をしていましたし、カトリーナを経験した全員が本当に強く結束していました。あのとき起こったことはひどかったし不当でしたが、その結果生まれたもの、そして僕たちの多くが感じた可能性が、今も大勢がここに残っている理由ではないかと思います。

私がトッドに会ったのはＫＩＰＰ校のひとつであり、彼が現在学校長を務めているニューオーリンズのセントラルシティ・アカデミーでだった。ＫＩＰＰ校の多くがそうであるように、トッドの学校にも受け入れ枠以上に申し込みが殺到している。公正を期すため、生徒は無作為の抽選によって選ばれる。二〇〇七年に学校が創設されたとき、九〇人いた五年生のうち学年水準の読解力と数学の力を身につけていた生徒はたった八％だった。生徒たちはニューオーリンズ最貧層の子どもだからこそ直面する数々の困難を抱えており、特別な支援を必要としている生徒が大半だった。全国基準の評価では、セントラルシティに入学する生徒の八〇％が読解と算数で下から四分の一に位置していた。

現在、セントラルシティ・アカデミーでは五年生から八年生まで三六〇人の子どもが学んでいる。セントラルシティでの中学生活がまだあと一年残っている七年生の時点で、生徒たちの勉強はあまりに進んだために、全国評価を基準にすると学年水準よりなんと九カ月分も先を行っているそうだ。トッドは生徒の学力格差をなくし、彼らを大学進学への道筋に乗せた。「とてつもない困難に直面していても、うちの生徒たちが無事に山を登り続けて大学を卒業できるとわかっています」とトッドは言った。「成功の鍵はどこの出身かではなく、どれだけ努力するかということです。ここの生徒たちは大学で成功を収められるよう、毎日驚くほどたくさん努力しているんです」

トッド――大きな困難の中で生徒たちを劇的な成績改善に導いた経験により、教育の不均衡問題への生涯にわたる献身の心を呼び起こされた有能な新人教師――の体験こそ、私たちがすべてのＴＦＡメンバーに共有してもらいたいと願っているものだ。これは優れた教員経験の持つ変革的な力の物語であり、生涯にわたるリーダーシップと子どもたちに対する支援の基礎を成す体験だ。

教えることで自分も変わる

ハリケーン・カトリーナは特に極端な例だが、トッドの体験は本書で紹介した教室、学校、学区、政策、政治リーダーの大半の実例と、教育の不均衡を是正する方法に関するＴＦＡの変革の理論とを代表するものだ。低所得地域におけるきわめて優秀な教師は子どもの人生を変えることができる――そして子どもたちも教師の人生を変えることができる。

第一章で紹介したモーリス・トーマス（教え子を全員大学入学まで導いた教師）は、教室での体験が彼の人生を完全に変えたと話した。「出会った生徒や保護者、教育者たちのことは決して忘れません」と彼は言う。

あの体験がなければ私はおそらく法学部の最後の学年にいるはずですが、今となっては他の分野で働いている自分が想像もできません。いずれは大学に戻って教育指導者としての上級学位を取得して、自分の学校を開きたいと思っています。教師を経験することで自分の潜在能力が完全に引き出されたように感じています。教育格差問題を確実に解決できるよう、必要とあればこの偉大なるウィスコンシン州で、初のＴＦＡ出身知事をめざします。

本書で紹介したＴＦＡのメンバーや元メンバーの多くに、私たちはごく非公式なアンケートを依頼した。するとほぼ全員が、ＴＦＡに参加していなければ、現在のように教育改革の新境地を切り開いてはいないと断言できる、と回答した。ティモシー・デイリーは、ニュー・ティーチャー・プロジェクトで活動する代わりに歴史で博士号を取っているだろうと答えた。セバ・アリは、優秀な学校を創設して運営する代わりに心理学者になっていただろうと答えた。ミシェル・リーは、教育改革の先陣を切る代わりに弁護士になっていただろうと思っているし、マイク・フェインバーグとリード・ウィテカーも同じ答えだった。

低所得地域の子どもたちを大きな進歩へ導くという変革的経験は、ＴＦＡのメンバーと元メンバー全員の間で見られる。TFAが採用人員（その大多数が教育学部出身者ではなく、教育分野を目指しているわけではないと採用時に語っている）に求めるのは二年間の任務だが、二万人を超える元メンバーの六〇％以上が今も教育に携わっており、その半数近くは今も教壇に立ち続けている。教室の外で教育に携わっている元メンバーの多くが学校や学区で働いているか、学校を支援する組織で働いている。教育分野以外では法律、医療、政治、報道、事業経営など幅広い分野へと旅立っていくが、それでも六〇％以上が何かしらの形で学校や低所得地域に関連する仕事に就いている。たとえば、公衆衛生に携わる医師や、教育問題に取り組む政策顧問としてだ。

教育の不均衡問題に対する戦いの最前線で見られる卓越の新たな形の多くは、教室でその信念、決意、リーダーシップが育まれた現役教師や元教師たちによって生み出され、あるいは推進されている。現在のKIPP校の学校長たちは実質的にほぼ全員、子どもたちを教室での授業を通して新たな学業の道筋に乗せることでやる気を証明し、能力を磨いてきた。そして、KIPPネットワークの学校長の三分の二近くが、TFAのメンバーとしてキャリアを開始したのだ（現在KIPPネットワークで働く教師の三分の一近くが、TFAのメンバーあるいは元メンバーだ）。同じようなことがYES予備校、アチーブメント・ファースト、アンコモン・スクールズ、その他全国の最も優秀な従来型の学校の多くでも言える。変革的リーダーシップへの道は、低所得地域の子どもたちを教え、彼らへの約束を果たすという変革的経験から始まるのだ。

私は、この現象の原因は複雑だが明確だと思う。まず、優れた業績を上げた教師は、経済的に恵まれない環境で育った子どもたちに教育を通じてどんな可能性が与えられるかについての揺るぎない信念を身につける。生徒や教師や学校の可能性に対する個人的体験に基づく知識、そして生徒に対する愛情が、教育上の不平等を正そうという、心からの深い意欲を突き動かす。この理解が彼らの職業選択や意思決定の根拠となり、大胆な目標に向けての推進力、その目標を追求する忍耐力、そして他者に対する説得力となるのだ。また、この教師たちは、低所得地域の子どもたちに均等な機会を与えるには何が必要かを理解している。彼らは「特効薬」的な理論を拒絶する。なぜなら、この問題を解決できる「唯一の」答えなどないということを、実体験からわかっているからだ。彼らは生徒たちが直面する困難の規模を正しくとらえ、高い目標を達成するための支援や経験を与えるにはどれほどの努力が必要かを十分理解している。

そして、優れた教育指導そのものがリーダーシップを発揮する行為であるため、彼ら教師たちはさらに大きな規模で変化を達成するために欠かせない自信と考え方を身につけていく。ワシントンDCのカヤ・ヘンダーソンがこの効果を見事にまとめてくれた。「この分野に携わる人たちは、大きな目標を達成できないことであまりに打ちのめされてしまって、もう可能性など微塵も感じられなくなってしまっているのだと思います」。彼女はそう言い、さらに付け加えた。「TFAが教えてくれたことをひとつだけ挙げろと言われたら、可能性を信じる心だと答えます。誰もが不可能だと言っても、本当は可能なのです。ただ実行するだけなのです」

TFAのきわめて優秀な教師たちを際立たせる行動のテーマとまったく同じものが、きわめて優秀な学校長、組織リーダー、政策立案者、そして真の影響を及ぼしているすべての教育改革者たちを際立たせるものでもあるというのは特筆すべきことだろう。教室でも同じだが、成功は優れたリーダーシップの努力の賜物だ。変革のビジョンを追求し、そこへ到達するべく努力するよう他者を鼓舞し、慎重かつ戦略的に活動し、教育が確実に子どもたちの人生を変えられるようにするために必要な資源はなんでも活用し、継続的に改善を重ねていくのだ。

ロサンゼルスの変革

時はさかのぼってTFA設立初年度の一九九〇年、私たちはロサンゼルスに年間約二〇〇人のメンバーを配属し始めていた。一九九一年に配属されたメンバーの一人が、アナ・ポンセだった。メキシコ出身のアナは、ロサンゼルス市内で最も貧しい地域のひとつであり、惨憺たる高校卒業率で知られていたピコ・ユニオン地区で育った。友人たちが落ちこぼれていくさまをその目で見てきた個人的体験から、アナはTFAに関心を覚え、当初は二年間だけ参加することにした。だが生徒たちが直面する現実と発揮しきれていない潜在能力を見て、もっと長くかかわらなければと思うに至った。英語とスペイン語バイリンガルの幼稚園児たちの成績を見事に向上させた後、ニューヨークのコロンビア大学ティーチャーズ・カレッジに入学し、二言語・二文化教育学で修士号を取得した。そしてロサンゼルスに戻ってきたのだ。

アナはアクセラレーテッド・スクールの創設教員となった。この学校は一九九二年のロス暴動〔人種間対立が高まるロスで黒人男性ロドニー・キングを射殺した白人警官が無罪となったことが引き金となって勃発した暴動〕の影がまだ色濃く落ちる一九九四年、ロサンゼルス中南部で教会の公会堂を借りて開かれたチャーター・スクールだった。近隣住民の約半数が一〇年生まで進級できず、約半数の家庭が年収一万五〇〇〇ドル未満だった。アナたち教師は学校に「卓越の飽くなき追求」という目標を持ち込み、統計が成績を決めるわけではないことを自分たちの努力と生徒の実績をもって証明した。生徒たちの驚異的な進歩を受け、『タイム』はアクセラレーテッド・スクールを二〇〇一年の「年間最優秀小学校」に挙げた。アクセラレーテッド・スクールは標準学力テストで複数回にわたって同地域の他の公立学校をしのぎ、スタンフォード標準学力テストでもわずか数年で点数を九三％も向上させた(1)。

勉強が遅れた生徒にも優秀な生徒と同じ課題を与えるという学校の理念に応えて劇的な進歩を見せた生徒たちに触発され、そして地域や保護者たちと緊密に協力するという学校の献身ぶりに刺激を受け、アナはこうした取り組み方を自分が育った地域の生徒たちへも広げていく方法を模索し始めた。地元の実力者フィリップ・ランスが立ち上げた大規模な地域開発活動の一環として、アナは別の新設チャーター・スクール、カミノ・ヌエボ・チャーター・アカデミーの学校長に就任、後に理事となった。アナは他の教育関係者たち（その約三分の一がＴＦＡ出身者だった）と協力し、低所得地域に暮らす子どもたちのために何が可能か、そして彼らに何を期待すべきかについての地域の考え方を変えさせられるような学校のネットワークを構築した。カミノ・ヌエボは現在四つの学校を運営しており、五校目の開校も予定されている。ネットワークの学校はいずれも、生徒の学力を測る州の学力指数（ＡＰＩ）で高い評価を受けている。しかもこの指数は、貧困地域の子どもたちを受け入れているからと言って点数を上乗せしたりはしていないのだ。

ＴＦＡ出身者たちは、この優秀なネットワークの上層部の随所に存在する。これまでに二人の学校長、四人の教頭、三人の中央本部管理者、そしてある学校の二カ国語教育担当責任者が、教育分野での活動をTFAからスタートさせている。元メンバーのヘザー・マクマヌスの指揮のもと、ネットワークの学校のひとつであるカミノ・ヌエボ高校は、州によってロサンゼルスの全高校の上位二〇位に入る学校と認定された。ヘザーと、同じくTFA出身のケイト・ソーベルが運営するこの八年制の学校は、二〇一〇年には「カリフォルニア州の名門校」の仲間入りを果たした。

アナ、ヘザー、ケイト、そしてカミノ・ヌエボのサクセスストーリーは、急速に変化を続けるロサンゼルスの教育事情を代表するものになりつつある。この都市に限らず他の多くの都市で、TFAの教師や出身者たちが大勢の人々と力を合わせ、子どもたちの未来を変える学校や教室を運営している。最新のデータでは、ロサンゼルス地域で学校長を務めるTFA出身者が四二人にのぼった。そして彼らが率いる学校の多くが、地域で最も優秀な学校に数えられるのだ。現在、カミノ・ヌエボだけでなく、ロサンゼルスの上位二〇位に入る優秀な高校の数校がTFA出身者によって運営されており、これらの学校はいずれも、生徒の少なくとも八〇%が無料または割引給食の受給対象者だ。

飽くなき追求

『ニューズウィーク』の元記者、ドナ・フットは、二〇〇五-二〇〇六年度、全米で最も厳しい環境と言っても過言ではなかった学校、ロサンゼルス南部のロック高校で教壇に立つTFAメンバーたちに密着した。長年にわたり、ロック高校は悲惨な失敗例であり続けてきた。ドナの取材によれば、二〇〇一年のロック高校には約一〇〇〇人の一年生がいたが、四年後に卒業した生徒はたったの二四〇人で、そのうちカリフォルニアの州立大学に願書を出せるだけの単位を取得していたのはわずか三〇人だった。(2) ドナは複数の教師の体験を記した真に迫る記録を『飽くなき追求――TFAとともに教育最前線で過ごした一年間』(*Relentless Pursuit: A Year in the Trenches with Teach For America*) と題して出版した。この本は一年間の取材で終了しているが、今読み返してみると、変化を目指すリーダー部隊の形成の目撃談になっている。

『飽くなき追求』の最初の三分の一は、世間知らずで経験のない教師を全米で最も厳しい状況の学校に送り込むなんてTFAは何を考えているんだと疑問を抱く懐疑派に、たっぷりと反証を与えている。ドナは日々直面する暴力や貧困に対するTFAメンバーの反応、そして彼らが教室でもがき苦しみ、失敗する様子も生々しく描き出す。だがページが進むにつれ、ドナは生徒たちと教師たちの忍耐力、根気、回復力、成長ぶりを明らかにしていく。実際、『飽くなき追求』で読者が目の当たりにするのは、苦労する新人教師が妥協を許さない決意に満ちたリーダーへと変革していくその兆しだ。だが、『飽くなき追求』の第一章で目にした教師たちが現在になって教育の均等機会を目指して戦うようになるなどと予想できた読者は少ないだろう。

『飽くなき追求』には、レイチェル・スナイダーのことも描かれている。サンディエゴのミッションヒルズ地区にある比較的裕福な家庭で「苦労もなく」育った、「典型的なカリフォルニア南部の女の子」だ。そんなレイチェルが特殊学級の教え子たちの置かれた貧困という現状に取り組むべく奮闘し、子どもたち自身が可能とは思っていなかったやり方で彼らを成功へと導く姿が描かれる。翌年、レイチェルはさらに大きな成果を上げ、その指導に対して市長から称賛を受けた。彼女は二年の任期終了後も一年間ロックに留まり、その後は非営利団体に就職した。つい最近、レイチェルはその非営利団体を退職した。ロック高校が新しいリーダーのもとで複数の新しい学校に分解されたことを受け、そのうちの一校で教壇に立つためだ。

内省的な元高校レスリング選手のラーグ・ハマリアンは、将来有望だがまだ目標が定まっておらず無目的な、よく遊ぶ大学四年生として紹介されている。当初、彼は五時間目の生物の授業で男子生徒たちを制するべく悪戦苦闘するが、そのうちロック高校の生物科の事実上の責任者となり、カリキュラムを作成し直し、二年目には他の教師たちに研修を実施するまでになった。さらに大きな影響を与えたいと、ラーグは都市部の学校長に研修を実施する「ビルディング・エクセレント・スクールズ（優秀な学校を作る）」という組織に応募し、採用された。その後彼が創設したヴァロー・アカデミーという学校は主にラテン系の貧しい子どもたちを受け入れており、職員は全員がＴＦＡのメンバーと元メンバーで占められている。この学校はまだ初年度を終えたばかりだが、その成果はまさに感動的だ。厳しい全国基準のスタンフォード一〇実力テストの結果を見ると、学校に最初に受け入れられた五年生たちは二〇パーセンタイル値だった順位をたったの一年で五一パーセンタイル値まで引き上げた。言い換えれば、五年生の生徒たちは年初には三年生半ば程度の学力しかなかったのに、年度末には学年水準まで達しており、一年間で二年半分の勉強を終わらせたということになる。

『飽くなき追求』ではまた、テイラー・リフキンという人物も紹介している。彼女は教育者一家に育ったが、ＴＦＡに興味を引かれた当初の理由は、一家が裕福なので「低賃金の人道主義者」になっても支障なかったためだったという。テイラーは「ＴＦＡに二年間参加して、うまくいけば少しは貢献できて、それから先の人生をどうするかはあとで決めればいい」と考えていたようだ。だがやがて変革的教育の影響が生徒と教師の両方に表れる。ギャングにかかわっていた生徒たちが、平均二・九年分もの読解力の成長を記録する過程で『ロミオとジュリエット』に夢中になっていくのだ。二年の任期を終了すると、テイラーはアニモ・ワッツⅡチャーター高校に移った。この学校はその後間もなく、ロック高校の構造改革の一端を担うこととなる。現在、テイラーはブルックリンの優秀な中学校、アチーブメント・ファースト・ブッシュウィックの学部長を務めている。

『飽くなき追求』で紹介されているまた別の人物がフィリップ・ギデオン、勤勉な（それでもB評価で悪戦苦闘していた）大学生の活動家だ。彼がTFAに参加すると知り、彼の母親は「激しいショックを受けた」そうだ。フィリップがTFAに参加しようと思った理由の一部は、アメリカでシングルマザーに育てられた黒人としての彼自身の経験と、その経験こそが彼を優秀な教師にしてくれるはずだという信念だった。つねに進化し続けるフィリップの指導法（幾何学の徹底的な短期集中講座も含む）によってロック高校の生徒たちが難解な幾何学の概念を完璧に習熟する様子が語られ、フィリップが指導と教育こそ天職だという確信を深める様子も本文から伝わってくる。その後、フィリップはLAUSD（ロサンゼルス・ユナイテッド・スクール・ディストリクト、ロサンゼルス連合学区）で数学のティーチングコーチを務めながら、都市部における学校指導で博士課程に学んでいる。

二〇〇一年のメンバーだったチャド・ソレオは、かつてはTFAを法科大学院へ進む前の寄り道と考えていたが、その後ロック高校の教頭として無秩序状態を収束させて新人教師を支援するべく尽力した人物として『飽くなき追求』で紹介されている。彼は現在、ロック高校に取って代わった一群の学校を管理する改善組織でありチャーターでもある「グリーン・ドット」で働いている。学校改革からほんの数年で入学者数は三六％増加し、九五％の生徒が学校に在籍し続けた（過去には三分の二以上の生徒が中退していた）。州の学力テストに合格する生徒数も増え続けており、数学でも語学でも一〇％増加した[3]。旧ロック高校から作り出された複数の学校の道のりはまだまだ先が長いため、祝杯を挙げるにはまだ早いと関係者全員が慎重な姿勢だ。だが進んでいる方向は正しく、その歩みも速い。

ＴＦＡのロサンゼルス担当事務局長であるポール・ミラーは、地勢を変えることを、人種間および社会経済的緊張で揺れ動いてきたこの都市の歴史になぞらえる。彼は、地元の大学所蔵の古い「赤線《レッドライン》」地図をぱらぱらとめくったことがあると話してくれた。その地図は一九四〇年代から五〇年代のもので、どこに「スラム」があり、住宅ローンや融資、保険契約を与えるべきではないかを銀行や保険業者に教える内容だった。そのような過去の地図の境界線と、現在も街に残る学力格差の境界線とがほぼ完璧に一致していることに、ポールは衝撃を受けた。だが今、ポールは希望する者なら誰でも、ロサンゼルスのつらい歴史と、その同じ場所で見られる劇的な成功の兆しとを並行して伝えるバーチャルツアーに案内してくれる。ポールによれば、アナ・ポンセの先導的なカミノ・ヌエボ高校は、かつてドラッグの密売人やギャングの銃撃戦で悪名高かったマッカーサー公園地区に位置しているのだそうだ。

一九六〇年代の暴動〔白人警官による黒人男性の逮捕がきっかけで勃発した暴動。六日間続き、死傷者は一〇六六人にのぼった〕とロドニー・キング事件に端を発した一九九二年の暴動の舞台となったワッツ地区もまた、騒乱の歴史と学校の破綻を最近の変貌ぶりと比較すると驚かされる地域だ。この一〇年間で、ワッツ地区における学力指数（ＡＰＩ）の平均伸び率は一九五点で、ワッツの学校とビバリーヒルズの学校との同期間の学力格差をほぼ半分にまで縮めたことになる。(4)「最近、ワッツのチャーター・スクールを訪れたら、校長が一九六五年のワッツ暴動で焼け焦げた柱を見せてくれたよ」とポール。「その学校は今TFAの教師で一杯で、地区内のどの学校よりも優秀な成績をあげている」。そしてポールは続けた。「今は市内の至る所、最も被害が深刻で対応が不十分だった地域にそうした証拠がある。そして、そのような地域における絶望の歴史を、希望の物語へと変えていっている」

ロサンゼルスにおける進歩には多くの理由があり、それはTFAの影響だけにとどまらない。だがTFAがこの二〇年間でロサンゼルスに配置してきた増大を続ける優秀な教師の勢力は、変化の推進力の決定的な部分といえるだろう。

TFA出身者が生み出すインパクト

全米各地で、TFA出身者の勢力は必要不可欠なまでに成長しており、そうした地域すべてで、私たちの変革理論が目に見える形になってきている。アメリカにおける教育の機会均等の実現に向けたたゆまぬ運動を作り上げようというTFAの努力は、初期のメンバーたちが影響力のある地位に就くにつれて勢いを増している。

一九九一年にヒューストンにメンバーを配置し始めたころ、現地の市民団体のリーダーたちから温かい歓迎を受けたことを思い出す。ヒューストンは起業家精神に満ちた都市で、彼らの多くがTFA

の代名詞である自発性と活気を気に入ったようだった。若く理想に燃えた教師たちがヒューストン独立学区（ＨＩＳＤ）で教壇に立つというイメージが気に入ったのだ。だが、ＴＦＡが「組織を変えられる」などという幻想は抱いていない、と企業経営者たちとの話し合いではっきり言われたことも覚えている。「何をしたってＨＩＳＤは変わらないよ」と警告されたのだ。

あれから二〇年、クリス・バービックとマイク・フェインバーグが立ち上げたチャーター・スクールのネットワークは一万人以上の生徒を受け入れており、今後一〇年間でＨＩＳＤの就学人口の一五％を受け入れるという成長計画の途上にある。そして現在、ＨＩＳＤを率いている教育長はこうしたネットワークからの教訓を自らの組織内に導入すると誓った人物だ。このイニシアティブを率いる人材として、教育長はリオグランデバレーで非常に優秀なチャーター・スクールの学校長を務めていたＴＦＡの出身者、ジェレミー・ビアードを雇い入れた。ジェレミーはやはりＴＦＡの出身者であり、以前ヒューストンで私たちの事務局長を務めてくれていたアン・ベストとタッグを組み、「転換」校に指定された九校の経営陣と教師陣の再建に取りかかった。この取り組みの発案者はハーバード大学の経済学者ローランド・フライヤーで、自身の教育に関する研究の中で見出した成功への道――「人材」への注力、より多くの時間、集中個別指導、そして厳しさの文化と期待――をひとつの実証プロジェクトにまとめることを目標としている。現在、ヒューストンの市民団体のリーダーたちは学校が成果をあげるにあたってどんなことが可能かについて、そして著しい変化の可能性について、以前とはまったく異なる理解を持っている。

ボルチモアで活動を始めたばかりの頃のことも思い出される。そこへ教師を配属し始めたのは一九九一年で、街の有力な慈善家ボブ・エンブリーが私に宛てた短い手紙の中で、TFAを現地の教育組織に導入するためにはどんなことでもすると誓ったのがきっかけだった。

長い間、私はボルチモア市公立学校連合会を、提携学区の中で最も頭が固いところだと思っていた。二〇〇五年には、全国上位五〇カ所の大都市で運営される学区の中でボルチモアの卒業率は四一・五%しかなく、五〇学区中四六位だったのだ。[5]

ボルチモアに初めて教師を配属してから二〇年経った今、子どもたちのすさまじい進歩を実現した変革の風は驚きに値する。この組織の才気あふれるCEOアンドレス・アロンソは、ニューヨークのジョエル・クライン教育総長のもとで副総長を務めた後にボルチモアへやってきた。TFAの役員会で自身の経験について語る際、アロンソはボルチモアに到着したらすでに地上部隊が待ち構えていたので驚いた、と言った。その地上部隊とは、何百人ものTFAの元メンバーたちのことだ。彼らはニューリーダーズ・フォー・ニュースクールズという地元の活動を推進し、すでに組織の学校長の四分の一を採用していた。他に、ボルチモアで存在感を増しつつあったKIPPネットワークを運営し、ボルチモアの学校長たちに新任教師を選ぶための研修を実施するニュー・ティーチャーズ・プロジェクトを率いている者もいた。現在は一三人の出身者が学校長として働き、二五人が中央学区で主要な役割に就いている。

低所得家庭の生徒人口が多い学区の中で、ボルチモアは今、何がしかの成果を挙げている。全米学力調査(NAEP)では、学区内の低所得アフリカ系アメリカ人生徒がシカゴやクリーブランド、デトロイト、ワシントンDC、ロサンゼルス、フィラデルフィアなどの同じ生徒層の成績を上回った。

ボルチモアの学校の中退率は三年間で三分の一減少し、親が生徒に学校をやめさせるケースも半減した。生徒の停学率も二〇〇七年から四〇%近く減少しており、四〇年間下降の一途をたどっていた入学率は二年連続で上昇している。当然、やるべきことはまだ多く残されている、とアンドレスは言う。根底からの変化を促進する上でTFAが果たすと信じている役割を考慮し、アンドレスはTFAの成長を計画の中心に据えた。

ボルチモアからアメリカ大陸を横断して反対側にあるカリフォルニア州オークランドへも、TFAは一九九一年からメンバーを配属し続けている。当時、歴史的にカリフォルニアで最も成績が悪かったオークランドの学区では、変化を求める機運がほとんどなかった。現在、オークランドは州内で最も急速に改善を続ける学区のひとつだ。中でも特に大きな変化が、学区の運動を通じていくつもの学校が新設されたことだろう。この運動の設立に一役買い、後には運動を率いることになったのが、一九九三年にオークランドで教師生活を始めたTFAの元メンバー、ヘシン・トーマスだ。今ではオークランドの学校の一〇%以上がTFA出身者によって運営されており、中には最も優秀で、どこよりも急速に改善していると称賛されている学校もある。出身者が率いている「オークランド・ティーチング・フェローズ」という組織はTFAと協力し、学区内の新人教師の三分の二を供給している。そしてヘシンと、地域最大級の教育財団でプログラム最高責任者（CPO）を務めるジョナサン・クラインの二人が率いるTFA出身者のグループが「グレート・オークランド公立学校連合会」という学校システムを創設し、財政面の責任を果たしつつ効果的な改革を推進する取り組みにオークランドの学区リーダーたちを参加させるべく活動している。このグループの力があったからこそ、近年の変革が実現したのだ。

東海岸のニューヨーク市、ニューアーク、フィラデルフィア、ボルチモア、ワシントンDCから南東部のニューオーリンズとヒューストン、中西部のシカゴ、南西部のフェニックス、そして西海岸のロサンゼルスとベイエリアまで、そしてさらにその他多くの地域で、TFAのメンバーと元メンバーたちは子どもたちの未来を変えようという多くの活動に火をつけている。

地域全体を変える

学力格差の話はしばしば荒廃した都市部の子どもたちのイメージを思い起こさせるが、地方の子どもたちも同じように厳しい教育環境に直面している場合が多い。TFAの最高執行責任者であるエリザ・ビリャヌエバ・ビアードが、テキサスとメキシコの国境沿いに位置するリオグランデバレーで、町の子どもたちは大学へ行かないものだという暗黙の前提に基づく期待の低さを感じながら育った経験を語ってくれた。「私は一番優秀な生徒でした。生徒会の会長で、何にでも参加していました」とエリザは言う。「それでも、学校で私に大学進学の話をする人などほとんどいませんでした。仮にしたとしてもそれは地元の大学へ進むだろうという話で、自分の居場所を抜け出してその外でチャンスを探るなど考慮の外でした」

エリザは結局インディアナ州のデポー大学に進学し、その後TFAに参加してフェニックスで活動した。そして故郷の町に戻ると、TFAの地区担当事務局長に就任した。エリザは故郷に深い愛情を抱き、故郷が子どもたちに持つ低い期待に深い懸念を抱くとともに、未来に心からの希望を抱いている。「リオグランデバレーには才能あふれる、多様で個性的な人材がたくさんいます」と彼女は言う。「ですが、貧困に苦しむこの地域では、すべての子どもがいい成績を収められるようにするために何が可能かについては期待しないという文化が蔓延しがちなのです。ここの子どもたちが州全域や全国のもっと裕福な子どもたちと同じくらいの成績を期待されていないというのは悲劇的です。生徒たちに大きな夢を抱けるような希望を教えたり育んだりしないというのも悲劇的ですし、自分の将来の人生を完全に思うままにできることをほとんどの生徒がなかなか本気で信じられないというのも悲劇的です」。エリザは、この問題の根本原因についての考えと、どうすれば改善できるかについて話してくれた。

ここでは、何もかもが昔から変わらないままなのです。ほとんどの教師は町の公立学校を卒業し、優秀さを求めない地元の大学へ行き、教育組織に戻ってきた人たちです。ここの人たちはその流れしか知らず、それが全員に対する低い期待の無限のサイクルだということを誰も理解しないままずっとやってきました。地域の人たちがもっといいものを熱望するのは、それが本当にいいものらしいと気づいてからです。優れた教育が子どもに、家族に、そして地域にもたらしてくれるものを地域の人たちがもっともっと実感していけば、地元出身の優秀で賢明な人々がもっと優れた教育を求め、供給してくれるようになり、その影響は終わりなく続くはずです。

エリザの懸念のよい例が、リオグランデバレーでTFAが活動している地域全体には、高校を卒業しているはずなのにしていない、あるいは「卒業相当資格」を取得していない生徒がいまだに年間およそ五〇〇〇人もいるという事実だ。実際に卒業する生徒の三分の一程度が州によって「大学入学可能」と判断されるが、地元の大学で「ふるい」の役割を果たす一般教養課程で、そうした生徒の約五〇％が実際には大学入学水準に達していないことが判明した（そしてこの統計には、大学には進めないだろうと自分で判断して地元大学の補習課程に登録する生徒は含まれてすらいない）。

TFAのリオグランデバレー担当事務局長のロバート・キャリオンも国境沿いの小さな町で生まれ育った人物で、TFAメンバーとしてリオグランデバレーへの派遣を希望した。エリザと同様、彼はこの町で落胆と希望の両方を目にしている。「わりと最近ですが、一九九〇年から一九九一年にかけてのリオグランデバレーの生徒の成績データを探していました。州のウェブサイトを見たら、リオグランデバレーだけ空白でした。他はどこもデータがあったのに、ここだけなかったのです。まるで私たちが存在しないかのようでした」とロバートは語る。「しかし今は、ここで起こっていることに人々が注目しています。私たちが大いに進歩したからです。この五年間で、高校卒業率、学力テストでの習熟度、大学入学可能な状態で卒業する生徒の人数など、すべての重要な指標で成績改善が見られるようになりました」

IDEA

リオグランデバレーで実施されている教育への取り組みの中で、人々の注目を集めているもののひとつがIDEA公立学校ネットワークだ（IDEAはIndividuals Dedicated to Excellence and Achievement、「卓越と達成に専心する人々」の頭文字を取っている）。ジョアン・ガマとトム・トーケルソンという二人のTFA出身者が創設した自由入学方式の公立チャーター・ネットワークであるIDEAの学校は、リオグランデバレー全域で七〇〇〇人の生徒を受け入れている。生徒たちの多くが、水道や電気、下水といった基本的インフラもないような居住区《コロニア》で育っている。IDEAの生徒や家族の多くが移民労働者であり、収穫期になると全国に散らばって作物の収穫に励む。

トムがIDEAのアイデアを思いついたのは教師になって二年目、自分が担当する四年生の生徒たち（その多くが三年から四年分も勉強が遅れていた）の教育経験を根本から作り直す唯一の方法が、はっきりと区別された「学校の中の学校」、すなわち独自の文化、カリキュラム、日程を持つ教育環境を作ることだと気づいたときだ。

翌年、トムはジョアン・ガマとハンナ・ファミリエッティとともに、生徒数七五人のIDEAアカデミーを学校内に立ち上げた。どのような客観的尺度をもってみても、この生徒たちは大成功を収めた。成績が大幅に改善したのだ。だが学区はプログラムが実施されていた古い校舎を閉鎖し、生徒たちは学区再編成の取り組みの一環としてばらばらに振り分けられてしまった。新しい学校でプログラムを再開させると、トムは自分のビジョンを完璧に実現するためには自分自身で学校を運営しなければならないと決断した。そこで二〇〇一年一月、彼はIDEAチャーター・スクールを想定した申請書を書き上げてテキサス州に提出したのだ。

一〇年後の今、IDEAは一六の学校を運営している。毎年二校から四校を新設している計算だ。

IDEAが抱える七〇〇〇〇人の生徒たちの成績は今や、州内全域の高所得地域の学校に通う生徒の多くを上回っている。ネットワークの基幹高校では国際バカロレアプログラムを取り入れているのだが、近頃、『USニューズ・アンド・ワールド・レポート』によって、リオグランデバレーで最も優秀な高校に選ばれ、さらには全米の優秀な高校ランキングでなんと一三位に入ったのだ（つい最近まで、この学校は本章の前半で紹介した、現在HISDの改善活動を管理しているジェレミー・ビアードによって運営されていた）。ネットワークの学校すべて、そして先日はネットワーク自体が、州から「模範的」の評価を受けた。州内一二〇〇ある学区のうち、たったの七二学区しか達成できなかった栄誉だ（その中でもIDEAは低所得地域の生徒の大半を受け入れる最大のネットワークだった）。この業績についてトムに尋ねれば、彼は注意を生徒たちへと引き戻す。「うちの生徒たちが成し遂げたことがすばらしいのです」

同地域におけるTFAのロバート・キャリオン事務局長は、増え続ける出身者たちが関与する、希望の力強い兆しが他にもあると列挙してくれた。MITで機械工学の修士課程を修めたスコット・テルケルセンは二〇〇八年に指導責任者の役割を引き受ける前、テキサス州ドンナで三年間、九年生に理科と数学を教えていた。現在の彼の仕事は新しい教師の面接と採用、そして指導が必要とされる部分に基づいて学校の全教員に対する研修を実施することだ。ハイウェイをちょっと先へ行くと、レオノア・タイラーが学校の創設者兼学校長を務めている。一九九三年にTFAメンバーとしてリオグランデバレーにやって来てからずっと教育に携わってきたレオノアが率いるキャリア・カレッジ・アンド・テクノロジー・アカデミー（就職・進学・職業のアカデミー）は、授業で落第したり卒業試験に失敗したりして高校を卒業できなかった生徒を支援している。二〇〇七年の創設以来、他では学校を卒業できなかったであろう何百人もの生徒がここで卒業を果たしている。

今のTFAには、リオグランデバレーで育ってTFAの教師によって大学進学への後押しや励ましを受けた教師たちが何人もいる。去年新たに加わったメンバーのうち、リオグランデバレーにある高校に配属された四人が、五年前に飛び級物理クラスで同じTFAの教師に学んでいた。その一人、マルコ・マルティネスは最近、その物理教師が彼に与えた影響について証言してくれた。「今振り返ってみると、僕は先生が担当した中でも一番協調性のない生徒の一人だったと思います」とマルコは言う。「でも結局、先生の……TFA用語で言うところのしつこさが、僕には合っていました。スン先生は決して僕に愛想を尽かしたりしなかった。絶対にです」

TFAが活動する地方の各地域の中で、リオグランデバレーは特段例外ではない。TFAの教師や出身者たちは、他の地方でも本当に大きな変化をもたらしている。ミシシッピデルタとして知られるミシシッピ州とアーカンソー州にまたがる地域のネットワークで一九九一年に活動を始めて以来、この地域には一五〇〇人近い新人教師を送り込んできた。現在、二年の任期を務めているメンバーが五〇〇人以上、そして元メンバーも一五〇人以上が、広域デルタ地方の各所で活動している。

他の地域と同様、デルタでも複数のTFA出身者が学校リーダーの地位に引き寄せられた。デルタの学校では現在一〇人が学校経営者、学校長、教育指導者となっている。ある小さな学区では、小学校、中学校、そして高校がそれぞれTFA出身者によって運営されている。

一九九八年にTFAに参加したスコット・シャイリーは、アーカンソー東部に位置する二つの小さな町、ヘレナとブライスヴィルに本拠地を置く四つのKIPP校から成るネットワーク、KIPPデルタ公立学校連合会を創設した。四つのＫＩＰＰ校はいずれもデルタで教師を務めた元メンバーによって運営され、学校の職員の七〇％以上が一年目か二年目のＴＦＡメンバーか元メンバーだ。ＫＩＰＰデルタが拡大してさらに三つの高校を開校すれば、アーカンソー東部の近隣八郡のどの高校よりも多くの大学入学可能な最上級生たちを送り出せるようになる、と学校長たちは予測している。

彼らがデルタで変化を促進している数々の手法は、個々の学校で実施される小さいが重要な施策から、州内全域で実施される大規模な介入施策まで幅広い。「サンフラワー・カウンティ・フリーダム・プロジェクト」は当初、成績の強化を目指す夏季講習であり、三人のＴＦＡ出身者が上級学位を目指す傍ら立ち上げたものだ。それが今では、四年制大学をめざす生徒のために、課外活動や地域貢献活動、リーダーシップ育成、修学旅行などを提供する通年プログラムに成長している。一九九九年以来、このプログラムに参加した生徒は三〇〇人を超える。また別のＴＦＡ出身者グループは、政策の変更促進によって生徒の成績を変えられると確信し、公共政策の学位を取得すると「ミシシッピ・ファースト」を立ち上げた。この非営利団体は経済発展や保健、忍耐、市民参加など、教育に関連する法律や政策の策定を推進している。

継続的な活動を広げる

ＴＦＡは、変革的リーダーの人材層を拡充するために活動している。この活動は、教育の不均衡を排除しようという運動がもはや止められなくなるその時まで続くのだ。私たちは立ち上げからの二〇年で築いた基礎の上に活動を積み上げ、教育格差がついに総合的な規模で縮まり始めるに至るまでは役割を果たしていくつもりだ。これはすなわち、私たちがもっと大規模でもっと多様になっていかなければならないということであり、必要不可欠なリーダー、とりわけ人種または経済的背景、あるいはその両方を学校や地域と同じくするリーダーたちを育成しなければならないということだ。そのためには、全国でもっと多くの地域と協力していかなければならない。二万人強の出身者層を作り上げるまでに二〇年かかったが、私たちはこの数を今後五年間で倍増させ、その後の二〇年間でさらに飛躍的に伸ばしていくべく活動している。

ＴＦＡの潜在能力を発揮することは同時に、メンバーたちがつねに変革的な教師であることを保証しなければならないということでもある。メンバーたちが生徒の人生の道筋を変え、その過程で効果的かつ長期的な教育指導力と支援に必要な基本的経験を身につけられるようにするのだ。この目標を達成するためには、私たちは最も優秀な教師の何が他とは違うのかに対する理解を深め続け、メンバーを育成するための事前研修や継続的な取り組みを強化していかなければならない。

最後に、メンバーの規模と多様性の拡大に向けて、そして教師のさらなる成功に向けて努力を続けながら、ＴＦＡは、幅広い改革努力の中で最も緊急かつ決定的に重要な分野におけるリーダーシップの増強に注力している。特に、教師や学校・学区運営者としてのキャリアを追求したいと考えている出身者に対する支援を倍加させること、選挙に当選して有力な政策顧問になり、支援活動を率いてくれる者の数を増やすこと、そして変革をもたらすイノベーションを創出するための場所や支援を提供することに力を注いでいる。

国全体の変革へ

長男のベンジャミンが八歳の時点でＴＦＡの持つ長期的な力について理解できたとは思わないが、彼が成長するにつれて、その証拠を至る所で見られるようになっていればいいと願う。

今年、ＴＦＡは立ち上げてからの一〇年間で派遣した数を合計したよりも多くの新メンバーを迎え入れる。最初の一〇年で輩出した元メンバーたちが今や教育機会を拡充するための多くの有望な活動で中心的役割を果たしていることを考えると、今後それよりも飛躍的に増えたメンバーたちが与え得る影響を想像するだけでも勇気が湧く。今年のメンバーたちは今までよりもさらに優れた研修を受ける予定だ。そして任期を終えてからの影響力も最大化できるよう、より手厚い支援を受けるだろう。

ＴＦＡがどんどん大きく成長するべく努力を続ける中で、これはまだ序章に過ぎない。経済的不利益という困難に打ち勝って生徒を成功させられたときに教師に起こる個人的変革を考えれば、成長を続けるＴＦＡのメンバーや出身者のネットワークが、社会に根本的な変革をもたらす一大勢力に発展していくことは間違いない。キャリアの最初から教育に携わってきた彼らには、教育の不均衡問題がいかに大きく複雑であろうと変化を生み出せるチャンスがあるのだ。彼らの努力によって、いつかはこの国の教育制度が全国規模で改善するはずだと、私は強く信じている。

終章　実行あるのみ

ティーチ・フォー・アメリカ（TFA）出身者の増大しつつある勢力には大きな動機がある。生徒の一般的な成績の程度と、彼らに秘められた劇的な成績改善の可能性とが、不愉快なほど一致していないことだ。

本書の執筆を手伝ってくれたスティーブン・ファーは、元教え子のファン・オロスコのことをよく思い出す。ファンは、スティーブンが一九九三年にTFAメンバーとしてテキサスとメキシコの国境の町で教えた大勢の移民生徒の一人だった。同級生の多くと同様、ファンも夏の間は（学期の途中にもたびたび）農場で野菜や果物の収穫をして働いていた。スティーブンの教え子の大半がそうであったように、ファンも地域の「コロニア」に住んでいた。

ファンがスティーブンのクラスにいたのは、二年生と三年生のときだ。他の生徒たちと同じく、ファンも賢くて才能ある生徒だったが、大学進学への道筋に乗るにはかなり後れを取っていた。スティーブンの教え子の多くにとって、卒業に必要となる最も初歩的な読解能力を測定する州の実力テストに合格するだけでも相当な難関で、二年生で試験に不合格となった生徒たちの中退を防ごうと、スティーブンは懸命に努力した。

スティーブンは、ただ基礎学力テストに合格するためだけに努力するのではなく、大学進学を目指すよう、生徒たちを叱咤激励した。学校長を説得してSAT・ACTの対策講座を自分が担当できるようにすると、生徒たちは大挙して講座に申し込んだ。

生徒の作文力、語彙力、批判的思考力を改善させるため、スティーブンは毎日残業した。生徒たちをバスに満載してオースティンへ連れて行き、テキサス大学への一泊見学旅行も実施した（「とてつもなく大変な強行軍だったよ」と彼は言う）。

スティーブンのクラスで、ファンは一生懸命努力して目覚ましい進歩を見せていた。基礎的読解力テスト、スティーブンが作文の採点に用いた基準、自信、クラスにおけるリーダーシップなど、あらゆる基準に照らしてファンは秀でていた。春になり、またしても移民労働の季節が近づいてくると、スティーブンとTFA仲間のスティーブ・レディは、ファンの成長を確実に継続させられる方法について考え始めた。

「僕たちはピザ・ハットでファンの両親と膝を突き合わせ、彼が勉強をがんばり続けることがどれほど重要かということ、そして夏の間も彼が学力を伸ばし続けられる方法を見つけるつもりだということを話した」とスティーブンは思い起こす。「とても難しくて微妙な話し合いだったよ。家族に対して、フアンを夏の間働かせないという大きな経済的犠牲を求めていたわけだから」

三人の子どもを養うためにアメリカへ移住してきたフアンの両親は、なんとかしようと言ってくれた。フアンが成功するためならどんなことでもすると前向きだったのだ（実は、私が本書のために取材するまで、フアンの穴を埋めるために父親が農場で働き、普段夏の間は労働しない母親が鶏肉加工場で働いていたことをスティーブンは知らなかった）。

両親の理解を得て、スティーブンと同僚たち、そしてフアン本人は、夏季強化合宿や学業に役立つ体験について調べ始めた。彼らはフアンに願書の書き方を指南し、推薦状を書いた。

数週間後、スティーブンはフアンに進捗を尋ねた。フアンは地元の大学が主催する夏の強化合宿で良さそうなものがいくつかあったので、そのどれかに決めるだろうと言った。そしてついでのようにこう付け加えた。

「あと、オックスフォードでのプログラムにも合格したんだけど、奨学金が一部しか給付されないんだ。だから参加はできないけど、おもしろそうだった」

聞けば、フアンはギリシャとローマの歴史と考古学を学ぶ、イギリスのオックスフォード大学の英才教育プログラムに合格していたのだ。費用は飛行機代を含めて約六〇〇〇ドルだったが、プログラムからの奨学金は三〇〇〇ドルのみ。フアンは他の選択肢を選ぶつもりでいた。

スティーブンとスティーブは教職員にその話を広めていった。わずか一週間後、フアンの同級生や教師たちは、教師たちが寄付したテレビなどの賞品が当たるくじを一軒一軒売り歩いていた。フットボールのコーチも、学校長も、演劇部も、誰もが少しずつ金を出し合い、地域全体がフアンのために動いた。スティーブンとスティーブは友人・知人からも寄付金を募った。地元の新聞にまで記事が載り、少額の小切手が何枚か集まった。

夏の初め、ファンは借り物のスーツケースや借り物のカメラを携え、両親に別れを告げた。スティーブンとスティーブはファンを車で六時間かけてヒューストンまで送り届け（町からの交通費を浮かすため）、ファンは人生で初めての飛行機に乗ってイギリスへと旅立った。

スティーブンとスティーブがファンの成功に貢献した度合いを厳密に測るのは無理だが、二人の助けがあったからこそファンの学業体験が変革的なものになったことは疑いようがない。面倒見のいい教師はたくさんいたとファンは言う。だが、スティーブンとスティーブが与えた影響は比類ないものだった。「壮大な構想を与えてくれたんです」。ファンはまた、途方にくれたときほど、二人の励ましが力をくれたと語る。オックスフォードの授業で圧倒されてしまい、自分がどれほど成す術のない気分かをスティーブンに伝えると、スティーブンはこう言ったのだそうだ。「少しずつこなすこと、気を抜かないこと、できる限りの努力をすること。そうすれば大学生活の中でいずれは追いつけると言われました……そして、クラス討論で役に立つような形でも備えられるようになると」。ファンはさらにこう語った。

後になって、それが本当だったと気づきました……作者たちの言っていること——アダム・スミスが工場労働について語っている内容や、シンクレアの『ジャングル』の内容が、他の同級生よりもよくわかったんです。政治理論の授業で『国富論』について討論していたとき、みんなが自己の利益、見えざる手、規制撤廃などの美徳や、それが資本主義にとっていかに最適であるかに集中していた間、僕はこう考えていました。「ちょっと待てよ。スミスは独占市場や国際的な企業の力を批判し、地元企業が経済に参加できるよう力づける草の根レベルの経済投資がないことも非難していたはずだ」って。

ファアンの回想を聞きながら、私はスティーブンが正しかったことを、ファアン本人と同じくらい強く実感した。ファアンの困難な環境は重要な大局観を彼に持たせた。そして優れた教育が最終的にはファアンを大学で、そして後には卒業後にも、この国を強くしようという取り組みに向かわせたのだ。現在、自身の体験が動機となり、ファアンはシカゴのサージェント・シュライバー国立貧困法律センターで働いている。

高校でスティーブンのクラスに入る前、入っている間、そしてその後も、ファアンは他の何百万人という子どもたちと同様、貧困問題と格闘し続けた。他の何百万人という子どもたちと同様、予測されていた彼の将来は高校を中退するか、うまくいけば一般教育修了検定に合格するか、あるいは高校を卒業するかというものだった。統計上、大学進学の可能性はかなり低かった。だがファアンはその統計を裏切った。この豊かな国で、ファアンと同じ潜在能力を秘めた何百万人もの生徒がその能力を発揮できないままでいる。そうあってはならないし、そうならなくともよいはずなのだ。

ミーガン・ブルッソーとモーリス・トーマス、ジュリー・ジャクソンとジョー・ネグロン、ポール・

パストレックとカミ・アンダーソン――その他多くの人々――が、変革的教育の提供という使命を引き受けたときにどんなことが可能になるかを実践してくれている。その過程で彼らが私たちに与えてくれたのは、希望だけにとどまらない。ニューオーリンズの有力な教育改革者レスリー・ジェイコブスが私に言ったことだが、「暗い気分のときには革命は起こらない。革命が起こるのは、期待が高まっているときだ」。本書で取り上げた都市部や地方の優秀な教育者たち――そして取り上げきれなかった教育者たち――は、学校にどんなことが期待できるかを実践するところから、革命を起こしたのだ。

建国の父たちに始まって公民権闘争に至るまで、アメリカの歴史は、平等な国であろうという強い願望を実践するための終わりなき旅の物語であり続けた。この大胆な目標を、私たちは達成することができる。そのためには、私たち全員――政治や市民団体のリーダー、教育長や労働組合幹部、教師、牧師、地域のリーダー、子どもたちと保護者たち――が子どもと祖国に対する利害を認識し、都市部や地方に新たな公教育制度を作り出すために必要な変化と努力に対する責任を引き受けなければならない。重要なのは、成功するためには未来のリーダーたちが立ち上がって今の子どもたちに変革的教育を与え、将来の変革をもたらさなければならないということだ。

私たちがこの難題に立ち向かっていけば、低所得地域の子どもたちがこの国に今までいなかったようなすばらしいリーダーや市民になっていくはずだと私は信じている。途方もない困難にあって成功した経験から来る不屈の精神、人格、観点を備えた人間になるのだ。ファンのように、彼らは自分の故郷が直面する貧困問題をはじめとした数々の問題を解決するための能力や動機を持つようになる。

私たちは、低所得地域の子どもたちに「歴史を変える」潜在能力を発揮させることができる。問題はただひとつ、実行するかどうかだ。

あとがき――世界中の変革的教育と学習

国の指導者を最も根本的な問題に対峙させる行為には、万国共通の力が存在する。

――アルヴァロ・ヘンツラー、エンセニャ・ペルー共同設立者兼CEO

インド有数の工科大学で化学工学を学んでいた頃、タルン・チェルクリは近い将来にインド西部の中規模都市、プネーのスラムで教壇に立つ日が来るなどと考えてもいなかった。卒業すると、彼はユニリーバに就職して技術管理者となった。

ユニリーバに入社して三年目、タルンはある学校でボランティアをする機会があった。そこで彼が目にし、引きつけられたのが、ティーチ・フォー・インディアという団体の活動だった。団体のスカウトが、ユニリーバの若手社員を対象に説明会を開催したのだ。数カ月後、厳しい選考と研修を経て、タルンはインドで最も支援を必要としている子どもたちのために作られたいくつかの小さな学校のひとつで、三五人の三年生を前にしていた。教室にやってきた生徒たちは幼稚園児程度にしか字が読めず、算数は一年生の一学期程度にしかできなかった。

タルンの目標は、生徒たちを大学進学への道筋に乗せることだ。彼は教育とはすなわち自由である、チャンスへの道筋であるという考え方を生徒や保護者にたたき込んだ。そのために、友人や他の地域リーダーたちを巻き込んで彼らの経験談を生徒たちに語ってもらったりもした。タルンは「ハッピー・ハーバード（Happy Harvard）教室」と名づけたクラスを作り、生徒と保護者への最初の挨拶ではそう名づけた理由を「人生と成功の大きな目標」に集中するためだと説明した。彼のクラスは、五つの価値を中心に構成されている。「幸せ（Happiness）が主な目標である。努力（Hard Work）だけが近道である。ハム（Hum、ヒンディー語で「私たち」の意味）とは、私たちがつねにひとつだという意味である。正直（Honesty）がモットーである。謙遜（Humility）をつねに身につけておく」。これらの価値を毎月ひとつずつ実践し、強化し、そしてこれらの価値について一人ひとりが日々考えるよう、生徒たちを導いているのだ。

生徒たちは、進学予定の大学のレベルと自分たちの勉強の進み具合を一致させる形で進捗を管理する。最高水準の成績をあげる道筋に生徒を乗せるため、タルンは焦点を学業に強く合わせた。そして子どもたちと校外で時間を過ごし、地域の他の人々からの支援を取りつけ、美術や音楽、文芸、スポーツ、演劇などを通じて情操を養った。自分が立てた指導計画も生徒たちと課外で過ごした時間も目標達成には不十分だとわかると、タルンは授業を手伝ってくれるボランティアを母校で募集した（八〇人もが参加した）。

本書を執筆中の今、タルンは教師生活二年目に入り、一年目に担当した同じ生徒たちを四年生のクラスで教えている。自分の活動が生徒にとって変革的な影響を与えるかどうかはまだわからないが、生徒たちが初級の読解力から自分で百科事典や辞書を引けるようになるところまで成長したのをタルンは見ている。教師がいなくても、生徒たちはちゃんと教室を管理できる。生徒の多くが中学校の上級生よりも上手に英語を話せるため、保護者たちは子どもが本当にがんばれば大学進学という夢が現実のものになるかもしれないと信じるようになってきた。タルン自身はこう言う。「生徒たちが大学に行くと、僕は強く信じています。彼らは、一番レベルの低い大学なら行けるという本能的な動機をすでに持っています。僕の目標は、生徒たちにこの国で、あるいは世界で最も優れた大学に行けると信じさせ、行動させることです」

タルンの最終的な目標は、行政か政策決定の道へ進むことだ。そうした分野で働けば自らの強み――問題の分析と解決法の構築をうまく行う能力――や、教師経験からくる利点を活かせると考えているからだ。「ティーチ・フォー・インディアは僕を改宗させました」と。「国を作るという僕の目標に、もっと大きな目的意識を与えてくれたんです」

◈◈◈

世界がいかにフラットかという議論が飛び交っているが、私はそれに気づいたこと自体がショックだった[1]。職業に関する無限の選択肢を与えてくれるような教育を受けられるのはほんの一握りだ。ティーチ・フォー・アメリカ（ＴＦＡ）のモデルを自国で取り入れている世界中の社会起業家たちが教えてくれたのは、アメリカを苦しめる教育の不均衡が、実際には世界中に蔓延する問題だということだ。オーストラリア、ドイツ、イギリスなど、教育制度が世界ランキングでどれだけ上位にある最先進国であろうとも、あるいはどれだけ後発の開発途上国であろうとも、この問題は存在するのだ。

この問題は人間の幸福にとっても脅威であり、世界中の国家の力にとっても、私たち全員にとっても脅威となる。今日の社会において、私たちが直面する問題――環境、公共安全、病気、経済的福祉など――は、本質的にグローバルだ。貧困、無知、そして教育の欠如はあらゆる問題を悪化させる恐れがあり、教育の改善は問題解決に向けた最も有望な道筋なのだ。全世界で教育水準を高めて教育の不利益を軽減していくことが人類の幸福を高め、政府を強化し、忍耐力を高めてテロを減少させ、全人類にとって有益な科学や健康、社会の進歩を生むことにつながるのではないだろうか。

◆◆◆

シャヒーン・ミストリが二〇〇六年に私のオフィスにやって来るまで、私はＴＦＡの手法が他の国に応用可能かどうかなど、ほとんど考えたこともなかった。「ティーチ・ファースト」という組織がイギリスで私たちのモデルを採用し、すばらしい効果を上げたのは知っていた。ブレット・ウィグドルツが二〇〇二年にイギリスでの導入を開始したとき、彼はマッキンゼー・アンド・カンパニーの経営コンサルタントで、ロンドンの学校における生徒の成績改善戦略を策定すべく、市内の二つの企業組織から依頼を受けていたのだった。マッキンゼーが提案したのがティーチ・ファーストの設立で、民間セクター、教育業界、そして政府の強力な支援体制により、ティーチ・ファーストは大成功を収めた。現在、一〇〇〇人以上の参加者がイギリスの五地域で教壇に立っており、ティーチ・ファーストはイギリスで最も有名な大卒採用者の上位一〇位以内につねに入っている。政府の検査制度が定期的な評価によってプログラムの能力と影響力を検証し、「大使《アンバサダー》」と呼ばれるプログラムの出身者たちは教育や政治の分野で指導者的地位を占めるようになってきている。だがイギリスにおける成功例があったにもかかわらず、私はアメリカでの影響力を高めることに没頭するあまり、他の多くの国々へも応用が可能かについて考えていなかったのだ。

インドで、シャヒーンは大変評価の高い放課後講習をムンバイとプネーで運営する、「アカンクシャ」という組織を立ち上げて成長させてきた。彼女はインドで最も優れた社会起業家の一人として評価されており、TFAの手法をインドで取り入れるという熱意を訴えるべく訪米したのだ。アカンクシャは徹底的で継続的な注力を通じて生徒の道筋を変える方法を見出したが、シャヒーンは学校の授業に介入する方法を模索しており、ティーチ・フォー・インディアがその方法になるのではと考えた。同時に、シャヒーンはティーチ・フォー・インディアがアカンクシャのような介入活動の影響力を高めるために必要なリーダーシップの源泉となり、最終的には大規模な根本的変化をもたらし得ることに気づいたのだった。わかりきったことをわざわざ一からやり直したくはなかった彼女は、支援を求めていた。

シャヒーンは洞察力と説得力に富んでおり、彼女の訪問から数カ月後、気づけば私はムンバイにいて、彼女や、他にもティーチ・フォー・インディアに関心を持つ人々のもとを訪れていた。私たちは町のスラムに暮らす子どもたちを受け入れる学校を訪問し、大学では教師候補者と話をし、政府高官や民間企業関係者で支援してくれそうな人々と会い、教育者や非営利団体の責任者とも面会した。

インドで私が衝撃を受けたのは、根強い格差がアメリカよりもはるかに深刻で、はるかに明白だったことだ。教育を通じてインドを強くしていこうという活動に加わると考えただけで活気づく大学生がいたことに私は勇気づけられたし、官民両分野の協力者候補たちが見せる熱意にも、優れた教育を心から待ち望む生徒たちのために働きたいという献身的で意欲あふれる教師をもっとたくさん生み出す必要性があることにも刺激を受けた。

本書を執筆している現在、シャヒーンがインドで独立非営利団体として立ち上げたティーチ・フォー・インディアはちょうどムンバイとプネーの学校に第二陣の教師たちを送り込んでいるところで、八年以内に十都市へ二〇〇〇人の教師を配属する計画を策定している。

シャヒーンのように自国にTFAの手法を取り入れようと活動する社会起業家たちのビジョンと決意に触発され、TFAとティーチ・ファースト は協力して「ティーチ・フォー・オール」という国際組織を立ち上げた。これは世界中でTFAの手法の影響力を高め、加速化していくことで世界中の教育機会を拡大していこうという組織だ。今年三年目に入るティーチ・フォー・オールの成長を続けるネットワークには一六の独立した全国的組織が加盟しており、それぞれの国で共通の使命と変革の理論を追求している。ティーチ・フォー・オールは成功事例を集めて広め、組織の教師や出身者間の関係構築を促進し、国境を越えてお互い学び合えるような環境を整備することでそうした全国的組織の規模、影響力、力を最大化するべく活動している。

◆◆◆

ティーチ・フォー・オールに加盟する国々の状況はそれぞれ大きく異なるが、教育の不均衡という不当行為の原因や解決策は同じであることのほうが多いようだ。ティーチ・フォー・オールに初期段階から参加した組織のひとつである「エンセニャ・チリ」の代表、トマス・リカルトは、チリで毎年行われる学力評価の結果が発表された数日後に首都サンティアゴで開かれた複数のリーダーたち（一流新聞の編集者、複数の企業経営者や社会起業家たち）との会合の話をしてくれた。「結果を見れば、二〇年も測定を続けてきたのに、著しい改善が見られないことが一目瞭然でした。毎年毎年、この結果が発表されるたびに新聞は問題の原因や必要な対策を説明しようとする教育専門家たちの論説で一杯になります。毎年同じことが繰り返されるが、教室では何も変化が起きません。どんな子も勉強できることを信じない環境が蔓延していたんです」

その会合で、トマスはある話をした。エンセニャ・チリのTFAメンバーが教室で実現した改革の話だ。そのメンバーが派遣された地域は非常に貧しく、治安も悪かったため、トマスは学校に入るときに思わず結婚指輪を外したくなったほどだった。授業にまったく集中せず、携帯電話や友達に気を取られている生徒たちばかりの教室を、そのメンバーは勉強に集中する生徒たちの教室へと変貌させた。生徒たちと腹を割って話し合い、生徒が現在進んでいる道筋、その道筋を変えるために教育が果たせる役割、そして明確な成績目標に向かって進捗を管理するよう生徒たちに自信を持たせることで変化を実現したのだ。「生徒たちは何が問題なのかをわかっていませんでした。優れた教育を受けない限り、両親や祖父母が経験したのと同じことを繰り返す羽目になるのだということがわかっていなかったのです」とトマスは教えてくれた。その話をすると、会議の出席者たちが「黙りこくり」、ようやく理解してくれたようだったとトマスは言う。成功が可能だということ、そして解決策は政治的なものではなく、むしろ自分たちがわかっていて実行できることなのだと、出席者たちは理解したのだ。

◆◆◆

教育には、たしかに万国共通な部分が多いようだ。同時に、多様な状況や文化においてこの問題に取り組むと、教育の卓越と平等を保証するべく活動する中で、全員に役立つ強力な新しい解決法や革新が生み出される。

世界中のタルン、シャヒーン、トマスのような人々は、変革的な教師やリーダーになろうと奮闘する過程で教育の変革を生み出す。タルンはそれをこう言い換えた。「どのような業界でも、最高の頭脳や心を持つ強力な集団が全身全霊を傾ければ、大成功して大きな転機を迎えることができます」。子ども、家族、国家はその恩恵を受けることができる。そして私たち全員が恩恵を受けることができる。どのような国家の教育水準であってもグローバルな現在の世界に生きる私たち全員に影響を及ぼすから、そして自国に役立てられることをお互い学び合えるからだ。

これから前進していく過程で、世界中のリーダーたちが教育ニーズに対する新しい答えを発見し、社会全体の利益のために変化を加速化していこうと国境を越えて活動していくだろう。近い将来、世界中の何十もの国々で、すべての子どもたちが優れた教育を受ける機会を手にする日を実現させる、止めようのないムーブメントが起こるはずだ。

謝辞

本書が教育の卓越と平等を目指す探求の旅に対してよい意味で貢献できたとしたら、その功績は何よりもまず、全国各地で活動を続けるＴＦＡのすばらしいメンバーや出身者、そして私たちと連携している教育者や協力者たちのものだ。生徒たちに対する彼らの愛情と粘り強さが、本書で紹介した見識を生み出したからだ。

教師の採用と育成、出身者の勢力増強については、ＴＦＡの非凡なチーム――代表マット・クレイマー、首脳陣、全国各地で私たちの活動を推し進めてくれている事務局長たち、そして献身的なスタッフ全員――が称賛を受けるべきだ。私たちの使命と継続的改善に対するこのチームの深い献身ぶりは、本書が伝えようとしている理解と成長を生み出すために欠かせない。

その見識や協力や助言に対して称賛と感謝を受けるべき人はたくさんいるが、中でもスティーブン・

ファーがいなければ本書が世に出ることはなかった。彼の秀でた話術、そしてTFA関係者を網羅する彼のネットワークのおかげで、本書が生まれたのだ。スティーブンがTFAのメンバーとしてテキサス州リオグランデバレーで体験したこと、そしてTFAのスタッフとしての長年の経験から彼自身が学んだ教訓が、本書の内容を大いに深めてくれた。私もスティーブンも、有能なプロジェクトマネージャーであり考えをまとめさせてくれる思考パートナーでもあるハーレイ・アンガーにはとても感謝している。

本書の編集を担当したリサ・カウフマン、総合監修のピーター・オスノス、そしてパブリックアフェアーズ出版の全員には大変お世話になった。本書の重要性に対する彼らの信念、執筆完了までの忍耐、そしてリサの編集と励ましはどれひとつとして欠かせなかった。

草稿を読んで建設的な批評をくれた皆にも深くお礼申し上げる。ベス・アンダーソン、モニーク・アヨット＝ヘルツェル、エリザ・ビラヌエバ・ビアード、キャサリン・ブラウン、ニック・カニング、エリッサ・クラップ、エイミー・ユーバンクス・デイヴィス、ケヴィン・ハフマン、ジェイソン・クロス、マシュー・クレイマー、そしてエリック・スクロギンス。それに、本書の見直しを手伝い、随所に貢献してくれたTFAの大勢のスタッフや友人、支援者たちにも感謝する。

最後に、夫リチャード・バースと子どもたちに、この仕事の重要性を信じて、私の職業選択を応援してくれたことに感謝する。彼らの励ましと視点、そしてユーモアのおかげで、私はやり通すことができた。

解説

日本教育大学院大学学長　熊平　美香

ティーチ・フォー・アメリカ（ＴＦＡ）のことをはじめて知ったのは、母校ハーバードビジネススクールの一〇〇周年記念行事に参加した二〇〇八年のことです。「アメリカの公教育改革における社会起業家の役割」というセッションで、ウェンディ・コップ氏と、本書にも登場するとてもパワフルな東洋系の女性ミシェル・リー氏の話を伺う機会がありました。それまでは、ＴＦＡのことも社会起業家の存在も知らなかったので、大きな衝撃を受けました。そもそも、なぜビジネススクールで公教育の改革がテーマに挙げられているのだろうという好奇心から参加したのですが、ウェンディやミシェルの話を聞いてすぐに謎が解けました。まず彼らのアプローチは、従来の教育改革のアプローチとはまったく異なっていました。教育課題の解決をビジョンに掲げ、そのビジョンを達成するためにに創造的に課題解決に取り組む二人の思考と行動は、夢を実現するために果敢に挑戦する起業家の姿と重なって見えました。

ウェンディが、ＴＦＡを立ち上げたのは、彼女がプリンストン大学を卒業して間もなくのことでした。起業家のスティーブ・ジョブスは、「フォルクスワーゲンのようなＰＣがほしい」という願いからアップルを立ち上げました。一方でウェンディは、「いつか、すべての子どもたちに、すばらしい教育の機会が与えられる日が来るために」という願いから、教育という社会問題を解決することを志し、ＴＦＡを立ち上げました。二人に共通しているのは、起業時に誰もが不可能だと言っていたビジョンを実現したいと考え、果敢に挑戦したことです。その点でスティーブもウェンディも、実は同じ起業家だったのです。唯一異なるのはウェンディのビジョンがビジネスではなく、教育という社会問題の解決にあったということです。そう考えるとウェンディが、「社会起業家」と呼ばれるのもうなずけます。

二〇〇八年にウェンディの話を聞いて以来、日本の教育改革にも同様のアプローチが使えないかと真剣に考えることがありました。そんなとき、知人を通して、ティーチ・フォー・ジャパンの立ち上げ準備をしている松田悠介氏の存在を知りました。翌二〇〇九年に松田氏と出会い、それ以来ティーチ・フォー・ジャパンの活動を応援しています。活動を通してＴＦＡのナレッジに触れる中で、なぜ彼らが成功したのか、なぜ世界にその活動が広がっているのかを徐々に理解することができました。そしてなぜ、米国における文系大学生の就職ランキングにおいて、コンサルティングや投資銀行ではなく、ＴＦＡが一位なのかという謎も解けていきました。

ＴＦＡの教師が教える生徒は、他の教師が教える生徒の一・二倍〜一・三倍成績が伸びることが知られています。その指導力を支えるのが、ＴＦＡの持つ組織の強みです。ここでは、その強みが何なのかご紹介したいと思います。

採用

ベスト・アンド・ブライテストと呼ばれる優秀な人材を採用し、五週間の研修プログラムを経て学校に派遣することで、すべての授業で高いレベルの指導を実現しています。採用プロセスは単純ではなく、オンラインによる履歴書やエッセー等の提出に始まり、電話面接、模擬授業を含む一日がかりの対面面接を経て、学生を採用しています。評価のポイントとなるのは、成功の可能性です。困難な状況においても、創造的に問題解決に取り組み続けることができるか、子どもたちが自分の可能性を信じて学習できる環境を作り出せるか、そして、高い目標を持って人生を前向きに生きる子どもに変容させることができるのか、が問われます。志願者はハーバード大学やプリンストン大学などの卒業生が中心であるにもかかわらず、合格率はわずか二〇％にすぎません。ＴＦＡの厳しい採用基準をくぐり抜け登用されたこと自体が、エリートとしてのステイタスであるということも納得できます。

信念と使命感を持つ学習する組織

ワシントンＤＣの教育総長に就任したミシェル・リーの言葉が印象的です。「このような現状を変えるために急進的な改革以外の対応で挑もうとするのは、私たちの子どもたちの尊厳、可能性、創造力に対する侮辱です」。この言葉には、ミシェルの子どもたちの可能性に対する信念と、使命感が強く表れています。そして、TFAに参画するすべてのメンバーが、この信念と使命感を共有しています。TFAメンバーは、それぞれの立場でその使命を果たすために果敢に挑戦します。

TFAが学習する組織であることも強みのひとつです。ウェンディは、派遣した教師の中には日々を乗り切ることが目標となってしまう教師がいる一方で、ミーガン・ブルッソー（二三頁参照）やデイヴ・レヴィン（二八頁参照）のように劇的に子どもたちの成績を向上させ、学校全体を変革に導くことができる教師が存在することを発見します。そこで、有能な教師たちはどのような取り組みを行っているのかを徹底的に調べ、その結果、やり方や取り組む内容は個々に違いがある一方で、子どもたちを大きく変容させる教師には、共通の資質や行動様式があることが明らかになります。その学びを普遍的に概念化したものが、「ティーチング・アズ・リーダーシップ」と呼ばれているものです。有能な教師の取り組みを、俗人的に捉えるのではなく、再現可能なナレッジとして確立するという考え方は、まさに、学習する組織です。

彼らの組織力に触れ、学習する組織として高い評価を得ている米国のGE（ゼネラル・エレクトリック）のことを思い出しました。学習する組織の考え方をGEに取り入れたジャック・ウェルチ氏は、バウンダリーレス（boundryless）を目標に掲げました。変化の激しい時代に、すべての領域でベストプラクティスを自社開発することは不可能だが、世界中の人々や企業が考えたベストプラクティスを、スピーディに自社のものにすることができれば、最強の組織になれると彼は考えました。このような、組織の学習力こそが企業力を決めるというジャック・ウェルチ氏の考え方は、まさにTFAおよびティーチ・フォー・オールの成功法則に共通しています。研修では、現時点におけるもっとも優れた学習理論が取りそろえられています。発達障害を持つ子なども含めた多様な子どもへの対処の仕方はもちろんのこと、日本ではあまり活用されていないブルームの認知理解に関する理論、マルチプルインテリジェンスや学習スタイルの違い、記憶に関する理論など、効果的な授業をデザインする上で活用できるさまざまな理論を、教師が実践しやすいようにデータベース化しています。加えて、経営学からも多くの手法を取り込んでいます。ＫＰＩ（重要業績評価指標）の設定とデータ分析により効果測定を徹底することや、学習と行動のＰＤＣＡを徹底することで、成功の確率を高めます。失敗においては、その原因を徹底的に追究し、次の行動に活用します。多くの人々を巻き込み、結果を出すリーダーシップ行動を組織の文化とし、採用と研修によって組織作りを支えます。成功と失敗に基づくナレッジを再現可能な仕組みに変える思考は、ビジネスモデルの拡大の発想と同じです。

では、次に、有能な教師を徹底分析した結果、明らかになったティーチング・アズ・リーダーシップをご紹介しましょう。

ティーチング・アズ・リーダーシップ

ティーチング・アズ・リーダーシップは、教師のために作られた行動規範であり、すべてのＴＦＡメンバーの活動に反映されています。その意味では、ＴＦＡの文化といってもよいでしょう。

（1）大きな目標を掲げる

（2）目的を持って計画する

（3）効果的に行動する
（4）生徒と、その家族および影響を与える人々を大きな目標に向かって本気で取り組ませる
（5）効果を追求し続ける
（6）弛まぬ努力をする

教師が、自己の成長のガイドラインとして活用できるよう、行動規範ごとに五段階で習熟度を表したルーブリックも用意されています。

社会人経験のある方であればおわかりの通り、この行動規範はどのような取り組みにも当てはめることができる有能なリーダーかつマネジャーの資質です。TFAでは、採用の段階から、過去の実績を、この資質により評価します。採用された教師たちは、研修を通してその資質を、さらに高めることになります。そして、二年間の教師体験は、この六つの観点から、自らのリーダーシップを成長させる機会となります。どうして、TFAが、就職ランキングで一位になれたのか、その理由がおわかりいただけたでしょうか。

初めてティーチング・アズ・リーダーシップを目にしたとき、正直驚きました。私は企業におけるリーダー養成にかかわっていますが、これまで教師とリーダーを結びつけて考えたことがありませんでした。リーダーとは、高い目標を掲げ、他者が自らの意志とモチベーションを持ち、その高い目標に向かって邁進する状態を創ることができる人です。

高いビジョンを掲げた教師は、そのビジョンを子どもたちと共有します。そして、子どもたちは、

自らの意志で勉強に取り組み、学力向上を実現します。成功体験を自分のものにした子どもたちは、やればできるという自信を持ち、自分の人生を前向きに生きる自律的学習者に変容します。TFAの教師たちは、生徒の心に火を点け、成功へと導きます。そして、やればできるというマインドと、真剣に勉強に取り組む教室文化を作り上げます。まさに学習する組織のリーダーと同じことを行っているのです。

ビジョンにひもづく行動計画

野心的な目標であるビジョンを達成するために行動計画を重視するのも、TFAの特徴です。目標を設定したら、バックワード・プランニングを行います。バックワード・プランニングでは、最終段階から逆算しながら、目標を達成するために必要な資源と行動計画を明確にしていきます。測定可能な評価軸を設定し、目標の達成を確実なものにします。子どもたちの成績データは、評価のためではなく、指導の効果を測定するために活用されます。どれほど大きく野心的な目標であっても、今、何に取り組むべきかが明確になっていなければ、目標を掲げているとは言えないというマインドが根底にはあります。目標には、必ず計画があり、その進捗は、常に計画に照らして検証するというPDCAを徹底しています。

教師の指導案にも、特徴があります。指導案はまず「○○が、できるようになる」という目標の明確化から始めます。授業案には、導入、解説、演習等の各項目において、何をどのように伝えるのか、生徒にどのような行動を期待するのかを、詳細まで記載します。授業の終わりには、その目標達成を確認する演習を実施し、指導の効果を振り返ります。授業の終わりの演習で、期待通りの成果がでなければ、それは、生徒の問題ではなく、教師の問題であると考え、そこからの学びを次の授業に活かしていきます。

経験学習とフィードバック文化

経験学習の徹底も、ＴＦＡの特徴です。周到な計画を立てても、常に期待通りの成果が上がるとは限りません。計画に対して実践を振り返るリフレクションを行います。リフレクションでは、うまくいったこと、いかなかったことを、次に応用することのできるナレッジに発展させます。

ＴＦＡの強みは、教師の経験学習を支援する体制と文化にあります。サマー・インスティテュートと呼ばれる五週間にわたる事前研修では、授業演習を繰り返します。教師はコーチから常にフィードバックをもらいながら、授業改善を繰り返します。学校に赴任した後も、定期的にコーチが授業見学を行ってフィードバックを与えることで、教師の経験学習をサポートしていきます。このような取組みが当たり前のように行えるのは、全員が、子どもたちの学習機会を最大化することを使命と捉え、そのために教師の学習を支える文化が不可欠であることを信じているからにほかなりません。

学習する文化は、教師が喜んで他者からのフィードバックを聞き入れ、自己成長に生かすのみならず、自らの学びを組織や他の教師に積極的に共有していく文化へと発展しています。ＴＦＡのウェブサイトにも、教師たちが数多くのナレッジを共有しています。このようなナレッジの中から、ベストプラクティスが手法やツールに発展しています。ティーチ・フォー・ジャパンにも、このベストプラクティスがすべて共有されます。

創造的問題解決

最後に、創造的問題解決についても触れておきたいと思います。TFAでは、採用において、問題を創造的に解決した経験を重視しています。大きな目標を掲げるということは、数多くの困難を乗り越えるということです。諦めの文化の中に身をおく子どもたちを、勉強に向かわせること、教育の必要性をまったく感じていない家族に、子どもの学習に協力してもらうこと、子どもたちの学力向上が不可能であると信じている同僚の意識を変えること、どれをとっても、容易なものはひとつもありません。本書に登場する有能な教師たちは、これらの課題一つひとつに、創造的な解決策を持ち込んでいます。プリシラ・メンドーザのストーリーを覚えていらっしゃいますか（四〇頁参照）。世界旅行が大好きなプリシラは、教え子たちを、才能あるバックパッカーと名づけます。教室のすべてを世界旅行というテーマで関連付け、生徒一人ひとりには、パスポートを持たせます。パスポートに学習目標の到達を記録させることで、自分の学習に責任を持つ文化を築いたのです。新しい国に旅するチケットの変わりになるパスポートを持ち、勉強に取り組む子どもたちの様子を想像してみてください。世界旅行の大好きなプリシラが、楽しみながら子どもたちを主体的な学習者へと変容させている様子が想像できます。困難な状況の中でも、ビジョンを実現するために、創造的に問題解決に取り組む力は、子どもたちを変容させるために、TFAメンバーに最も求められる力です。

日本の教育課題

日本の教育課題について、皆さんはどのようにお考えでしょうか。不登校やいじめ、学級崩壊、学力低下、グローバル人材の育成等、今、教育はさまざまな課題を抱えています。その中で、教育関係者の方たちは、文部科学省、教育委員会、学校現場の先生方、それぞれの立場で懸命に課題解決に取り組んでいらっしゃいます。最近では、地域の大人や学生も教育活動に参加するなど、社会全体が教育課題の解決に積極的に取り組み始めていると実感しています。

ここでは、ティーチ・フォー・ジャパンが捉える教育課題についてご紹介します。ティーチ・フォー・ジャパンの活動をしていると、日本にはアメリカのような教育格差がないのではないかという反応にしばしば出会います。しかし実際には、日本においても、経済格差による教育格差の課題があります。日本においても、一五五万人を超える子どもたちが就学援助の対象となっています。これは、全児童の一五%以上にも上ります。また、経済的状況の学力への影響についての調査によると、世帯収入が高い家庭ほど、子どもは高学力であり、経済格差が学力格差につながっているという結果が出ています。七人に一人の子どもが、経済格差により学力向上の機会を失っているという現実が日本にもあるのです。

経済格差が学力格差につながる理由はさまざまです。本書を手にとる皆さんには、信じられないかもしれませんが、子どもに鉛筆やノートを買い与えない親や、子どもが学校に行く必要性を感じない親もいます。このような家庭には、学習する環境はありません。その結果、授業から落ちこぼれ、不登校になる子どもたちや、十分な学力を身につけず成人する子どもたちが存在します。教育の大切さいる親たちも、経済的な理由で、子どもたちに十分な教育を与えられないと諦めている親たちもいます。このような環境に生まれ育った子どもたちは、成人しても安定的な雇用を確保する機会に恵まれず、生活保護の対象となり、その子どもたちも、同様に就学援助の対象になる場合が多いといわれています。

ＯＥＣＤの学力調査の結果からも、日本の教育課題は明らかです。ピサの読解力試験は六段階のレベルで評価されています。その中でも、レベル１の読解力とは、職に就くことが困難な層と言われています。二〇〇九年の調査では、日本の子どもたちの読解力は、レベル１が一三・六％という結果でした。米国の一七・七％に比べれば低い結果でしたが、韓国五・六％、フィンランド八・一％、香港八・三％に比べると、決して低い数値とはいえません。これは、日本の義務教育における学力保障の問題です。

二〇一〇年に、秋田県と福井県の教育長をお招きし、「日本一の教育力を問う！」というシンポジウムを行った際に、秋田県の根岸元教育長が自ら課題提起をしてくださったのが、この学力保障の問題でした。小学校で落ちこぼれた子どもたちの多くは、中学校でも落ちこぼれ、本来、義務教育で習得すべき学力を身につけることなく義務教育を終えることになるというお話でした。このような子どもたちは、成人しても、契約書を理解することもできず、安心して社会生活を送ることができません。秋田県の学力が一位でも、学力保障の課題はあることが、教育の大きな課題であるとお話されました。レベル１の読解力の子どもたちは、将来職につくことが困難であり、学校を卒業しても、十分な収入を得ることが困難です。その上、他者に騙され搾取の対象となるかもしれないという危険な状態で、生きなければならないのです。教育格差の問題は、日本では、他の多くの課題同様にその実態が見えにくく、一般に知られていないだけなのです。

学力保障についての現状を学び、あることに気づきました。皆さんが職場で、「お前はできないやつだ」と、毎日上司から言われ続けたら、どのような気持ちになりますか。それでも、皆さんは自己肯定観を持ち続けることができますか。落ちこぼれた子どもたちは、この状態で、何年間も学校に通い続けるのです。自分の可能性を信じることができないばかりか、自己肯定観の喪失や、生きる意欲の低下にも、つながるのではないでしょうか。TFJの活動に参画する若者たちは、教育を通して、子どもたちの未来は変えられると信じています。自分の可能性を信じて、本気で向き合ってくれる先生に出会える子どもたちは、幸せだと思います。

一九九〇年に設立されたTFAは、初年度に五〇〇人の教師を派遣して以来、二〇一〇年までに、一六〇〇校以上の学校に、延べ三万人以上の教員を派遣しています。派遣教師は、ウェンディの母校であるプリンストン大学に代表されるようなアイビーリーグをはじめとするトップ校を卒業した優秀で情熱を持った若者です。TFAの活動に参加する時点では、その後も教育をキャリアの選択として考える学生は、わずか六％です。しかし、二年間の教師経験を終えた時点では、教育にかかわるキャリアを六割が目指すといいます。二〇年が経過した今日、二万人以上のTFA出身者が、教育界で活躍しています。また、出身者は、教育界以外でも、さまざまなセクターで活躍しており、社会全体で教育問題を解決するという社会的インパクトを創出しています。

一人の若者が教育システムに、風穴を開け、二〇年を経過した今日、アメリカの教育改革の可能性を証明しました。そして、そのビジョンに共鳴した世界中の教育改革に挑戦する若者が、ティーチ・フォー・オール（TFAのグローバル展開を担う組織）に参加しています。ティーチ・フォー・ジャパンは、ティーチ・フォー・オールの二三カ国目の正式メンバーとなります。

このように発展したTFAも、スタートは、ウェンディ・コップというたった一人の大学四年生の問題意識と、そのことが書かれた卒業論文です。ウェンディに、信念と行動力があったことは言うまでもありませんが、無謀とも思われる彼女の考えを信じ、その実行を支えた大人たちの存在に意識を向ける必要があります。日本において、最近の若者は、志がないという声をよく耳にします。そんな中、ティーチ・フォー・ジャパンには、志を持つ優秀で情熱的な若者が集まっています。彼らとともに、すべての子どもたちが、教育の機会を通して、自らの可能性を信じ、主体的に人生を生きる成人に育つ社会を作り上げたいと思います。皆さんも、若者の可能性を信じ、その活動を見守っていただければと思います。

8. The 340 most selective public and private colleges are from *U.S. News and World Report's Best Colleges*, http://colleges.usnews.rankingsandreviews.com/best-colleges. The percentage of graduates from these schools who are African American, Latino, and from low-income backgrounds is found in U.S. Department of Education, National Center for Education Statistics (2007–2008 data), "Integrated Post Secondary Education Data System," http://nces.ed.gov/ipeds/datacenter/.
9. Kevin Carey, "Hot Air: How States Inflate Their Educational Progress Under NCLB," *Education Sector* (May 2006).
10. Michael Johnston and Christine Scanlan, "Clarifying Colorado's Teacher Bill," *Denver Post*, May 23, 2010, http://www.denverpost.com/opinion/ci_15129751?source=bb.
11. "Tenure Bills Nears Passage," *Denver Post*, May 12, 2010, http://www.denverpost.com/education/ci_15066164?source=pkg.
12. Richard Lamm, Roy Romer, Bill Owens, and Bill Ritter, "Great Education System Requires Great Teachers, Principals," *The Colorado Springs Gazette*, April 24, 2010.
13. Dawn Ruth, "Leslie Jacobs," *New Orleans Magazine*, December 2008, http://www.myneworleans.com/New-Orleans-Magazine/December-2008/Leslie-Jacobs/.

第六章　未来へのインパクト――社会変革の基盤としての教育

1. Dan Cray, "Elementary Schools of the Year: Like a Free Private Academy," *Time*, May 21, 2001, http://www.time.com/time/magazine/article/0,9171,999915,00.html.
2. Donna Foote, "Lessons from Locke," *Newsweek*, August 11, 2008, 自身の著書 *Relentless Pursuit: A Year in the Trenches with Teach For America* (New York: Alfred A. Knopf, 2008) について．
3. グリーン・ドットのプレスリリース，2010 年 8 月 16 日，http://www.greendot.org
4. ワッツとビバリーヒルズ間の API 格差は，対象学区の全校における 2000 年および 2009 年の平均 API を用いて算出された．2000 年の API 格差は 422．2009 年にはそれが 232 まで削減された（カリフォルニア州教育部の学業指標報告のウェブサイト，http://dq.cde.ca.gov/dataquest/）．
5. America's Promise Alliance, "Cities in Crisis, 2009: Closing the Graduation Gap," http://www.americaspromise.org/~/media/Files/Resources/CiC09.ashx, 15.

あとがき――世界中の変革的教育と学習

1. 世界銀行エドスタッツ（教育統計）ウェブサイトによると，インドの小学校レベルでの中退率は 34.2% となっている（UNESCO Institute for Statistics in EdStats, October 2009, http://web.worldbank.org/WBSITE/EXTERNAL/TOPICS/EXTEDUCATION/EXTDATASTATISTICS/EXTEDSTATS/0,,menuPK:3232818~pagePK:64168427~piPK:64168435~theSitePK:3232764,00.html）．インドの高等教育局が作成した報告書によると，インドにおける中等および高等学校への総入学率は 39.91% とのことだ（http://www.ibe.unesco.org/National_Reports/ICE_2008/india_NR08.pdf）．

brookings.edu/views/papers/200604hamilton_1.pdf.
24. 同上.
25. Howard S. Bloom, Saskia Levy Thompson, and Rebecca Unterman with Corinne Herlihy and Collin F. Payne, "Transforming the High School Experience: How New York City's New Small Schools Are Boosting Student Achievement and Graduation Rates," MDRC, June 2010, http://www.mdrc.org/publications/560/overview.html.
26. Mathematica Policy Research, "An Evaluation of Teachers Trained Through Different Routes to Certification," report prepared for the Institute of Education Sciences, February 2009, http://ies.ed.gov/ncee/pubs/20094043/pdf/20094043.pdf.
27. Evan Thomas and Pat Wingert, "Why We Must Fire Bad Teachers," Newsweek, March 6, 2010, http://www.newsweek.com/2010/03/05/why-we-must-fire-bad-teachers.html. Daniel Weisberg et al., the New Teacher Project, *The Widget Effect: Our National Failure to Acknowledge and Act on Differences in Teacher Effectiveness, 2009*, http://widgeteffect.org/downloads/TheWidgetEffect.pdf.
28. Trip Gabriel, "Despite Push, Success at Charter Schools Is Mixed," *New York Times*, May 1, 2010.

第五章　変革を加速する——連携と支援の仕組みづくり

1. Weisberg et al., the New Teacher Project, *Widget Effect*（本書第四章注 27 参照）
2. ニューヨーク市ティーチング・フェローズのウェブサイト，https://www.nycteachingfellows.org/about/program_statistics.asp，および広報資料，http://www.nycteachingfellows.org/mypersonalinfo/downloads/PressKit_WE_2010.pdf
3. U.S. Census Bureau, *2009 Statistical Abstract*, "Table 246: Public Elementary and Secondary School Teachers-Selected Characteristics," http://www.census.gov/compendia/statab/cats/education.html.
4. Urban Institute, "The Narrowing Gap in New York City Teacher Qualifications and Its Implications for Student Achievement in High Poverty Schools," September 2007, http://www.caldercenter.org/PDF/1001103_Narrowing_Gap.pdf.
5. Jim Collins, *Good to Great: Why Some Companies Make the Leap . . . and Others Don't* (New York: HarperBusiness, 2001)［ジェームズ・C・コリンズ著『ビジョナリーカンパニー２　飛躍の法則』山岡洋一訳，日経 BP 社，2001 年］，Ed Michaels, Hellen Handfield-Jones, and Beth Axelrod, The War for Talent (Boston: Harvard Business School Press, 2001)［エド・マイケルズ，ヘレン・ハンドフィールド＝ジョーンズ，ベス・アクセルロッド著『ウォー・フォー・タレント』マッキンゼー・アンド・カンパニー，渡会圭子訳，翔泳社，2002 年］も参照のこと．
6. Richard Ingersoll and Lisa Merrill, "Who's Teaching Our Children?" *Educational Leadership*, May 2010, http://www.ascd.org/publications/educational-leadership/may10/vol67/num08/Who's-Teaching-Our-Children%C2%A2.aspx)
7. Arthur Levine, Education Schools Project, "Educating School Teachers," 2007, http://www.edschools.org/pdf/Educating_Teachers_Report.pdf.

10. Patrick Wolf et al., "Evaluation of the DC Opportunity Scholarship Program, Final Report," National Center for Educational Evaluation and Regional Assistance, U.S. Department of Education, June 2010, http://ies.ed.gov/ncee/pubs/20104018/pdf/20104018.pdf.
11. Manhattan Institute for Policy Research, "When Schools Compete: The Effects of Vouchers on Florida Public School Achievement," August 2003, http://www.manhattan-institute.org/html/ewp_02.htm.
12. Bill and Melinda Gates Foundation, "All Students Ready for College, Career, and Life: Reflections on the Foundation's Education Investments, 2000–2008," http://www.gatesfoundation.org/learning/Documents/reflections-foundations-education-investments.pdf.
13. "Evaluation of the Bill and Melinda Gates Foundation's High School Initiative, 2001–2005 Final Report," prepared by The American Institutes for Research and SRI International, August 2006, http://www.gatesfoundation.org/learning/Documents/Year4EvaluationAIRSRI.pdf.
14. ビル・ゲイツによる教育フォーラムでのスピーチ，2008 年 11 月 11 日，http://www.gatesfoundation.org/speeches-commentary/Pages/bill-gates-2008-education-forum-speech.aspx
15. 米教育省，http://www2.ed.gov/programs/teacherqual/2010findings.doc
16. "The State of Tennessee's Student/Teacher Achievement Ratio (STAR) Project: Final Summary Report, 1985–2000," http://www.heros-inc.org/summary.pdf
17. CSR Research Consortium, "What We Have Learned About Class Size Reduction in California," September 2002, http://www.classize.org/techreport/CSRYear4_final.pdf. 1996 年にはカリフォルニア州議会が法案 SB1777 を承認した．これは平均 29 人だった小学校低学年のクラス当たり生徒数を，最大 20 人まで削減することを目指す改革案だ．
18. Grover J. "Russ" Whitehurst "Don't Forget Curriculum," an August 2010 Brookings Institution paper において，筆者はこれまで分析されたどのような教育改革よりも，カリキュラムの「有効規模」のほうが大きいと主張している．http://www.brookings.edu/papers/2009/1014_curriculum_whitehurst.aspx.
19. スティーブ・ジョブスへのインタビュー，1995 年 4 月 20 日，スミソニアン研究所音声映像史，http://americanhistory.si.edu/collections/comphist/sj1.html
20. William L. Sanders and June C. Rivers, University of Tennessee Value-Added Research and Assessment Center, "Cumulative and Residual Effects of Teachers on Future Student Academic Achievement," November 1996, http://www.mccsc.edu/~curriculum/cumulative%20and%20residual%20effects%20of%20teachers.pdf.
21. Erik Hanushek, "The Single Salary Schedule and Other Issues of Teacher Pay," October 2006, http://edpro.stanford.edu/hanushek/admin/pages/files/uploads/Teacher_incentives_salaries.pdf.
22. ビル・ゲイツによる米国教員連盟でのスピーチ，2010 年 7 月 10 日，http://www.aft.org/pdfs/press/sp_gates071010.pdf
23. Robert Gordon, Thomas J. Kane, and Douglas O. Staiger for the Hamilton Project, *Identifying Teacher Effects Using Performance on the Job* (Washington, DC: Brookings Institution, April 2006), http://www.

27. Kronholz, "D.C.'s Braveheart."
28. V. Dion Haynes, "Parents Protest Plans for School Closures," *Washington Post*, February 28, 2008.
29. Bill Turque, "New D.C. Ratings Stress Better Test Scores," *Washington Post*, October 1, 2009.
30. ニュー・ティーチャー・プロジェクトのウェブサイト，http://www.tntp.org/index.php/our-impact/highlights/new-orleans/
31. ニュー・リーダーズ・フォー・ニュー・スクールズのウェブサイト，http://www.nlns.org/Locations_NewOrleans.jsp#results
32. Lucia Graves, "The Evolution of Teach For America," *U.S. News and World Report*, October 17, 2008

第四章　特効薬とスケープゴート——なぜほとんどの改革が挫折するのか

1. Pennsylvania Department of Education, "2008–2009 PSSA and AYP Results," http://www.portal.state.pa.us/portal/server.pt/community/school_assessments/7442
2. KIPP ガストン大学予備校のウェブサイト，http://kippgaston.org/
3. 米教育省全国教育統計センター ,"2009 Digest of Education Statistics," table 182, http://nces.ed.gov/programs/digest/d09/tables/dt09_182.asp.
4. "The Nation's Report Card: Trends in Academic Progress in Reading and Mathematics, 2008," における NAEP データ，http://nces.ed.gov/nationsreportcard/pubs/main2008/2009479.asp．カレッジボード（＊訳注：SAT を運営する非営利団体）による SAT データ，"2007 College-Bound Seniors: Total Group Profile Report," http://www.collegeboard.com/prod_downloads/about/news_info/cbsenior/yr2007/national-report.pdf
5. これは数学で PISA（OECD 生徒国際学習到達度調査）ポイントごとの生徒一人当たりの累計支出金額を指す．McKinsey and Company, "The Economic Impact of the Achievement Gap in America's Schools," April 2009．マッキンゼーの分析は 2006 年の OECD に基づく．http://www.mckinsey.com/app_media/images/page_images/offices/socialsector/pdf/achievement_gap_report.pdf
6. Census of Enrollment of the District of Columbia Public Schools and Public Charter Schools, the District of Columbia State Education Office. Report from October 5, 2007. http://seo.dc.gov/seo/frames.asp?doc=/seo/lib/seo/information/school_enrollment/2007-2008_Final_Audit_Report.pdf.
7. Center for Education Reform, Annual Survey of America's Charter Schools, January 2010, http://www.edreform.com/Resources/Publications/?Annual_Survey_of_Americas_Charter_Schools_2010.
8. Stanford University, Center for Research on Education Outcomes (CREDO), "Multiple Choice: Charter School Performance in 16 States," June 2009, http://credo.stanford.edu/reports/MULTIPLE_CHOICE_CREDO.pdf.
9. Patrick J. Wolf, "The Comprehensive Longitudinal Evaluation of the Milwaukee Parental Choice Program: Summary of Third Year Reports," SCDP Milwaukee Evaluation, Report #14, April 2010, http://www.uark.edu/ua/der/SCDP/Milwaukee_Eval/Report_14.pdf.

11. ワシントンD．C．公立学校連合会　統計ウェブサイト　http://www.dc.gov/DCPS/About+DCPS/Who+We+Are/Facts+and+Statistics
12. 全米学力調査，全国教育統計センター（米教育省）2007年，http://nces.ed.gov/nationsreportcard/naepdata
13. "Graduation Rate Trends, 1996–2006," *Diplomas Count, 2009* (published by *Education Week*) 28, no. 34 (2009).
14. U.S. Department of Education, "Revenues and Expenditures for Public Elementary and Secondary School Districts: School Year 2006–2007 (Fiscal Year 2007)," http://nces.ed.gov/pubs2009/2009338.pdf.
15. 『フォーブス』に掲載されたミシェル・リーのコメント，2008年1月23日
16. "The Nation's Report Card, Mathematics 2009: Trial Urban District Assessment," http://nces.ed.gov/nationsreportcard/pubs/dst2009/2010452.asp
17. DCPSプレスリリース，2010年6月13日，http://dcps.dc.gov/DCPS/In+the+Classroom/How+Students+Are+Assessed/Assessments/DCPS+Secondary+School+Students+Demonstrate+Significant+Gains+for+Third+Consecutive+Year
18. DCPSプレスリリース，2010年10月5日．また，「コロンビア特別区公立学校および公立チャーター・スクール入学者数全数調査」コロンビア特別区州教育部，2009年10月5日報告より．http://seo.dc.gov/seo/cwp/view,a,1222,q,552345,seoNav,%7C31195%7C.asp
19. Louisiana's Race to the Top Application, Appendix A3: Growth in Recovery School, http://www.louisianaschools.net/lde/r2t/.
20. Educate Now! analysis of the spring 2010 test results of the Louisiana Educational Assessment Program (LEAP), http://educatenow.net/2010/05/26/analysis-of-the-spring-2010-test-results/.
21. Brian Thevenot, "Paul Pastorek Ruffles Feathers as State School Superintendent," *New Orleans Times-Picayune*, August 2, 2009.
22. Paul Tough, "A Teachable Moment: Education in a Post-Katrina New Orleans," *New York Times Magazine*, August 17, 2008.
23. Testimony to the U.S. Government Accountability Office, "District of Columbia Public Schools: While Early Reform Efforts Tackle Critical Management Issues, a District-Wide Strategic Education Plan Would Help Guide Long-Term Efforts," Statement of Cornelia M. Ashby, Director of Education, Workforce, and Income Security. March 14, 2008, http://www.gao.gov/new.items/d08549t.pdf.
24. June Kronholz, "D.C.'s Braveheart," *Education Next* 10, no. 1 (2010), http://educationnext.org/d-c-s-braveheart/.
25. "Schools to Lack Books, Repairs as Classes Resume," *Washington Times*, July 31, 2007, http://www.washingtontimes.com/news/2007/jul/31/schools-to-lack-books-repairs-as-classes-resume/.
26. DC Appleseed and Piper Rudnick, "A Time for Action: The Need to Repair the System for Resolving Special Education Disputes in the District of Columbia," September 2003.

7. Joshua D. Angrist et al., *Who Benefits from KIPP?* (Cambridge, MA: National Bureau of Economic Research, May 2010), http://www.nber.org/dynarski/w15740.pdf.
8. ニューヨーク市は学区内の各校について年次進捗報告書を作成している．学校の総合成績は，4つの側面に対してつけられた点数の加重平均である．学校の環境（保護者や教師に対する調査に加え，出席率，コミュニケーション，意欲，安全，敬意などのデータに基づく）が配点の15%を占める．生徒の成績（英語および数学）が25%，生徒の進捗度（生徒の英語と数学における前年比平均改善率）が60%，そして教育格差を埋めれば余分に15%が加算される．2007-2008年度にKIPPインフィニティは97.7%という点数を取り，総合2位，小中学校部門では1位になった．2006-2007年のKIPPインフィニティの成績は総合でも小中学校部門でも2位だった．2008-2009年の時点でも，KIPPインフィニティは小中学校部門で引き続き総合上位10%以内をキープしている（(NYC Department of Education, 2009–2010 Progress Reports for Schools, http://schools.nyc.gov/Accountability/tools/report/default.htm）.
9. *2003 Community Health Report: Denver Harbor/Port Houston Super Neighborhood* (Houston: St. Luke's Episcopal Health Charities, April 2003), http://www.slehc.org/HNI/HNI_Reports/upload/DH_PH_Community%20Profile.PDF.
10. マスタリー・チャーター・スクールのウェブサイトより．
11. 同上.

第三章　成功を拡大する——システムを変えるには

1. ニューヨーク市教育部のウェブサイト，http://schools.nyc.gov
2. "Making Schools Work"（学校を成功させる），ヘドリック・スミスによるジョエル・クラインへのインタビュー，http://www.pbs.org/makingschoolswork/dwr/ny/klein.html
3. ニューヨーク市教育部，http://schools.nyc.gov/Accountability/data/TestResults/NAEPReports/default.htm
4. Charles Sahm, "NYC Reforms Still Working," *New York Post*, August 13, 2010
5. New York City Department of Education, "NYC Graduation Rates Class of 2009 (2005 Cohort)," March 2010, http://schools.nyc.gov/Accountability/Reports/Data/Graduation/GRAD_RATES_2009_HIGHLIGHTS.pdf.
6. Dorothy Givens Terry, "Staying Afloat in New Orleans," November 29, 2007, http://diverseeducation.com/article/10283/
7. KIPPニューオーリンズ校戦略的事業計画（2009-2010年度およびそれ以降，著者所有）
8. Sarah Laskow, "Necessity Is the Mother of Invention," *Newsweek*, August 26, 2010.
9. Education Trust, "Yes We Can: Telling Truths and Dispelling Myths About Race and Education in America," September 2006, 8.
10. 全米学力調査，全国教育統計センター（米教育省）2007年，http://nces.ed.gov/nationsreportcard/naepdata

は，裕福な家庭の 8 年生とほぼ同等の NAEP 読解力試験結果を出している（全国教育統計センター，NAEP，2005 年読解力調査，http://nces.ed.gov/nationsreportcard/naepdata/report.aspx）．
5. 労働統計局，2009 年 12 月失業率データ，http://www.bls.gov/cps/cpsaat7.pdf
6. Sam Dillon, "Study Finds High Rate of Imprisonment Among Dropouts," *New York Times*, October 8, 2009, http://www.nytimes.com/2009/10/09/education/09dropout.html?_r=1. 記事中の図参照.
7. McKinsey and Company, "The Economic Impact of the Achievement Gap in America's Schools," April 2009, http://www.mckinsey.com/app_media/images/page_images/offices/socialsector/pdf/achievement_gap_report.pdf.
8. James S. Coleman, principal investigator, "Equality of Educational Opportunity Study" (1966), http://www.icpsr.umich.edu/icpsrweb/ICPSR/studies/06389.
9. "Top New Jersey High Schools, 2008," *New Jersey Monthly*, August 5, 2008, http://njmonthly.com/downloads/1527/download/tophighschools08.pdf.
10. "Education: Westside Story," *Time*, December 26, 1977, http://www.time.com/time/magazine/article/0,9171,919219-1,00.html.
11. Nancy J. Perry, "Saving the Schools: How Business Can Help," *Fortune Magazine*, November 7, 1988, http://money.cnn.com/magazines/fortune/fortune_archive/1989/12/04/72823/index.htm.

第一章　ティーチング・アズ・リーダーシップ――変革を起こす教師たち

1. ハイランドパーク独立学区のウェブサイト，http://www.hpisd.org/Default.aspx?tabid=53.
2. http://www10.ade.az.gov/ReportCard/SchoolReportCard.aspx?id=87883&Year=2008&ReportLevel=1

第二章　近道はない――学校を変えるには

1. ヒューストンの学校における「模範的」の定義は，http://ritter.tea.state.tx.us/perfreport/account/2010/manual/table6.pdf を参照.
2. Christopher B. Swanson, "High School Graduation in Texas: Independent Research to Understand and Combat the Graduation Crisis," Editorial Projects in Education Research Center, October 2006, http://www.edweek.org/media/texas_eperc.pdf.
3. YES 大学予備校事業計画より（著者所有）
4. 高所得家庭出身で，大学進学資格を得た 2004 年の高卒者の 80% は 2012 年までに学士号を取得すると予想される（"Mortgaging Our Future: How Financial Barriers to College Undercut America's Global Competitiveness," a Report of the Advisory Committee on Student Financial Assistance, September 2006, http://www2.ed.gov/about/bdscomm/list/acsfa/mof.pdf）.
5. Gary Scharrer, "Report Points to Dropout Factory," *Houston Chronicle*, November 7, 2007.
6. Christina Clark Tuttle et al., "Student Characteristics and Achievement in 22 KIPP Middle Schools," *Mathematica Policy Research*, June 2010.

原注

序章　世界は教育から変わる

1. ティーチ・フォー・アメリカはアメリカでもっとも研究されている教員教育プログラムであり，もっとも綿密な調査結果によると，TFA メンバーは他の新人教師に比べてより良い影響を与えていることが判明しており，中には従来の教員免許を取得した経験豊富な教師をもしのいでいるとする調査結果もある．2004 年，マセマティカ・ポリシー・リサーチは究極の判断基準を用いた調査を実施した．TFA メンバーが教える小学校と，対照群の教師が教える小学校とに，生徒を無作為に割り当てたのだ．その結果，TFA メンバーの生徒たちは読解と算数で，通常期待される以上の進捗を上げたことがわかった．ベテラン教師や教員免許を持った教師など，他の教師が教える生徒と比べ，TFA メンバーの教え子たちは算数ではより優れた，そして読解では同等の成績を達成した（Paul T. Decker et al., "The Effects of Teach For America on Students: Findings from a National Evaluation," Mathematica Policy Research, June 2004, http://www.irp.wisc.edu/publications/dps/pdfs/dp128504.pdf）．教育政策情報誌『エデュケーション・ネクスト』は TFA に関してもっとも頻繁に引用された 2008 年以前発表の研究結果を分析・評価する報告書を発行したが，その手法に対して A 評価を受けたのはマセマティカの研究だけだった（"Teachers For America: Catalysts for Change or Untrained Temporaries?" *Education Next* 8, no. 2 [2008], http://educationnext.org/teachers-for-america/）．その後，2009 年にはまた別の高く評価される研究をアーバン・インスティテュートが実施した．その結果，高校での影響力を比較すると，TFA の教師と新人教師との差は，3 年以上の経験を持つ教師と新人教師との差の倍近いことが判明した（Zeyu Xu et al. "Making a Difference? The Effects of Teach For America in High School," CALDER [National Center for Analysis of Longitudinal Data in Education Research], Urban Institute, 2008–2009, http://www.urban.org/UploadedPDF/411642_Teach_America.pdf）．ノースカロライナ大学チャペルヒル校が 2010 年に実施した調査では，調査対象となった全学年の全科目において，TFA メンバーたちが従来の方式で免許を取得した教師たちと同等またはより優れた成果を上げていることがわかった．中学校の数学では，半年先の学習内容まで TFA メンバーが指導していると研究者らが報告している（http://publicpolicy.unc.edu/files/Teacher_Portals_Teacher_Preparation_and_Student_Test_Scores_in_North_Carolina_2.pdf）．
2. 米教育省，教育科学研究所，全国教育統計センター，全米学力調査（NAEP）1998 年，2000 年，2002 年，2003 年，2005 年，2007 年 読 解 力 調 査，http://nces.ed.gov/nationsreportcard/naepdata/report.aspx
3. Editorial Projects in Education (*Education Week*), "Diploma Counts," 2009, http://www.edweek.org/ew/articles/2009/06/11/34progress.h28.html.
4. 平均すると，家計所得が低いために無料または割引給食の受給対象者となる 12 年生

[著者]

ウェンディ・コップ　Wendy Kopp

ティーチ・フォー・アメリカ創設者・CEO、ティーチ・フォー・オール共同創設者・CEO。1967年生まれ。プリンストン大学卒業後、ティーチ・フォー・アメリカ（TFA）を立ち上げ、1990年から事業を開始。米国各地に延べ3万人以上の若者を教師として派遣し、米国における教育改革に多大な影響を及ぼしているほか、現在23カ国にわたる事業のグローバル展開も進めている。2003年クリントン・センター・アワード、2004年ジョン・F・ケネディ・ニューフロンティア・アワードなど多数の章を受賞、2008年『タイム』の選ぶ世界の重要人物100人（「TIME 100」）にも選ばれた。夫と4人の子どもとともにニューヨークに在住。著書に『いつか、すべての子供たちに』（英治出版）がある。

[訳者]

松本 裕　Yu Matsumoto

1974年生まれ。米国オレゴン州立大学農学部卒。小学校時代の4年間を東アフリカのケニアで、大学卒業後の2年間を青年海外協力隊として西アフリカのセネガルで過ごす。帰国後より実務翻訳に携わる。訳書にヴィジャイ・マハジャン『アフリカ　動きだす9億人市場』、マーク・ガーゾン『世界で生きる力』（いずれも英治出版）などがある。

● 英治出版からのお知らせ

本書に関するご意見・ご感想を E-mail（editor@eijipress.co.jp）で受け付けています。また、英治出版ではメールマガジン、ブログ、ツイッターなどで新刊情報やイベント情報を配信しております。ぜひ一度、アクセスしてみてください。

メールマガジン：会員登録はホームページにて
ブログ：www.eijipress.co.jp/blog
ツイッター ID：@eijipress
フェイスブック：www.facebook.com/eijipress

世界を変える教室

ティーチ・フォー・アメリカの革命

発行日　2012年 4月20日　第1版　第1刷

著者　ウェンディ・コップ
訳者　松本裕（まつもと・ゆう）
発行人　原田英治
発行　英治出版株式会社
〒150-0022 東京都渋谷区恵比寿南 1-9-12 ピトレスクビル 4F
電話　03-5773-0193　FAX　03-5773-0194
http://www.eijipress.co.jp/
プロデューサー　高野達成
スタッフ　原田涼子　岩田大志　藤竹賢一郎　山下智也
杉崎真名　鈴木美穂　下田理　原口さとみ
山本有子　千葉英樹　野口駿一
印刷・製本　大日本印刷株式会社
装丁　英治出版デザイン室
翻訳協力　株式会社トランネット　www.trannet.co.jp

ISBN978-4-86276-110-1　C0030　Printed in Japan

ゼロのちから　*Zilch*

成功する非営利組織に学ぶビジネスの知恵 11

ナンシー・ルブリン著　関美和訳

お金をかけずに会社を伸ばすには？　ティーチ・フォー・アメリカをはじめ、モジラ、カブーム！、クレイグズリスト、Kiva、アキュメン・ファンドなど、世界を変える革新的な「非営利組織」が駆使する新時代の「ビジネスの知恵」を大公開！

定価：本体 1,800 円＋税　ISBN978-4-86276-099-9

ブルー・セーター　*The Blue Sweater*

引き裂かれた世界をつなぐ起業家たちの物語

ジャクリーン・ノヴォグラッツ著　北村陽子訳

世界を変えるような仕事がしたい。理想に燃えてアフリカへ向かった著者が見たものは、想像を絶する貧困の現実と、草の根の人々の強さと大きな可能性だった。世界が注目する社会起業家、アキュメン・ファンド CEO が記した全米ベストセラー。

定価：本体 2,200 円＋税　ISBN978-4-86276-061-6

誰が世界を変えるのか　*Getting to Maybe*

ソーシャルイノベーションはここから始まる

フランシス・ウェストリー他著　東出顕子訳

すべては一人の一歩から始まる！　犯罪を激減させた“ボストンの奇跡”、HIV との草の根の闘い、いじめを防ぐ共感教育……それぞれの夢の軌跡から、地域を、ビジネスを、世界を変える方法が見えてくる。インスピレーションと希望に満ちた一冊。

定価：本体 1,900 円＋税　ISBN978-4-86276-036-4

世界を変えるデザイン　*Design for the Other 90%*

ものづくりには夢がある

シンシア・スミス編　槌屋詩野監訳　北村陽子訳

世界の 90%の人々の生活を変えるには？　夢を追うデザイナーや建築家、エンジニアや起業家たちのアイデアと良心から生まれたデザイン・イノベーション実例集。本当の「ニーズ」に目を向けた、デザインとものづくりの新たなかたちが見えてくる。

定価：本体 2,000 円＋税　ISBN978-4-86276-058-6

国をつくるという仕事

西水美恵子著

夢は、貧困のない世界をつくること。世界銀行副総裁を務めた著者が、23 年間の闘いの軌跡を通して政治とリーダーのあるべき姿を語った話題作。『選択』好評連載「思い出の国、忘れえぬ人々」の単行本化。（解説・田坂広志）

定価：本体 1,800 円＋税　ISBN978-4-86276-054-8